中等职业教育汽车类专业新形态系列教材

汽车售后服务
（含工作页）

主　编　江文渊　　王瑞君

副主编　王　敏　　卞春芳　　纪碧芳

科学出版社

北　京

内 容 简 介

本书将汽车售后服务的内容分解为七个项目，即4S店售后服务概述、邀请与预约、维修接待、维修与跟踪、维修质检与内部交车、交车与送别、售后跟踪，并为其中的关键环节配置了数字资源。通过对这七个项目的学习及做好围绕这七个项目展开的场景训练，读者可初步具备成为一名优秀的汽车售后服务顾问所需要的素质和能力。

本书既可作为职业院校汽车相关专业"汽车售后服务"课程的教材，也可作为4S店等汽车维修服务企业的培训资料，还可供服务顾问和对汽车服务感兴趣的读者参考。

图书在版编目（CIP）数据

汽车售后服务：含工作页 / 江文渊，王瑞君主编. —北京：科学出版社，2021.6

（中等职业教育汽车类专业新形态系列教材）

ISBN 978-7-03-067655-9

Ⅰ. ① 汽⋯ Ⅱ. ① 江⋯ ② 王⋯ Ⅲ. ① 汽车-售后服务
Ⅳ. ① F407.471.5

中国版本图书馆 CIP 数据核字（2020）第 269476 号

责任编辑：陈砺川 周春梅 / 责任校对：马英菊
责任印制：吕春珉 / 封面设计：东方人华平面设计部

科 学 出 版 社 出版
北京东黄城根北街 16 号
邮政编码：100717
http://www.sciencep.com
北京市京宇印刷厂印刷
科学出版社发行 各地新华书店经销
*
2021 年 6 月第 一 版 开本：787×1092 1/16
2021 年 6 月第一次印刷 印张：18
字数：427 000
定价：52.00 元（共两册）
（如有印装质量问题，我社负责调换〈北京京宇〉）
销售部电话 010-62136230 编辑部电话 010-62135763-2030

中等职业教育汽车类专业新形态系列教材
编写委员会

PREFACE 前言

　　为更好地满足职业院校汽车营销与服务专业的教学需要，切实提高学生汽车维修服务接待的能力与水平，我们通过对汽车售后服务企业的充分调研，根据职业教育类型和层次需要，组织编写了本书。

　　本书介绍了我国 4S 店的售后服务现状，对服务顾问的素质要求进行了说明，将售后服务流程分为邀请与预约、维修接待、维修与跟踪、维修质检与内部交车、交车与送别、售后跟踪这六个核心环节，并就售后接待整个流程进行深入解析，针对每个流程的操作环节进行细致的操作指导。学习完本书后，相信学生的售后服务技能会得到极大提升，客户服务水平也会大大提高。

　　本书以科学发展观为指导，以服务为宗旨，以就业为导向，以能力为本位，以岗位需要为依据，努力体现职业教育发展趋势，满足学生职业生涯发展和适应社会经济发展的需要。

　　本书内容契合汽车售后服务企业对人才培养的需求，具有以下几个特点。

　　1. 本书的编写采用学习任务结合工作页的形式，主要包括七个项目，每个项目均以汽车 4S 店和各维修服务公司实际工作项目为设计依据，构建知识和技能模块。

　　2. 本书体现职业教育特点，注重知识的前沿性和全面性、内容的实用性和实践性、能力形成的渐进性和系统性。

　　3. 本书反映了汽车售后服务体系的新知识、新技术和新标准，同时注意"互联网＋新时代"汽车服务企业新经营方式和新营销方法的介绍，其实践过程尽可能与最新生产实际接轨。

　　4. 本书突出了技能训练和学习能力培养，符合专业培养目标和职业能力的基本要求，取材合理，难易程度适中，在学生实际水平的基础上略有提升。

　　5. 本书为售后服务流程中的关键环节配置了数字资源，而且文字简洁、通俗易懂，以图代文、图文并茂，形象直观、形式生动，容易培养学生的学习兴趣，有利于提高学习效果。

　　本书由江文渊、王瑞君担任主编，王敏、卞春芳、纪碧芳担任副主编。参与本书编写的有：宁波市鄞州职业高级中学王瑞君（编写项目 1、5、6 之学习任务）、江文渊（编写项目 1、5 之工作页）、纪碧芳（编写项目 6 之工作页），哈尔滨市现代应用技术中等职业学校王敏（编写项目 3、7 学习任务和工作页），郑州市国防科技学校卞春芳（编写项目 2、4 学习任务和工作页）。参与本书编写工作的还有云南交通技师学院陈训芳老师（参与编写项目 6 学习任务和工作页）。

本书所提供的技能训练难以涵盖汽车售后服务所有的知识点，有些活动未必适用各学校实际和师资情况。各学校在选用时，注意总结经验，根据实际情况做适度调整。

由于编写时间及编者水平有限，书中难免有不妥之处，恳请广大读者批评指正（读者意见反馈信箱：36721596@qq.com）。

目 录

CONTENTS

项目 1　4S 店售后服务概述 ·· 1

任务 1.1　了解 4S 店的售后服务现状 ··· 2

1.1.1　4S 店简述 ·· 2

1.1.2　中国汽车后市场展望 ··· 3

1.1.3　4S 店售后业务的重要性 ··· 4

1.1.4　4S 店售后产品和服务品类 ··· 4

1.1.5　4S 店售后服务品质提升策略 ··· 6

任务小结 ·· 11

任务 1.2　认识汽车维修服务顾问 ·· 11

1.2.1　汽车维修服务顾问岗位定位 ··· 12

1.2.2　服务顾问必备要素 ··· 13

1.2.3　如何才能给客户留下好印象 ··· 13

1.2.4　服务顾问的表达技巧 ··· 19

任务小结 ·· 22

任务 1.3　提高客户满意度 ·· 22

1.3.1　客户的定义 ··· 23

1.3.2　客户的重要性 ··· 23

1.3.3　客户满意度 ··· 24

1.3.4　客户满意度提升策略 ··· 27

任务小结 ·· 30

项目 2　邀请与预约 ··· 31

任务 2.1　流失客户招揽 ·· 32

2.1.1　要素解析 ··· 33

2.1.2　任务实施 ··· 37

2.1.3　满意度提升技巧 ··· 38

任务小结 ·· 39

任务 2.2　主动预约 ··· 39

2.2.1　要素解析 ··· 41

2.2.2　任务实施 ··· 44

　　　　2.2.3　满意度提升技巧 ··· 45

　　　　任务小结 ··· 46

　　任务 2.3　被动预约 ··· 46

　　　　2.3.1　要素解析 ··· 47

　　　　2.3.2　任务实施 ··· 50

　　　　2.3.3　满意度提升技巧 ··· 51

　　　　任务小结 ··· 52

　　任务 2.4　预约电话后续工作 ··· 52

　　　　2.4.1　要素解析 ··· 54

　　　　2.4.2　任务实施 ··· 56

　　　　2.4.3　满意度提升技巧 ··· 57

　　　　任务小结 ··· 58

项目 3　维修接待 ·· 59

　　任务 3.1　客户接待 ··· 60

　　　　3.1.1　要素解析 ··· 61

　　　　3.1.2　任务实施 ··· 67

　　　　3.1.3　分角色扮演 ··· 67

　　　　任务小结 ··· 68

　　任务 3.2　环车检查 ··· 68

　　　　3.2.1　要素解析 ··· 69

　　　　3.2.2　任务实施 ··· 78

　　　　3.2.3　分角色扮演 ··· 80

　　　　任务小结 ··· 81

　　任务 3.3　实施问诊 ··· 81

　　　　3.3.1　要素解析 ··· 82

　　　　3.3.2　任务实施 ··· 89

　　　　3.3.3　分角色扮演 ··· 90

　　　　任务小结 ··· 91

项目 4　维修与跟踪 ·· 92

　　任务 4.1　制作维修委托书 ··· 93

　　　　4.1.1　要素解析 ··· 94

　　　　4.1.2　任务实施 ··· 98

　　　　任务小结 ··· 100

　　任务 4.2　维修派工 ··· 100

　　　　4.2.1　要素解析 ··· 101

4.2.2　任务实施 ··· 104

4.2.3　满意度提升技巧 ··· 105

任务小结 ·· 106

任务 4.3　车辆维修流程 ··· 106

4.3.1　要素解析 ··· 107

4.3.2　任务实施 ··· 111

4.3.3　满意度提升技巧 ··· 113

任务小结 ·· 114

任务 4.4　维修进度沟通技巧 ·· 114

4.4.1　要素解析 ··· 115

4.4.2　任务实施 ··· 119

4.4.3　满意度提升技巧 ··· 120

任务小结 ·· 120

项目 5　维修质检与内部交车 ··· 121

任务 5.1　质检与交车准备 ·· 122

5.1.1　要素解析 ··· 124

5.1.2　任务实施 ··· 129

任务小结 ·· 129

任务 5.2　执行维修车辆验收标准 ·· 129

5.2.1　要素解析 ··· 130

5.2.2　任务实施 ··· 135

任务小结 ·· 136

任务 5.3　内部交车检查 ·· 136

5.3.1　要素解析 ··· 137

5.3.2　任务实施 ··· 144

5.3.3　分角色扮演 ·· 146

任务小结 ·· 147

项目 6　交车与送别 ··· 148

任务 6.1　交车与送别流程概述 ··· 149

6.1.1　要素解析 ··· 150

6.1.2　任务实施 ··· 155

任务小结 ·· 156

任务 6.2　陪同客户验车 ·· 156

6.2.1　要素解析 ··· 158

6.2.2　任务实施 ··· 160

6.2.3　满意度提升技巧 ··· 162

任务小结 ·· 164

任务 6.3 结算维修费用 ·· 164

  6.3.1 要素解析 ··· 165

  6.3.2 任务实施 ··· 169

  任务小结 ·· 171

项目 7 售后跟踪 ··· 172

任务 7.1 回访工作流程 ·· 173

  7.1.1 要素解析 ··· 174

  7.1.2 任务实施 ··· 178

  7.1.3 分角色扮演 ··· 179

  任务小结 ·· 180

任务 7.2 回访问题处理 ·· 180

  7.2.1 要素解析 ··· 181

  7.2.2 任务实施 ··· 183

  7.2.3 分角色扮演 ··· 184

  任务小结 ·· 184

任务 7.3 回访后续工作 ·· 185

  7.3.1 要素解析 ··· 185

  7.3.2 任务实施 ··· 189

  任务小结 ·· 189

参考文献 ··· 190

项目 1 4S 店售后服务概述

汽车售后服务泛指客户拥有汽车后，由汽车 4S 店各部门为客户所提供的所有技术性服务工作的总称。它可能在售前进行，也可能在售时进行，但更多的是在车辆售出后进行，如 4S 店按期限所进行的质量保修、维修、技术咨询，以及配件供应等一系列服务工作。这些服务内容一概称为传统服务。本项目将要探讨的是在现代理念指导下的汽车售后服务，而不仅仅局限于传统服务，其所包含的内容更新，牵涉面更广。

知识目标

1. 能叙述 4S 店的主要功能；
2. 能列举 4S 店售后服务品质提升策略；
3. 能叙述服务顾问的角色定位和作用；
4. 能列举提高服务顾问个人素质的几种技巧；
5. 能叙述客户的定义和解释客户满意度公式代表的含义。

技能目标

1. 能结合具体情境熟练指出服务顾问各项表达能力提高的技巧；
2. 熟练区分各汽配件分属何种品类；
3. 能结合具体案例说明客户满意度的含义；
4. 依托团队总结 4S 店服务品质提升的各种方法。

任务 1.1　了解 4S 店的售后服务现状

知识目标

1. 能叙述 4S 店的主要功能；
2. 能叙述推动中国汽车后市场发展的几大因素；
3. 能辨别汽配件的两大品类；
4. 能列举 4S 店售后服务品质提升策略。

技能目标

1. 能阐述中国汽车后市场发展的现状；
2. 能熟练区分各汽配件分属何种品类；
3. 小组合作解决 4S 店售后服务品质提升的各种方法策略。

素养目标

1. 使学生建立起 4S 店"四位一体"形象的概念；
2. 使学生对 4S 店高标准的服务理念有感性认识；
3. 使学生对未来的汽车后市场服务有坚定的信心。

1.1.1　4S 店简述

4S 店最早由广州本田于 1998 年引进中国，目前已经成为中国新车流通网络中最重要的销售服务模式。虽然中国汽车产业的历史没有发达国家长，但是服务方式的演化基本上走的是同一条路线——4S 店。"四位一体"是 4S 店的一种服务方式，包括整车销售（sale）、零配件供应（spare part）、售后服务（service）、信息反馈（survey）。"4S"是以上四个英文单词字头的缩写，4S 店是指将以上四项功能集于一体的汽车服务企业。

4S 店是从欧美国家引入的一个概念，在欧美国家有一套认证标准，而在我国，人们通常所称的 4S 店大多还不满足这套标准，并不是真正意义上的 4S 店，大都只是经销商或特约店，它们具有汽车品牌销售服务店的含义。因此，在 4S 店和汽车品牌培训中，习惯用经销商、特约店来指代 4S 店。

4S 店最重要的两项功能是：①新车销售；②汽车后市场服务（主要承接三年维保期内或者一定里程维保期内的维修服务需求）。

汽车后市场指的是汽车销售给消费者以后，围绕用车、养车、换车等一系列环节所需要的服务（统称为汽车售后服务）产生的消费市场，也称为汽车服务市场。一般来说，汽车维修保养、二手车经营转换、洗车、美容、金融服务、保险、救援、租赁、信息咨询、汽车文化等项目都属于汽车后市场的范畴。

汽车后市场是汽车产业链的有机组成部分,强调的是由于售后服务产生的消费市场,所以汽车后市场不等于汽车售后服务。

按照利润结构划分,中国 4S 店的利润约 20% 来自新车销售,其余约 80% 来自汽车后市场,这与美国汽车经销商的利润结构相当。

1.1.2　中国汽车后市场展望

2020 年,中国汽车消费市场渐渐走出疫情的影响,汽车后市场规模约为 1.2 万亿元,其中,汽配件 7700 亿元(占比 64%),维修服务 4100 亿元(占比 36%)。中国汽车后市场增长潜力较为巨大,因为在需求侧和供给侧存在几股巨大的力量。

需求侧的两股力量是:①大量汽车脱离维保期;②汽车消费升级。

供给侧的三股力量是:①得益于为欧美代工而练就的成熟生产力;②中国汽配件流通渠道绝好的规模效应;③维修服务的技术基础设施成熟。

在这几股力量的推动下,中国汽车后市场会系统性地催生出多种创业和投资机会,4S 店在此带动下会迎来一个有利的发展时机。

世界银行公布了 2019 年全球 20 个主要国家千人汽车拥有量数据(图 1-1 列出了其中的一部分),其中我国的千人汽车拥有量为 173 辆,显然和发达国家还存在一定的差距,但是相较于前些年已经取得了显著的提升。影响千人汽车拥有量的主要因素就是人均 GDP(国内生产总值)水平。此外,汽车工业发展水平也会对千人汽车拥有量产生影响。中国汽车工业的不断发展,汽车品牌商的激烈竞争,会在一定程度上提升国内的千人汽车拥有量。毕竟由于汽车价格越来越便宜,购车已经不再是遥不可及的梦想。随着我国 GDP 的不断提高,相信我国的千人汽车拥有量也会不断提高。

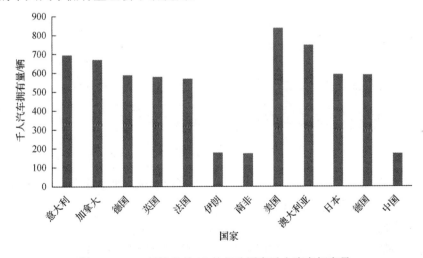

图 1-1　2019 年排名前 20 的部分国家千人汽车拥有量

另外，需要指出的是，2019 年中国汽车用于维保的车均消费金额约为 5000 元；该变量与汽车平均车龄正相关，目前中国汽车的平均车龄为 5 年，且未来必然不断上升。一般来说，汽车后市场规模 = 汽车保有量 × 车均消费金额。

目前，中国汽车后市场规模约为美国的 1/2（两国汽车保有量相当，但美国的平均车龄是中国的 2 倍多），但汽配件厂商、汽配件流通渠道和维修服务的企业数量却是美国的 2 倍——从整体上来看，中国汽车后市场当前处于较为分散的"蚂蚁市场"形态，产品与服务的品质和效率水平参差不齐，存在明显的整合趋势。

基于中国千人汽车拥有量不断增加、车龄不断上升这两个推动力，预计未来汽车后市场将长期处于不断增长的万亿级体量。

1.1.3　4S 店售后业务的重要性

2018 年，中国新车销量在连续增长多年后首次下滑，而进入 2019 年，新车销量也没有迎来预期的触底反弹，反而是在下滑的轨道上越走越远。有行业人士指出，2021 年新车销量有望重新增长。

新车销量下滑会使 4S 店陷入困局。4S 店模式是高投入、高品牌溢价甚至具有垄断属性的模式，只有依靠高速增长才能支撑其运转。在当下，随着新车销量的下滑，高企的各项成本很容易拖垮 4S 店。

然而，对于 4S 店更不利的消息是，2019 年 8 月，中国银保监会保险中介监管部下发《4S 店兼业代理机构捆绑销售保险专项整治工作方案》，为的就是解决汽车 4S 店等车商类兼业代理机构的捆绑销售问题。4S 店捆绑销售车险这一乱象被整治后，4S 店只有规范经营、提升售后服务水平才能获得良性发展。

无论新车销量下滑导致 4S 店经营不善，还是 4S 店等车商类兼业代理机构捆绑销售被整治都会导致 4S 店利润受损。如此一来，4S 店就更需要依靠售后服务来维系发展甚至生存。因此，4S 店要在售后服务上做足功夫。

1.1.4　4S 店售后产品和服务品类

汽车后市场的最终交付品包括汽配件和维修服务两大类。

1. 汽配件

汽配件指的是组成汽车的全部零部件。按照维修或更换周期，通常行业里将汽配件划分为易损易耗件和全车件两个大的品类。

（1）易损易耗件

易损易耗件是指汽车行驶一定里程或者时间后就必须维修或更换的配件。典型的易损易耗件品类包括机油、变速箱油、制动液、轮胎、机油滤清器、空气滤清器、空调滤清器、燃油滤清器、火花塞、防冻液、制动片、制动盘等。易损易耗件（见图 1-2）具备四大特征：

消费频次高、品牌意识强、毛利率较低、相对标准化。例如，保养和小修中经常用到的机油、滤清器、轮胎、电瓶等就属于易损易耗件。

1—制冷剂；2—清洗剂；3—防冻液；4—机油；5—制动液；6—传动皮带；7—制动片；8—制动盘；
9—机油滤清器芯；10—空气滤清器芯；11—燃油滤清器；12—蓄电池；13—点火线圈；
14—喇叭；15—刮水器片；16—火花塞；17—车灯泡；18—空气流量传感器。

图 1-2　汽车易损易耗件集合

（2）全车件

全车件是指汽车遇到事故后必须维修或更换的配件。典型的全车件品类包括发动机、保险杠（见图 1-3）、变速箱、油缸等。全车件的特点是有很强的专用性，一旦需要更换，必须使用该车型指定配件，否则就无法与车型匹配，从而导致车辆修复无法完成。

图 1-3　汽车全车件代表——保险杠

由于各厂商品牌众多，且每个品牌下的汽车具有车系、车型众多的特性，因此，汽配件品类 SKU[①]数量巨大——目前车均汽配件 SKU 量约为 3 万，汽配件整体 SKU 量超过 5000 万。这对单一行业来讲是巨大的 SKU 体量。但分拆成易损易耗件和全车件品类来看，易损易耗件的通用性较强（如不同车型可以共用同规格的机油）。

2. 维修服务

维修服务是指对汽车进行汽配件维修或更换以及美容护理的人力服务。通常美容护理和易损件的维修或更换是高频服务项目，全车件的维修或更换是低频服务项目。

---

① 库存量单位。SKU 是用于识别商品的唯一字母和（或）数字序列。例如，同样一个火花塞，可能因为型号不同，在同一家 4S 店有多个火花塞 SKU。

1.1.5　4S店售后服务品质提升策略

除了新车销售、维修保养、置换、续保，4S店还能做什么？如何让客户产生更多惊喜？如何让客户出现汽车问题时第一时间联系4S店？

1. 致力服务升级

一些4S店提供免费洗车业务（只清洗外观），但客户不会因为免费而无条件满意，如果免费洗车服务差他们同样会抱怨。

4S店可以通过汽车服务类微信小程序（见图1-4）等途径有效推广高价值的服务项目，可包括维修保养、二手车估价、预约试驾、查保险、点餐、整车翻新喷漆及自有商城等。

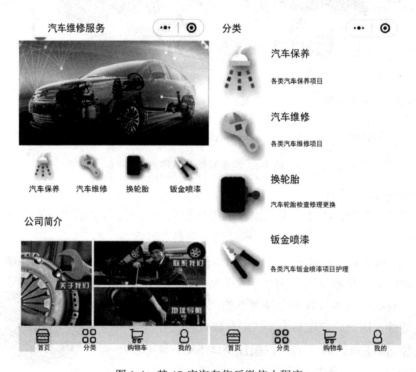

图1-4　某4S店汽车售后微信小程序

2. 做好客户维系

如果想在未来真正成为优秀的终端服务商，客户维系是永恒的话题。那么，4S店的客户关怀是否真正做到位了？是否能为每一位客户提供全新的服务体验，从而增加客户黏度？

我们应该明确，作为服务企业的4S店应该形成这样一种价值观，要陪伴客户一起成长，给客户惊喜，做客户关怀工作要扎实细致。

练一练

1）如何做好客户维系工作？

2）请用头脑风暴的方法完成表 1-1 的填写。

表 1-1　客户维系策略表

序号	项目	服务升级	客户维系措施
1	为竞争对手制造障碍	1）比对手提供更具性价比的产品 2）_____ 3）_____	1）使用纯正原厂机油，或送冬季水箱保养一次 2）_____ 3）_____
2	建立信任	1）履行承诺 2）_____ 3）_____	1）签单前曾经承诺零利润销售轮胎，在轮胎价格普遍上涨时，仍提供原价轮胎给客户 2）_____ 3）_____
3	巩固客户退出障碍	1）让客户对本 4S 店产生心理依赖 2）_____ 3）_____	1）每到中午时提供美味可口的饭菜 2）_____ 3）_____
4	满足客户需求	1）特殊时期特殊对待客户，让客户仍感受到你对他的关爱 2）_____ 3）_____	1）2020 年，在全国抗击新冠肺炎疫情的特殊时期，为客户提供在线用车指导 2）_____ 3）_____

3. 拥有长线思维

客户不是在 4S 店购买了一台车后就与 4S 店再无瓜葛了，可千万别出现客户在 4S 店买了车或在店里做了一次免费首次保养后就再也不出现的情况。要知道客户还需要保养、维修、增购、换购，而客户的朋友、家人可能都有汽车服务方面的需求。那么，如何在未来深挖客户需求创造更多价值，值得我们深思。

说一说

4S 店共有哪些业务类型可以向客户提供呢？

_____

_____

_____

深挖客户需求，为开展多种类型的售后服务提供依据，更是 4S 店加快其营销力提升、实现业绩增长的重要手段。

汽车售后服务（含工作页）

4S 店可以提供的业务类型有：

◎ 车辆的销售。
◎ 零部件的销售。
◎ 维修，包括修理、保养和调整等。
◎ 事故车的维修。
◎ 保修期内的索赔。
◎ 保险业务。
◎ 精品销售。
◎ 旧车置换。

想一想

上述 4S 店可提供的业务中哪些是最赚钱的？其他业务对它又有什么样的作用呢？

_____

_____

_____

_____

　　事故车的维修是最赚钱的，但是其他业务通常也会给 4S 店带来一定的收益，并带来源源不断的客流。此外，4S 店还要重视保修期内的索赔，如果做得好，原制造厂可能就是 4S 店最大的客户。为此 4S 店要做好每一项业务，吸引客户的惠顾。

4. 提供维保方案

　　在汽车售后服务过程中，几乎每一个汽车维修服务顾问（简称服务顾问）都遇到过对保养项目非常困惑的客户，且有些客户对于机油等常规维保产品的选择都很困难。作为专业的服务商，4S 店理应为客户提供解决方案，况且使客户能够轻松地选取保养服务本身就是专营店的职责所在。因此在日常的工作中，4S 店要制定一些保养套餐以帮助客户做选择，服务顾问根据实际情况给客户提供切实可行且合理化的建议。也就是说，4S 店要为客户设计一套适合客户居家、商务、节约后期维修保养成本的车辆维保方案，只有这样才能真正体现 4S 店的专业技能和用心服务精神。

　　除了 4S 店，目前很多上门保养平台推出了网络预约保养套餐。这些保养套餐的内容多为固定模式。如果消费者不了解车辆情况，就很难看懂各价位保养套餐之间的区别，他们最终往往选择较贵的保养套餐，这在无形中加大了客户保养车辆的支出。因此，针对汽车网络预约保养，4S 店应该推出更为灵活、更具针对性的产品，让消费者不再"只选最贵的，不选最合适的"。表 1-2 为某 4S 店推出的可供不同需求的客户选择的保养套餐。

表1-2 某4S店推出的保养套餐（示例）

套餐名称	保养项目	养护项目	优惠售价	建议工况
惠养套餐	1. 更换机油、机油滤清器3次（原厂机油） 2. 更换空气滤清器、燃油滤清器、空调滤芯各1次		688元	长期在常规工况（上下班代步，城市路况、气候条件较好等）下使用的车辆
易养套餐	1. 更换机油、机油滤清器3次（黄喜力SL级机油） 2. 更换空气滤清器、燃油滤清器、空调滤芯各1次	1. 空调系统清洗2次（冬/夏各1次） 2. 发动机深度养护1次	1068元	
精养套餐	1. 更换机油、机油滤清器3次（高级黄喜力SM级机油） 2. 更换空气滤清器、空调滤芯各2次 3. 更换燃油滤清器1次	1. 四轮定位1次；空调系统清洗2次（冬/夏各1次） 2. 发动机深度养护1次 3. 节气门清洗1次	1588元（套餐1998元即可更换使用最高品质的蓝喜力SN级机油）	长期在较恶劣工况（经常跑长途、路况较差、城市雾霾等）下使用的车辆

5. 盘活客户资源

4S店多年经销行为，真正沉淀下来的属于自己的资源是什么？是大量基盘保有客户。但是，资源仅仅是资源而已，你不去运营它，资源不会变为资金，甚至只是一堆客户资料。那么如何让你的资料变为资源，资源变为资金？资源变现需分三步走：首先是让资源变为资产，其次是让资产变为资本，最后是让资本变为资金。资源变现的示意图如图1-5所示。

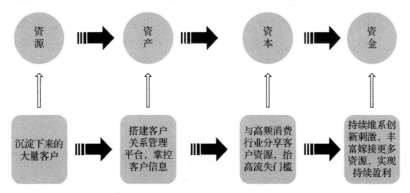

图1-5 4S店资源变现示意图

（1）资源变资产

首先，解决组织内部对客户导向的认知问题，自上而下，由内而外形成以客户为导向的工作理念、业务行为及薪酬绩效。

其次，客户资料数据清洗，先让资料变为资源，搭建客户关系管理平台，录入客户实用实时信息，实现客户资源的可控、可用，让客户资源变为随手可用的资产。

（2）资产变资本

经销商为淡化售后服务维修和保养的低频消费弊端，可与其他高频消费行业进行深度行业联盟合作，交叉共享客户资源，也可以与银行合作开发针对经销商和其他联盟店的信用卡，仅用于联盟商户内的消费，消费积分可用于售后维修保养抵扣，以提高客户的流失成本，让客户真正成为你的客户。经销商通过盘活客户资源，频繁互动，针对性分阶、分类（区域、车龄、价值、忠诚度）管理维系，最终以忠诚度与价值的双重条件筛选出有效客户（分为A、B、C、D四类），搭建自有商城，维修保养消费积分可在自有商城用于购物，提高消费黏性。自有商城可销售所有与之有合作关系商家的质优价廉商品，以及集团（即经销商所在的汽车经销公司集团）内所有可售商品，如精品、保养、配件等。

4S店的A、B、C、D四类有效客户有以下特点。

① A类客户的特点是高忠诚度、高价值。这类客户是需要重点分析和研究的对象，是企业的核心客户群。

② B类客户的特点是低忠诚度、高价值。这类客户虽然消费次数有限，但是每次购买的数量很大，或者在社会上具有一定的影响力和话语权，能对其他客户产生积极营销影响。

③ C类客户的特点是高忠诚度、低价值。这类客户虽然社会影响力有限，但仍可以通过多次的购买形成企业的规模收入和利润。

④ D类客户的特点是低忠诚度、低价值。这类客户对企业的价值相对较小，4S店需要具体分析此类客户忠诚度低的原因，如是否因为企业的产品不能满足客户的需求，然后制定出针对这类客户的策略。

（3）资本变资金

① 线下。与客户关系再好，客户也总要从经销商的售后业务中淡出，但是只要客户的车还在，维修保养的消费就在。所以，集团可根据客户价值及区域划分出重点战略区位，布局集团自有品牌连锁快修站，配件由集团统一规模化采购，统一供应，统一管理，集团总部统一培养、输出人才，保证集团连锁品牌形象与价值沉淀。店长以合伙人的合作形式，保证店面运营与管理的积极性。例如，集团可将钣喷大活儿直接供给指定的4S店，且将4S店作为二手车的收购网点。至此，配件消耗、品牌价值、二手车盈利、钣喷利润、稳定客源，都开始以资金的形式呈现。

② 线上。集团的自有商城已运作成熟，拥有庞大的优质客户资源、源源不断的广告招商与优质商家招商，这些都能成为稳定、持久的收入来源。

⚙ 故事链接

一家丰田4S店的故事

南通一家丰田4S店经理通过线上4S店的新服务吸引了很多客户前来光顾。他们的做法是先完成4S店内洗车棚的改造，洗车棚改造完成后，4S店马上开始开展了一次线上9.9元洗车拼团的推广活动。活动效果远超预期。该店经理表示："目前车市是在存量市场做竞争，不能硬拼价格，要用'巧'抢客户。"他们的线上推广活动甚至吸引了许多跨品牌维修保养的客户进店。

该店经理认为，线上经营给店里带来的客流和营收增长很明显。他介绍说，无论是线上数据还是实际到店人数都是增长的，比正常的流量大很多。在 80 天里，通过网络访问线上 4S 店的人数超过 5000 人，平均一天超过 60 人。正常情况下，每天线下到店保养和看车的总流量是到不了 60 人的。

此 4S 店做法"巧"的核心就是通过高频服务拉动低频服务，通过低收费服务为高收费服务带客户。千万莫以为 9.9 元洗车不赚钱，对于 4S 店来说不仅赚钱，还可能是能够持续带来利润的项目。通过 9.9 元洗车为店里带来了大量的外品牌保养的客户。一周作业完毕，已完成核销的保养客户中有 10 个外品牌客户，付过钱等待到店服务的还有 100 余单。这些对于店里来说都是增量。未来两年，到店的外品牌客户会占相当大的比例，其中大约 20% 的客户会在该 4S 店里置换新车。通过外品牌洗车、保养项目，该店预存了未来的新车销量。

任务小结

经销商要想赢取未来，不仅仅要依靠提供质量过硬的维修服务和品类多样的车辆零配件，更要依靠经销商的经营策略和对客户关系的管理。经销商应该利用相应的技术来提高与客户在营销和服务上的交互，为客户提供创新式的个性化客户服务。经销商的最终目标是吸引新客户、保留老客户以及将已有客户转为忠实客户。

任务 1.2　认识汽车维修服务顾问

知识目标

1. 能说出服务顾问的角色定位和作用；
2. 能列举对服务顾问服饰礼仪的基本要求；
3. 能总结提高服务顾问个人素质的几种技巧；
4. 能叙述运用肢体语言的一些重要方式及注意事项。

技能目标

1. 能结合自身情况分析与优秀服务顾问的差距；
2. 能结合具体情境熟练应用服务顾问各项表达技巧；
3. 小组合作分析判断具体案例中的各种做法合理与否。

素养目标

1. 使学生对服务顾问的作用有一个理性认识；
2. 使学生在日常生活中注意提升自己的素养和沟通能力；
3. 让学生对将来所从事的职业的要求与定位有清晰明确的认知。

汽车维修企业的服务对象群体与以前相比发生了质的变化。这些拥有汽车的客户，主要以家庭用车为主，他们不仅要求维修质量优良，而且还要能享受热情的服务。

经济水平的不断提升使汽车所有者身份变得与十几年前不尽相同，这就带来了客户需求的多样性。汽车维修企业为满足客户需求、树立企业形象、提高企业竞争力都铆足了劲儿。现在很多汽车维修企业十分重视规范化服务。汽车维修业务接待作为汽车维修企业的窗口，代表着企业的形象，经过这几年的发展，已逐渐成为汽车维修企业经营管理中的一个重要岗位。汽车维修业务接待的好坏也成为衡量汽车维修企业好坏的直接标准。

1.2.1 汽车维修服务顾问岗位定位

汽车维修业务接待是现代汽车维修企业服务的重要组成部分。汽车维修业务接待员又称"汽车维修服务顾问"。

> 💬 **说一说**
>
> 说一说服务顾问可代表哪些角色，在业务流程中各起到什么作用。
>
> _____
>
> _____
>
> _____

服务顾问的作用如下。

（1）服务顾问是联系客户和经销商之间的纽带

对经销商而言，服务顾问代表客户；而对客户而言，服务顾问代表经销商和厂家，服务顾问要提供良好的服务，以维持客户对经销商的良好印象及忠诚度，若每个服务顾问都能在工作中兼顾公司和客户，则能使客户满意度提升，同时维护经销商的利益。

（2）服务顾问是沟通汽车维修企业与客户之间的桥梁

服务顾问角色之所以重要，就在于他是客户进维修厂（指经销商的售后维修服务区域）碰到的第一人，如果服务好、客户信赖度高，也可能是客户在4S店售后唯一接触的人。因为客户的时间有限、专业不足，所以很容易将自己的车交给服务顾问后就放心等待结果。因此，从理论上讲，来4S店维修的客户是由服务顾问从头到尾完成接待工作的。

如果服务顾问接待服务好，则客户对汽车维修企业信赖度就高。另外，在客户的信任下，服务顾问所扮演的角色就是如何建议客户做最合理的维修项目以保障车辆的长期使用。最终服务顾问的专业性为客户所依赖，从而提高客户对企业的忠诚度。

客户、4S 店与服务顾问的关系如图 1-6 所示。

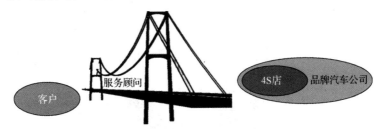

图 1-6　客户、4S 店与服务顾问的关系

1.2.2　服务顾问必备要素

服务顾问必须具备三个要素，即态度、技巧和知识（见图 1-7）。

1）态度：诚实、谦虚、信赖感、共同感、同情心、安心感、亲切感等。

2）技巧：表达技巧、提问技巧、倾听技巧、诊断技巧、客户应对技巧、电话沟通技巧等。

3）知识：车辆知识、客户知识、市场知识、关于本品牌车辆多种话题的知识、心理学知识等。

图 1-7　服务顾问必备要素

只有当服务顾问掌握这三个要素，并且有向客户提供优质服务的决心和愿望才能称得上专业；如果缺少决心和愿望，是无法将良好的态度、完备的知识、优异的技巧完全表露出来让客户感受到的。有了决心和愿望，客户也会对服务顾问有信心，因为他们相信你是专业的。所以服务顾问要满足他们的期待，解决他们的车的问题，并提供他们所需的信息。如果服务顾问能做到这点，就可满足客户的需求，使客户成为你和经销商的忠实顾客，而客户的满意度也会提高。

1.2.3　如何才能给客户留下好印象

💬 说一说

说一说你给别人的第一印象是怎样的。

_____

_____

_____

其实，不同的表情、不同的服装及不同的眼神都会给人以不同的感觉，形成不同的印象。一般来说，形成第一印象的时间为 10 秒左右。

客户在店里见到第一个员工时形成的印象，将上升为对公司的印象。所以服务顾问的形象礼仪尤为重要（见图1-8）。

图1-8 服务顾问形象示范

1. 客户不喜欢的服务顾问表现

客户通常不喜欢服务顾问有以下表现：

◎ 在接待大厅内大声呼叫或跑动。

◎ 工服领口脏且不平整。

◎ 领带不按标准佩戴。

◎ 在客户面前搓垢、掏鼻、剔牙、挖耳、揉眼、打喷嚏。

◎ 擦的头油或摩丝过多，皮鞋有油污。

◎ 对客户不主动打招呼。

◎ 接待客户不热情、不礼貌。

2. 使客户满意的礼仪规范

（1）男性礼仪规范

1）发型要求：

◎ 保持干净、梳理整齐，不染夸张的发色。

◎ 不宜过长或过短，前部头发不遮住眉毛，侧部头发不盖住耳朵，后部的头发不超过衣领上部。

2）制服要求：

◎ 工作时间穿着专营店规定的标准制服，按气候选穿统一春秋装或夏装，大小合身，保持整洁、舒展、无褶皱。

◎ 上衣外侧口袋不放东西。

3）鞋袜：

◎ 黑色正装皮鞋，鞋面保持光亮。

◎ 着深色袜子。

（2）女性礼仪规范

1）发型要求：

◎ 保持干净、梳理整齐。

◎ 刘海不要遮住眼睛，不披头散发。

◎ 发型发色不宜夸张，不用华丽头饰。

2）鞋袜：

◎ 黑色皮鞋，保持干净；鞋跟不能过高（低于 5 厘米）、过细；夏季不穿露脚趾、脚跟的凉鞋。

◎ 着肉色袜子，避免穿短袜，袜面无破损。

3）制服：

◎ 工作时间穿着专营店规定的标准制服，按气候选穿统一春秋装或夏装，大小合身，保持整洁、舒展、无褶皱。

◎ 上衣外侧口袋不放东西。

（3）工牌佩带礼仪规范

若需配置工牌，则有如下要求（男女服务顾问皆同）：

◎ 左侧胸部佩带统一工牌，位置适中，保持干净。

◎ 名字印得稍大些，便于阅读。

3. 提高服务顾问个人素质的各种技巧

（1）目光交流

眼睛被人们称为"心灵的窗户"，正因为眼神往往会不知不觉地流露出内心的秘密，才使目光交流成为最有效力的身体语言之一。目光交流不仅可以让我们听到客户所说的话，还可以让我们了解他们的感受。

1）5 秒钟的目光交流。

在外国，有一种说法叫"5 秒钟的目光交流"。因为当我们兴高采烈的时候，或者我们与对方很熟悉的时候，往往说话时就会跟他对视，目光会差不多停留 5～10 秒。

当然，如果双方互相不熟悉，可能是 2～5 秒。

2）真诚、稳定地看着对方。

在所有的情况下，都要真诚、稳定地看着对方，尽量争取做到和客户进行正常的5秒钟目光交流，因为这个时间是客户觉得最舒服的目光交流时间。

3）目光不要游移。

对于大多数人来说，紧张的时候，就会目光游移。如果像受惊的兔子一样到处乱看，会使你的紧张情绪暴露无遗，从而降低客户对你的信任度。

在谈话时，任何不直视客户的举动都会加重对客户的负面影响，使客户觉得非常不舒服。

? 想一想

当我们和客户面对面的时候，是不是要马上进行目光交流？

_____

_____

_____

图1-9　服务顾问的微笑

当客户走近我们的时候，不管我们在做什么事都要立即盯着他的脸，同时和他进行目光交流。不过直接对视客户的眼睛最好不要超过5秒，否则会让客户觉得不自在，必须时不时地把目光从客户的脸上移开。

（2）微笑

微笑表达了欢迎的态度。如果微笑表达不充分的话，比方说客户走近时，你连看也不看他，笑也不笑，这时候客户就会觉得你并不欢迎他。

在接待客户的时候，必须面带笑容。在把目光焦点柔和地落在客户的脸上，做到目光交流的同时，还要有一个微笑（见图1-9）。

微笑具有以下几种作用。

◎　微笑是处理好人际关系的一种有效手段。

◎　微笑是调节融洽的交往气氛的一种手段。

◎　微笑也是化解矛盾的一种手段。

⚠ 故事链接

普吉岛是泰国著名的旅游景点，在新开发后很短时间内游客数量就上升到与泰国其他名胜景点持平，这不仅仅是因为它美丽独特的岛上风光，还有一个制胜的重要法宝——微笑。在普吉岛的每一天里，游客都能深刻感受到普吉人的"微笑攻势"。"你对一个游客微笑了，就是对普吉的贡献，对泰国的贡献。"泰国旅游局官员这样强调微笑的力量。

微笑是很有感染力的一种身体语言，能使别人坚硬的内心融化。做好服务的前提就是学会微笑待人。

微笑是一种美妙的语言，但是否时时刻刻都应该保持微笑呢？

以下两种情况要控制微笑。

情况一，微笑表达过度的话，就会使人觉得生硬、虚伪、"笑"不由衷。

情况二，客户发生了一些特殊情况，如果你还在笑，他就会觉得你是在幸灾乐祸。

（3）手势

手势在人际交往中有着重要的作用，它可以加强语气，增强感染力。

◎ 大方恰当的手势给人一种肯定明确的印象和优雅的美感。通常来说，服务顾问指引客户，都会四指并拢，拇指伸开。如果这种动作只是靠着身体的话，感染力不是那么强烈。但是如果我们指引客户的时候张开手臂的话，通常客户都会接受，都会按照指引的方向而去。

◎ 不礼貌的手势。如果四指握紧，只伸出一个食指指着客户的话，这是一种非常不礼貌的手势。

◎ 表达过度。如果手势幅度太大，在亚洲人看来，这是一种表达过度，亚洲人大多不喜欢过度表达；但在西方国家，幅度即使再大，别人看来也不会显得过分。

◎ 表达不充分。如果你讲话的时候一点手势也没有，或是贴着身体太近做一些手势的话，会使人觉得你很紧张，没有什么自信，或者被对方的气势震慑住了，显得自己胆怯心虚，这也是表达不充分的一种表现。

（4）握手

握手通常是对人表示祝贺、感谢、慰问或者期待对方友好合作等。见面时，人们常常通过握手来表示欢迎。告辞的时候也常常会握手，这时的握手就表示欢送对方。

◎ 用右手握手。在握手时，一定要伸出右手和对方握手。

◎ 握手的时间控制。握手的时间通常以 3～5 秒为宜。当然，关系亲近的握手时间可以适当长一些。

◎ 握手力度要适中。握手的时候，力度要适中。不要太重，不要把对方的手握痛了，或者强行跟对方握手，或者拉住对方不放，这些都是无礼的行为。当然也不要太轻，比如对方同你握手，如果你仅仅轻轻碰一下就把手抽回去，或者犹豫不决，都会让对方觉得你是在敷衍他、冷淡他。

◎ 握手时要脱掉手套。如果戴着手套，必须先把手套脱掉，然后再跟对方握手。

◎ 与女士握手的注意事项。一般来说，男女之间握手，应该是由女士先伸出手，男士再伸手。如果女方没有握手的意思，男方就改用点头来表示。

◎ 宾主之间握手的注意事项。在宾主之间，不管是男是女，作为主人，都必须主动先跟对方握手。如果一个人面对很多人不可能一一握手的话，就要行注目礼，用点头或者用招手来代替。

> **故事链接**
>
> A 国领导人 D 先生在国会发表国家报告，现场发生的一幕引发全球关注。当议会主席 L 女士在 D 先生开始演讲前主动向他伸出手时，D 先生却拒绝与其握手。而当 D 先生演讲结束，大家起立鼓掌时，位于 D 先生身后的 L 女士则当众撕毁了她手中的国家报告，表示自己的愤怒与不屑。

这个故事充分说明了掌握握手礼仪在社交中极其重要。A 国领导人遇上了性格刚烈的议会主席 L 女士，发生了 A 国政治史上尴尬的一幕。

握手的注意事项有以下几点。

◎ 一定要注意客户与你主动握手时，千万不能躲避。

◎ 对男子来说握手可以稍微重一点，对女子来说就要稍微轻柔一点。

◎ 遇到一些关系不错的朋友，可以长时间地握手，还可以加大力度。

（5）点头

不需要用言语的另一种身体动作就是点头。当人们讲话的时候，你若表示同意就可以点头，对方就会觉得他的话引起了你的反应。

比如，一个客户不停地投诉某件事情的时候，你不能插话，但是又希望让他知道你在倾听，你就可以用点头来表示，这时候点头就特别有效。

> **故事链接**
>
> 一位销售员在接待客户时与其闲聊。销售员有些心猿意马，一直想着自己业务考试的事情，对客户每一句话都点头。当客户说一些抱怨的话，比如因为这次公司的涨薪名单里没有自己名字导致自己心情不好时，销售员还是点头，客户不高兴地拂袖而去。

一定要在真正理解客户的讲话意图时才点头，不能心里想着别的事情还胡乱点头，让客户觉察到你的虚假就不好了。

（6）交换名片

事前做好充分准备，把名片放在上衣的口袋内或裤袋中都不好，应把干净的名片存放在名片夹内。平时多准备些名片，不要在客户面前出现名片已用完的情况。

递送名片时的礼仪：应面带微笑，注视对方，将名片文字的正面对着对方，用双手的拇指和食指分别持握名片上端的两角送给对方。如果本来是坐着的，应当起立或欠身递送，递送时说"我是××，请多指教"或"我是××，很高兴为您效劳"。一般来说，4S 店的服务顾问要先拿出名片。

收下名片时的礼仪：接收他人递过来的名片时，应尽快起身，面带微笑，用双手拇指和食指接住名片下方的两角，并说"谢谢"或"能得到您的名片，深感荣幸"等（见图 1-10）。接到名片后不能随便乱放。如果是初次见面，最好是将名片上的重要内容读出来，以示敬重。

第一次见面后，应在名片背面记下见面认识的时间、内容等资料，最好能简单记下对方的特征。这样积累起来的名片就可以为再次见面或联络提供线索或话题。

图 1-10　交换名片

1.2.4　服务顾问的表达技巧

当与客户交流时，服务顾问的语言应该从"生活随意型"转到"专业型"。服务顾问既要有个性化的表达沟通，又必须掌握许多有共性的表达方式与技巧。

1. 寒暄

（1）寒暄的基本要求

寒暄的基本要求如下。

◎　真诚：真诚的问候，对于沟通人与人的心理有着重要的作用。

◎　鼓励：在寒暄的几句话中，给人以鼓舞和力量。

◎　幽默：在寒暄中加点幽默诙谐的成分，会加深对方对你的印象，对协调交际气氛很有帮助。

◎　赞美：如果早上起来听到几个诸如"您起得真早啊！""您身体真棒"的赞美式寒暄，就会感到这一天心情格外愉快。

寒暄要因人而异，不要对谁都是一个说法；要注意环境，在不同的环境，要有不同的寒暗语言；要注意适度，适可而止，过多的溢美之词只会给人以虚伪客套的感觉。

（2）寒暄时的 7 种态度及其表达方式

寒暄时的 7 种态度及其表达方式如下。

◎　欢迎光临，先生/小姐，您好！（热诚之心）

◎　是的，我还想向您请教。（谦虚之心）

◎　请稍候。（体贴之心）

◎　很抱歉。（反省之心）

◎　让我确认后，再向您报告。（负责之心）

◎　谢谢。（感激之心）

◎　谢谢光临！（诚挚之心）

💡 案例分析

服务顾问第一次和通过 App 线上登记的客户沟通。

服务顾问："赵先生，您好！您是通过我们的 App 预约来这里了解汽车轮胎养护的吗？"

客户："是的。我想了解了解。"

服务顾问："好的，赵先生，这是我的名片。我姓唐，您叫我小唐就可以。您可以给我一张名片吗？以后也便于联系，为您提供一些汽车维修优惠的信息。"

客户："哦，没带，抱歉！"

服务顾问："没关系，您给我留个联系方式也是一样的。您的手机号是……？"

客户："139×××××××××。"

服务顾问："赵先生，我将为您详细地介绍我们的汽车轮胎养护项目，并以最好的服务让您满意而归。不知您现在的汽车轮胎品牌是什么。"

客户："固特异。"

服务顾问："赵先生，那现在的轮胎大概使用多久了？"

客户："我就是上下班开开，现在快四年了。"

服务顾问："您换过轮胎吗？"

客户："还没有，也没有人这么跟我说过。"

服务顾问："赵先生是在医院工作吧？我只是猜测，不知对不对？"

客户："我在学校工作。"

服务顾问："呀，猜错了。不过我很敬佩老师，老师是人类灵魂的工程师。这是一个伟大的职业。"

客户："谢谢你。不过我不知道轮胎更换有什么注意事项。"

服务顾问："赵先生，如果使用的是原车配胎的话，要按厂家要求安装；如果是非原装轮胎，一般是带有生产日期的，因为轮胎具有方向性，安装时要使轮胎上的箭头与汽车的前进方向相同。充气时可充至轮胎允许的最大气压。平时要注意经常检查胎压，压力过高或者过低都会对行驶造成安全隐患。"

服务顾问与客户的寒暄有利于和客户拉近感情，起到和客户建立起亲近关系的作用。在此案例中我们看到通过寒暄还可以详细地、深入地了解客户，让服务顾问尽可能掌握更多的信息。在这个案例中还可以进一步了解客户在学校做什么，教什么科目，方便后期再跟客户沟通。

2. 表达技巧

（1）选择积极的用词与方式

除了保持一个积极的态度，沟通用语也应当尽量选择体现正面意思的词汇。例如，如果一个客户就车辆的品质问题几次向你求助，你想表达自己为客户真正解决问题的期望，于是你说："我不会再让您的车重蹈覆辙。"为什么要说出"重蹈覆辙"这个词呢？你不妨这样表达："我这次有信心不会再发生这个问题。"这样是不是更顺耳一些？

又如，你想给客户以信心，于是说："这并不比上次那种情况差。"按照上面的思路，你应当换一种说法："这次比上次的情况好。"即使客户这次真的有些麻烦，你也不必说："您的问题确实严重。"换一种说法更好："这种情况有点不同往常。"你现在可以体会出其中的差别了吗？

（2）在客户面前维护 4S 店的形象

在向客户进行电话回访时，客户抱怨他在 4S 店所受的待遇，而你已经不止一次听到这类抱怨了。为了表示对客户的理解，你应当说什么呢？"您说得不错，这个部门表现很差劲。"可以这样说吗？适当的表达方式应该是："我完全理解您的苦衷。"

对于有的客户的要求，4S 店没法满足时，你可以这样表达："对不起，我们暂时还没有解决方案，但我一定尽力而为。"尽量避免很不客气地手一摊（当然对方看不见）："我没办法。"

（3）服务用语具体表达技巧

在客户服务的语言表达中，应尽量避免使用负面语言。这一点非常关键。客户服务语言中不应有负面语言。什么是负面语言？比如，"我不能""我不会""我不愿意""我不可以"等，这些都叫负面语言。当你向客户说出一些负面语言的时候，客户就感到你不能帮助他。客户不喜欢听到这些话，他只对解决问题感兴趣。服务顾问应该告诉客户能够做什么，而不是不能做什么，这样就可以创造积极的、正面的谈话氛围。那是不是说客户说什么就是什么？也并不是这样。在沟通时可以利用以下两个技巧。

1）善用"我"代替"你"。

有的时候尽量用"我"代替"你"，后者常会使人感到有根手指指向自己。

习惯用语：你的名字叫什么？

专业表达：我叫朱迪，请问，我可以知道您的名字吗？

习惯用语：你必须……

专业表达：我们要为您那样做，这是我们需要的。

习惯用语：你错了，不是那样的！

专业表达：对不起，我没说清楚，但我想它运转的方式有些不同。

习惯用语：如果你需要我的帮助，你必须……

专业表达：我愿意帮助您，但首先我需要……

习惯用语：你做得不正确……

专业表达：我得到了不同的结果。让我们一起来看一看到底是怎么回事。

习惯用语：你没有弄明白，这次听好了。

专业表达：也许我说得不够清楚，请允许我再解释一遍。

2）在客户服务的语言中，没有"我不能"。

当你说"我不能"的时候，客户的注意力就不会集中在你所能给予的事情上，反而会集中在"为什么不能""凭什么不能"上。正确的表达方式应该是："看看我们能够帮您做什么？"这样就避开了跟客户说"不行，不可以"。实际上表达的意思是一样的，但可以使客户注意听你的解决方法。需要告诉客户，你可以解决一部分问题，但是另外一部分问题还需要专业技术人员来解决；或者可以这样表达，"我可以帮您分析一下""我可以帮您看一下"。

任务小结

对于汽车维修企业来说，汽车维修业务接待是一个非常重要的窗口。在此过程中，服务顾问协调了企业和客户的利益。只有汽车维修业务接待这个"第一窗口"彻底改善服务质量，才会提高客户满意度。

任务 1.3　提高客户满意度

知识目标

1. 能叙述客户的定义及其重要性；
2. 能解释客户满意度公式代表的含义；
3. 能叙述客户满意度的提升策略。

技能目标

1. 根据实例辨别客户满意度的三种情形；
2. 能够结合具体案例来说明客户满意度的含义；
3. 小组合作提出解决 4S 店客户满意度不高的各种方法策略。

素养目标

1. 使学生牢牢树立起"客户满意度第一"的理念；
2. 使学生对于客户的重要性有理性认识；
3. 培养学生端正的做事态度、贴心的待人风格。

1.3.1　客户的定义

客户就是具有消费能力或消费潜力的人，是服务的接受者或使用者。

要提供使客户满意的服务，首先必须了解客户的分类。只有在对客户加以区分之后，才能因人而异，提供有针对性的服务，这样才能使客户满意。

武汉市九头鸟餐饮有限责任公司的一位负责人曾说："只要把你的客人当舅舅（至亲的人）看，你就会生意兴隆。"在九头鸟吃过饭的人都知道，这是一句大实话：店员确实把客人当作自己的亲人看，九头鸟的生意也确实因此得到促进。

我们也可以把客户看成是我们的"爱人"。

婚姻成功的一条原则是用心经营自己的"伙伴关系"。这不一定是双方没有争执、口角、抱怨，而是在冲突与和解的过程中建立牢不可破的婚姻关系。经营公司的第一件事情就是选对自己的客户。"像选夫人（丈夫）一样选客户"，也许能帮助我们做正确的选择。经营公司的第二件事情是好好地经营自己的客户，把一次性的买卖关系在一次次的工作和服务中变成一个稳定的"伙伴关系"。"像经营自己的婚姻一样经营自己的客户"，带着这条准则做事，能帮助我们更好地拉近和客户的距离。

1.3.2　客户的重要性

1. 客户是 4S 店生存和发展的基础

市场竞争的实质就是争夺客户。4S 店要有效地进行客户管理，首先要树立"客户至高无上"的经营理念。4S 店的一切政策和行为都必须以客户的利益和要求为导向，并贯穿到4S 店经营的全过程。

2. 工资是客户发给的

4S 店要得到社会的承认，顺利地开展工作，就要确保必要的经费。它保障了 4S 店工资的发放和利润的获得，但这些钱是客户购买 4S 店的汽车和委托 4S 店维修汽车所得到的。可以说工资是客户发的。

4S 店的工作就是将其"技术"转换成"时间"来向客户出售。也就是说，向客户收取的维修费用都是以每一项作业所花费的时间为基础的。因此，要遵守预定完工时间，工作时要想到不能浪费客户的时间。

3. 失去客户等于失业

4S 店靠拥有客户而得以生存，4S 店的工作也是一样的。如果客户对 4S 店失去信赖，就会到其他的公司去，4S 店的经营业绩就会下滑。

> **⊘ 想一想**
>
> 对于企业来说，客户究竟是衣食父母还是老板？
>
> _____
>
> _____
>
> _____

客户对于企业来说，如同企业的衣食父母，是企业的衣食之源、利润之本。没有客户的光临和惠顾，汽车服务企业就失去了生存的土壤。4S 店应该把客户的重要性抬到一个无以复加的高度，那就是"客户不仅是企业的衣食之源，更是企业的真正老板"。

1.3.3 客户满意度

1. 客户满意度的定义

要搞清楚什么是客户满意度，让我们先来阅读一则故事。

> **⊙ 故事链接**
>
> ### 皇帝与一碗汤的故事
>
> 古代有一位贫民出身的皇帝，自小从没吃饱过肚子，19 岁那年他又因父母双双死于瘟疫而无家可归，被迫到寺庙当了一名小和尚，以图有口饭吃。但是不久家乡就闹了灾荒，寺中香火冷清，他只好外出化缘。在这期间他历尽人间沧桑，常常一整天讨不到一口饭吃。有一次，他一连三日没讨到东西，在街上昏倒了，后被一位路过的老婆婆救起带回家。老婆婆将家里仅有的一块豆腐和一小块南瓜放在一起，配上一碗剩粥煮热，喂给小和尚吃了。小和尚食后，精神大振，问老婆婆刚才吃的是什么，那老婆婆苦中作乐，开玩笑地说那叫"黄玉瓷石汤"。后来，小和尚投奔起义军，成功推翻腐败皇朝，开辟新朝，当了皇帝，于是尝尽了天下美味佳肴。有一天他生了病，什么也吃不下，突然想起了当年在家乡乞讨时吃的"黄玉瓷石汤"，于是下令御厨做给他吃。那御厨无奈，只得用黄龙玉、瓷器、宝石加在一起，煮成汤献上，他品尝后，觉得根本不对味，一气之下便把御厨杀了，又让人找来一位他家乡的厨师去做。这位厨师很聪明，他暗想：皇帝既然对真的"黄玉瓷石汤"不感兴趣，那就不妨来个仿制品碰碰运气。因此，他便以豆腐代替瓷石，用蛋黄代替黄玉，并浇以鱼骨汤。将此菜献上之后，皇帝一吃感觉味道好极了，与当年老婆婆给他吃的一样，于是下令把这道菜传给了家乡父老。

📝 想一想

1. 如果让上述故事中的皇帝再次喝上豆腐和南瓜煮的简易"黄玉瓷石汤"，他会有如享美味之感受吗？

2. 我们到底应该依据什么来做好客户满意度工作呢？

_____

_____

_____

不同的期望，同样的服务会导致满意度结果不一样。服务工作一定要做到能够满足被服务者的需求程度。

本节主要涉及如下三个重要概念。

1）客户满意度。这是客户的一种心理状态，是客户根据自己的期望和对产品或服务的感受所作出的一种评价。

2）服务的表现。这是指给客户提供的产品和服务的水平。

3）客户的期望。这是指客户根据以往经历的体验，对产品和服务的一种主观认知。

✎ 试一试

如果要你用一个公式来表达客户满意度，你会怎么写？

_____

_____

_____

客户满意度取决于客户体验和客户心理预期的差值。简单来说，如果你的服务超过了客户原本的心理预期，就会让客户满意。用公式表示为

$$客户满意度＝客户体验－客户期望 \tag{1-1}$$

📝 想一想

假如客户的期望远超我们能提供的，该如何做好客户的工作？

_____

_____

_____

当客户的某些期望无法满足时，首先分析客户的期望值，有技巧地告知客户：我能提供的对于你而言实际上是真正重要的，而我不能够满足的那些期望对你而言实质上是不重要的。然后说明你不能满足客户期望值的理由。最后从情感上表达你对客户期望的理解，对客

户表达出对由此而将造成的影响感到歉意，并给予客户足够的关注。

2. 客户满意度的三种情形

当一个客户带着一种期望去接受某一种产品或者服务的时候，通常会出现下列三种情况。

1）产生满足感与愉悦感。

⚙️ **故事链接**

某商业广场内小火锅店生意太好，客人越来越多，但问题也来了，很多客人都不耐烦地在大厅前等候就餐，等得时间久了就会对火锅店的品牌产生负面影响。为了克服这个不利影响，店长设计出了这样一种体验策略：所有等候的客人，以时间为准，等候20分钟的，本次就餐打九五折，等候30分钟的打九折，等候45分钟的打八五折，等候60分钟的打八折，等候75分钟的打七五折，等候90分钟的打七折，以此类推。这个时候，客人的潜意识思维就起作用了：我等候的时间越久，就餐价格就越便宜，也就是说，这个时候的等候时间，其实是像赚钱一样有价值的。这样一来客人就乐意等候了。他们从服务员手中拿起号码票，安静地翻看起座位旁的杂志；有些情侣甚至干脆留下手机号码，去附近商店闲逛，反正等多久都没关系，有了座位服务员会打电话通知的。在以前的餐饮服务中这种情况是从来没有过的，所以，一下子吸引了大批的客人，最终既留住了客人，也使得客人等候得快乐，品牌美誉度也日渐提升。现在很多网红餐馆人气爆棚，那么如何才能做到既不流失一个客人，又能让客人快乐地等待就餐呢？这家火锅店的做法不失为一个样板。

2）产生失落与失望的情绪。

⚙️ **故事链接**

有一个被收买了的小记者，在报纸上对一部新电影做了影评。一个人看了影评之后，满怀希望地去看了那部电影，结果觉得并不是那么好看。这时候，他就产生了一种失落与失望的情绪，也就是不满意的情绪。他以后肯定不会再相信这个小记者写的影评了。

3）满意和不满意保持平衡状态。

⚙️ **故事链接**

有一个30多岁的商人经常出差。一天，他到某个城市出差，住进一家四星级饭店。和往常一样，他先到卫生间去看了看洗发水，结果发现并不是他喜欢的牌子。他就把服务员叫过来说："服务员，我不喜欢这个洗发水，我喜欢的是另外一个牌子。"服务员马上跑回去拿了一瓶他喜欢的洗发水。

这时候，客人可能会觉得满意，并且也不会感到非常奇怪。因为他觉得自己付出那么多钱，就应该得到这样的服务。

大多数客人都有这样的心态，我们称其为满足与失望的中间值。

从以上的案例中不难看出客户体验与客户期望之间的关系，这是一种相辅相成的依存关系。我们知道，客户满意度＝客户体验－客户期望，当客户体验等于客户的期望时，相减为零，这也是客户满意度的原点；当客户体验小于客户的期望时，所产生的是负面情绪，就会直接导致投诉率的提高，客户是利用投诉来对冲掉这部分情绪；当客户体验大于客户的期望时，所产生的是积极情绪，这些积极情绪就会转化为对产品或者服务的赞不绝口，进而就会形成一个口碑效应。在这个公式里面，更加重要的是形成正确的客户期望，这样才能形成良好的客户体验，从而形成较高的客户满意度。这就要求在售前工作中重点针对目标客户实施正确的心理预期引导，售中以良好的客户体验模式增加客户的体验指数，售后采用良好的售后服务体系，再次加大客户体验指数，或者是进行下一代升级产品的心理预期引导。

1.3.4　客户满意度提升策略

　　1. 努力做到一次就把车修好

　　也许有人会说，我们的修理技术好才能做到这一点，这是不对的。要做到这一点，首先要求服务顾问在询问客户维修需求的时候，要很仔细、很准确地把车辆的故障情况写在委托书上。如果没有准确地写出来，就会误导后面维修技工的判断。

> **① 案例分析**
>
> 　　客户告诉服务顾问，他的左大灯不工作。服务顾问连验证也不验证就在委托书上写道：左大灯不工作。到了维修的时候，维修技工打开左大灯，发现并无故障。于是这个维修技工没想那么多，就直接在报告上写上"查无毛病""查无故障"，再交回给服务顾问。客户取车后发现左大灯故障依旧如故，非常气愤。
>
> 　　问题：为什么维修工作没到位，差错出在哪儿？

　　这个服务顾问以这样的态度工作其实是在浪费时间，是在误导维修技工。如果发现左大灯是完好的，负责一点的维修技工就想：可能是右大灯有问题吧！这时他可能会发现服务顾问没有核验到底是左大灯有问题还是右大灯有问题。

　　其实在维修这一行业，左和右之分是坐在方向盘后面看的，但是客户有时候是从站在车外的角度去看的。所以服务顾问在填写故障内容时对客户所说的任何故障情况都必须进行验证，否则就会误导后面的维修技工。

　　2. 要不断地改进

　　"不断地改进"是说对于工作程序、诊断技巧、维修设备和技工的技术水平，都要不断地改进，这样才能够把车修好。

　　3. 认真对待问题

　　客户到你这里来，大都是带着很多问题的。因此你不能推脱责任，而是必须把责任承担下来，然后认真地去处理客户的问题。

案例分析

4S 店承诺会在三天内将整车修复完全交给客户，却因为油冷却器配件迟迟不能到货，在客户再三催促之下也无法给出确定时间。4S 店一直以各种借口推诿，客户问什么都回答"不知道""不确定""你再耐心等等"。客户投诉说：4S 店一开始说有货没快递，疫情缓解以后说没货了。

一般来说，为了使客户满意，4S 店会尽可能答应客户的提车时间，但事实上，有些 4S 店的售后服务并不能实现承诺，而客户是非常在乎 4S 店维修交车时间是否准确的。所以哪怕是相差几天，也不能和承诺相差太远，而且在客户一再催促的情况下，应尽可能认真地面对客户，不要以不知情的态度面对客户。

4. 积极面对车辆维修难题

当客户说他的车出了问题，而这个问题又很难解决时，你应该对客户说："请放心，我们能够把它修好。"

案例分析

杭州的申先生对自己的车极为爱惜，三年才开了三万多公里，连中控屏的保护膜都没有撕去。可就是这样精心保养，车子还是出现了几十处问题，然而 4S 店没有把车一次性完全修好，各种毛病反复发作，令申先生心力交瘁。申先生认为，4S 店代表汽车品牌文化，拥有专业的技术支持和可靠的售后保障，如果只是服务态度好，却解决不了车辆的问题，那又有什么用呢？但是当记者采访 4S 店的经理时，该经理表示，申先生的车问题确实有点多，4S 店已经非常尽力地在维修了，希望申先生有一点儿耐心，不要指望问题能全部一次性解决。

问题：你认为 4S 店经理的这番表述有没有道理，能否让客户满意？

4S 店绝对不能说"车已经修过了但是修不好"这样不负责任的话。为什么？因为 4S 店在客户心目中是品牌的权威。4S 店的任何人绝不能说"我们不会维修本品牌的车"之类的话。假如真的遇到了难以解决的困难，一定要告诉客户："如果有技术上的问题，我们会得到原厂技术部门的支持，会通过各种有效手段寻求解决的办法。"

5. 除了完成客户要求的工作，还可提供额外的服务

4S 店除做好售后服务，还可提供超出消费者预期的额外服务。例如，4S 店承诺接到维修电话 24 小时内上门服务，而实际上如果能做到不超过 6 小时就有人上门，这就是超出预期。如果每次都是如此，并且提供非常专业的服务，这时客户的满意度就会提升。又如，帮客户修复一下车漆刮痕、免费加玻璃水、给汽车仪表盘做一次涂蜡处理等，这些额外的服务会带给客户惊喜。此时客户表现出来的满意是发自内心的，他会认为你对他的态度没有任何功利性。

在 4S 店郑师傅刚当车辆维修技师的某一天，修完客户的车后，服务顾问把车交到客户手中。可当客户坐进车里后，发现两手都是油，方向盘上也有油，客户很生气，充满抱怨，因为此时他忘掉了这车修得很好，只记住了维修技师的疏忽。这件事情给了郑师傅一个很大的教训。从此以后，每次修完车，郑师傅都要把车的方向盘和门把手擦干净。正是因为以前的一个小失误促使郑师傅养成了这个良好的习惯。

我们把郑师傅的这种疏忽叫作"愚蠢的错误"。特别是在维修刹车系统的时候，维修技工往往会犯这样的错误：鞋子踩到刹车油后，不擦干净就去踩刹车踏板，修完后也不擦干净。

6. 不要被动反应，要有预先准备

客户到达 4S 店之前，行业的规矩是把客户的档案先调出来，做好预先准备。客户到达 4S 店之后，服务顾问就可以做到有准备地去与客户进行沟通。

客户可能说："你看，你昨天修的这个地方不行！"由于事先看了维修档案，服务顾问就会跟客户说："根据维修记录，昨天不是维修的这里，而是那里。"

有时候客户的指责会显得有点不可理喻，从而导致服务顾问陷于被动。为了避免此类事件发生，服务顾问必须事前做好充足的准备，对客户的车况要做到心中有数，这样就不会一问三不知。

7. 运用团队的知识和经验为客户寻找最佳解决方案

通常来讲，对一个比较大的故障或者维修难题，应该运用团队的知识和经验找出几个对客户有好处的解决方案，并把这几个解决方案告诉客户，让客户选择。

吉利汽车"关爱四季"之夏季空调免检健诊活动的活动准备

1）服务站组织工作人员对方案进行全面细致学习和理解，传达"关爱四季"的活动理念，统筹部署，明确人员分工。服务顾问要熟知活动内容，积极学习活动相关话术。维修技师严格参照《吉利汽车"关爱四季"之夏季空调系统检修标准作业规程》进行演练，提高夏季专项活动的检修技能。

2）各服务站应在收到方案后的一周内，按要求添置好紫外线杀菌灯设备、备足制冷剂和空调滤清器，制作并布置好相关活动物料，同时撤掉已过期的服务活动物料。

3）根据服务站现有用户信息分批次做好用户预约工作，发送活动短信，还可在网上投放活动软文，让更多用户获知活动详情。

4）鉴于本次夏季活动为期一个月，对于回厂量大的服务站，必要时要安排夜班工作人员以保证活动能顺利进行，满足用户需求。

8. 超越客户的期望，给客户一个令人愉悦的惊喜

设身处地地为客户着想，提供超越客户期望值的服务，能够使客户感受到被尊重和服务顾问的满满诚意，增加客户满意度。

客户开车到维修厂，将车交给 4S 店以后，如果你能用自己的车把客户送到他要去的地方，就会给客户一个惊喜，因为他没提出这种要求，但是现在你做到了，就会让客户对 4S店的印象特别深刻。

知识链接

4S 应该通过良好的售后维修服务来赢得客户的忠诚。也就是说，要在服务方面使客户满意。要培养一个忠诚的客户，首先要使这个客户满意，然后设法提升客户的满意度，最终留住这个客户。满足客户的需求是企业永恒的目标。图 1-11 所示为客户满意度的要素。

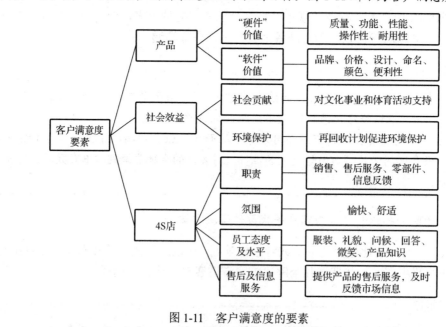

图 1-11　客户满意度的要素

任务小结

销售前的奉承，不如销售后的服务，这是制造永久客户的不二法门。如果服务能做到超出客户预期，那么你的客户必将忠诚于你。

在竞争空前激烈的今天，客户就是销售人员生存与发展的基础。客户期望值管理也是每一个服务人员都必须面对的。做好期望值管理的关键是要给客户一个合理的期望，让双方朝着一个方向努力，把双方期望值的差距缩小，达到双赢的目的。如果服务人员为客户设定的期望值与客户所要求的期望值之间的差距太大，就算运用再多的技巧，客户也不会接受，因为客户的期望值对客户自身来说是最重要的。

项目2 邀请与预约

4S店若能通过预约维修服务，在客户到来之前对车辆进行诊断，约定维修时间并对预约进行充分的准备，从而减少客户在维修过程中的非维修等待时间和避免缺少备件的情况发生，使客户的车辆得到迅速、优质的维修，就能提高客户满意度和忠诚度。

知识目标

1. 能正确分析流失客户招揽和主动预约、被动预约中的工作各要素；
2. 能正确绘制出主动预约、被动预约工作的流程图；
3. 能熟练说出预约工作的各个要点。

技能目标

1. 能根据流程要求，热情周到地完成邀请与预约的工作；
2. 能和客户详细地进行预约工作沟通；
3. 能为客户提供准确报价并预估维修时间；
4. 能够针对不同原因流失的客户采取相对应的措施；
5. 根据流程要求，能热情规范地完成预约电话后续的工作。

任务 2.1 流失客户招揽

知识目标

1. 能正确绘制出流失客户招揽的流程图；
2. 能正确分析流失客户招揽流程中的各要素；
3. 能根据知识要点，独立完成"想一想"的内容。

技能目标

1. 能准确发掘流失客户；
2. 能根据流程要求，有针对性地完成流失客户招揽的工作；
3. 能够完成客户流失原因的调查；
4. 能够针对不同原因流失的客户采取相对应的措施。

素养目标

1. 培养分析问题、解决问题的能力；
2. 在角色扮演中，清晰并有逻辑地表达观点和见解，陈述自己的意见。

客户期望

我需要这样一位专业服务人员：

● 客服人员对我和我的汽车都非常关心；

● 主动向我介绍店里正在进行的优惠活动；

● 提供让我心动的售后服务；

● 有针对性地进行客户关怀，让我感受到客服人员是从我的角度出发，为我考虑的。

服务流程

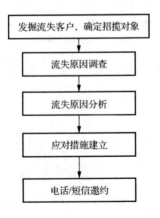

2.1.1 要素解析

1. 发掘流失客户，确定招揽对象

流失客户是指在规定时间段内，没有回到 4S 店售后服务站进行保养、维修、装饰、活动等进站行为的客户。

客户流失是每个 4S 店都会经历的事情。流失一位忠诚的客户，会给企业的营业额造成巨大的损失。因此，我们需要定期整理客户资源，发掘流失客户，对流失客户进行分类，进而确定招揽对象。

1）整理客户资源，发掘流失客户，按时间对客户进行分类（见表 2-1）。

表 2-1 按时间分类客户

客户性质	进店记录
忠诚客户	3 个月之内有到店记录的客户
非流失客户	6～8 个月内无到店记录的客户
准流失客户	8～12 个月内无到店记录的客户
流失客户	1～2 年内无到店记录的客户
趋向彻底流失客户	2～3 年内无到店记录的客户
彻底流失客户	3 年以上无到店记录的客户

注：分类时对于个别客户要有所甄别，如有的客户因较少用车导致保养间隔周期较长。

2）整理客户资源，发掘流失客户，按项目对客户进行分类（见表 2-2）。

表 2-2 按项目分类客户

流失类别		定义
完全流失客户		从统计时间起，6 个月以上没有任何形式服务记录的客户为短期流失客户，12 个月以上没有任何形式服务记录的客户为长期流失客户
部分流失客户	维修流失	从统计时间起，12 个月内没有任何维修记录的客户
	保养流失	从统计时间起，12 个月内没有任何保养记录的客户

2. 流失原因调查

针对流失客户制定调查问卷，进行原因分析，可以采用电话或者邮件进行问卷调查。一般电话问卷调查居多，可以通过赠送维修保养优惠券或者精美礼品等吸引客户参与调查。

（1）邮件问卷调查

以下为某 4S 店调查问卷示例。

××4S 店调查问卷

1. 您有多久没有到本店进行维修保养了？

    （　　）6～8 个月　　　　（　　）8～12 个月　　　　（　　）1～2 年
    （　　）2～3 年　　　　　（　　）3 年以上

2. 您不选择我们店维修保养的原因是什么？

    （　　）服务差　　　　　（　　）维修质量不好　　　　（　　）维修价格高
    （　　）距离远　　　　　（　　）公司指定　　　　　　（　　）等待时间长
    （　　）配件油品差　　　（　　）其他：_____

3. 您有定期保养的习惯吗？

    （　　）有　　　　　　　（　　）没有

4. 您通常到哪些地方进行维修？

    （　　）同品牌其他 4S 店　　（　　）其他品牌维修站
    （　　）大型社会修理厂　　　（　　）个体修理厂
    （　　）连锁维修店

5. 您认为这些地方的配件和维修质量有保证吗？

    （　　）有　　　　　　　（　　）没有

6. 您愿意继续接收我们的优惠宣传吗？

    （　　）愿意　　　　　　（　　）不愿意

7. 什么情况下您会选择回到我店维修保养？

    （　　）4S 店进行了邀约　　　　（　　）外面无法处理的疑难故障
    （　　）4S 店在我家附近有维修点　（　　）维修价格下调
    （　　）保险公司指定

8. 您希望服务店做到以下哪方面？

    （　　）地理位置更便捷　　（　　）维修质量更高
    （　　）服务态度更好　　　（　　）工作效率更高
    （　　）客户关怀更多

其他意见：

_____

_____

_____

（2）电话问卷调查

在进行电话问卷调查之前一般都有标准的问卷调查表，在进行电话问卷调查时，需要根据客户的回答，有选择性地进行提问。电话调查流程如图 2-1 所示。

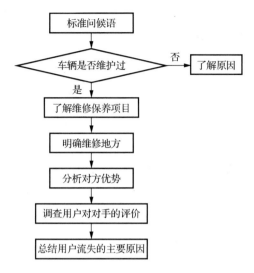

图2-1　电话调查流程

话术示范

1. 您好,请问是×女士/先生吗?我是××4S店的服务顾问。您的爱车于××××年××月××日在我店进行了××维修/保养,至今已经有××(时间)没有到店里来了。我方便占用您一点时间来了解一下您的爱车的情况吗 ?

2. ×先生/女士,非常感谢您能抽出宝贵的时间接受我们的回访,我们会努力提升自己的服务能力,希望您能给我们再次为您提供服务的机会,谢谢!

3. 流失原因分析

根据问卷调查,分析客户流失原因(见表2-3)。

表2-3　客户流失原因

原因分类	具体原因
价格原因	1. 配件价格高 2. 工时费用高 3. 维修费用高
环境原因	1. 企业整体卫生环境脏乱差 2. 休息区环境嘈杂 3. 车间环境不好(工具乱丢乱放)
服务原因	1. 细节忽略(如没有旧件展示) 2. 诚信问题(服务顾问的承诺没有兑现) 3. 员工流失(熟悉的服务顾问离职) 4. 维修保养等待时间长 5. 服务态度差 6. 处理投诉不及时

续表

原因分类	具体原因
维修原因	1. 保养更换油品不好 2. 维修质量不好 3. 钣金喷漆效果差 4. 去维修厂维修
客户原因	1. 4S 店距离比较远，不方便 2. 车辆使用频率低/行驶里程少 3. 朋友开维修厂 4. 车辆转卖 5. 保险公司指定企业 6. 其他（过路车辆/无时间）

4. 应对措施建立

服务人员需要针对调查问卷确定的客户流失原因，根据客户的需求和利益点建立合理的招揽措施。如果是企业内部原因，则先进行企业内部的整改，然后对客户实施相应的招揽措施（见表 2-4）。

表 2-4　招揽措施

流失原因	招揽措施
价格原因	1. 对比其他品牌，凸显本品牌优势 2. 预约可以享受工时打折 3. 赠送精美礼品、工时优惠券等 4. 推出免费专项检测或者全车检测 5. 零部件折扣 6. 轮胎、电瓶置换活动等
环境原因	1. 整改环境 2. 休息区隔断分区 3. 加强维修技师管理
服务原因	1. 改善服务态度（针对抱怨服务态度差） 2. 预约资深服务顾问（针对抱怨服务态度差） 3. 客户举报奖励或维修保养减免（针对抱怨不兑现承诺、细节忽视） 4. 讲解预约好处（针对抱怨等待时间长） 5. 推荐金牌服务顾问（针对抱怨员工流失）
维修原因	1. 加强对车间配件的进销存管理，若客户举报属实，为客户提供 3 次免费保养（针对提出保养油品不好的客户） 2. 重点介绍 4S 店的专业性，强调配件有保障、维修技术可靠（针对在外面维修厂维修的流失客户） 3. 备注客户信息，售后经理亲自跟进解决，指定维修班组（针对投诉维修质量差的流失客户） 4. 预约资深维修技师（针对投诉维修质量差及钣金喷漆效果差的流失客户） 5. 定期对维修技师培训（针对投诉维修质量差的流失客户）

续表

流失原因	招揽措施
客户原因	1. 提供取、送车服务（针对投诉 4S 店距离远的流失客户） 2. 提供新车主联系方式可赠送精美礼品（针对车辆转卖的流失客户） 3. 吸引客户到店，促进新车销售（针对车辆转卖的流失客户）

除了建立有针对性的招揽措施外，企业还可以推出延长营业时间、提供代步车服务、提供续保优惠套餐、提供保养 DIY 体验活动、推出幸运套餐等特色服务活动来招揽客户。

5. 电话/短信邀约

客服人员可以通过电话、短信对客户进行招揽。采取的主要措施是有针对性地告知客户企业目前的优惠活动以及可以提供的相关特色服务，并邀请客户到店。

话术示范

> ×先生/女士，我是××4S 店的服务顾问×××。打扰您一分钟时间。我们店将在这周日下午 2 点举行××××活动，邀请您到店体验，希望您不要错过这个难得的良机。我帮您报一下名，做个登记，好吗？

想一想

为什么要做流失客户招揽？

_____

_____

_____

客户是企业的重要资源，也是企业的无形资产。客户流失，意味着企业资产的流失。从反方向思考，一个忠诚的客户可以给企业创造非常大的营业额。

想一想

如果客户车辆转卖而无法联系新车主，我们该怎么办？

_____

_____

_____

如果因客户车辆转卖而无法联系新车主，则应在放弃新车主的同时多想办法吸引更多的客户到店，促进新车销售；也可以给客户推出以老带新奖励活动。

2.1.2 任务实施

流失客户招揽的任务实施流程见表 2-5。

表2-5　流失客户招揽的任务实施流程

行动要领	执行技巧	标准话术
➤ 电话问候兼说明来意	➤ 用标准问候语向客户致意，并开门见山地说明来电的目的	➤ 您好，我是××4S店的服务顾问××，请问您是×××先生/女士吗？我们现在想邀请您参加一个调查问卷活动，耗时2分钟，参与活动即可免费领取玻璃水一瓶或者免费洗车一次，您看可以吗？
➤ 询问车辆状况	➤ 小心询问车辆是否维护过，以此判断客户用车频次	➤ 请问这段时间您的爱车的状况如何？是否进行过养护？
➤ 询问未维修原因	➤ 确定客户车辆状态，并在系统中记录导致用车较少的原因	➤ 您的车辆目前行驶了多少公里了？为什么没有进行维修和保养呢？
➤ 了解流失项目	➤ 表达对客户汽车的关心之情，明确自身不足的环节	➤ 我们很关心您的爱车的使用状况，请问进行了哪些保养/维修？
➤ 了解客户是否主动流失	➤ 旁敲侧击，打听客户流失的外力因素	➤ ×先生/女士，请问做这个钣金喷漆是保险公司推荐您去做的吗？
➤ 了解客户目前选择的维护点	➤ 明确竞争对手，进而了解自身不足之处	➤ ×先生/女士，请问您到哪里进行维修？我们想了解一下我们哪里的工作做得不到位？
➤ 分析自身薄弱环节	➤ 谦虚地向客户请教自己的不足之处	➤ ×先生/女士，我们想了解一下我们和他们的差距。请问是什么原因让您到那里去的？
➤ 调查客户对竞争对手的评价	➤ 从零配件的质量比较入手，尽量显露我们的优势所在	➤ ×先生/女士，您认为这个地方修理的备件和维修质量怎么样？ ➤ （客户回答质量可以）嗯嗯，您可以具体说一下您比较满意的地方吗？ ➤ （客户回答对质量持保留意见）嗯嗯，来我们店进行维修保养您可以完全放心，本店备件采用的都是原厂配件。此外，我们的维修技师都是经过厂家专门培训的，维修过程都是标准化流程，来店维修客户满意度也是十分高的。
➤ 明确客户流失的主要原因	➤ 再次恳请客户对我们提出宝贵意见	➤ 我们想提升我们的服务，您觉得不到我们店保养/维修的主要原因是什么？
➤ 对客户表示感谢	➤ 再次对客户提出宝贵意见表示感谢，并用领取赠品等形式邀约客户来店再次感受我们的服务	➤ ×先生/女士，您对本店还有其他意见吗？ ➤ 好的，非常感谢您参与我们的调查。之后我们会给您发送活动调查奖品领用短信，凭短信可以免费领取玻璃水一瓶或者免费洗车一次。我们会更加努力提升自己的服务，期待您的到来，再见。

2.1.3　满意度提升技巧

　　在进行流失客户招揽时，4S店可以对客户进行分类，有针对性地向客户发出邀约，这样能大大提升4S店服务的精准度，同时也能提高客户对4S店服务的满意度，进而再次进店。以下列举了针对不同流失原因的几种应对话术。

　　1. 价格贵

应对话术：
1）现在预约就可以享受工时费打八折的优惠。

2）目前店里正在搞活动，现在购买工时券，可以享受以下优惠：买600元送200元，优惠幅度75%；买1000元送400元，优惠幅度71%；买2000元送1000元，优惠幅度67%。

3）目前店里正在推出美容优惠套餐，原价1040元的空调清洗系列，现在搞活动，只要688元。

2. 距离远

应对话术：针对距离较远，没有时间来店的客户，我们可以提供上门取车服务。

3. 去维修厂维修

应对话术：去维修厂维修的话，维修质量和配件质量没有办法保证。我们店使用的都是原厂正品配件，质量上都是有保障的。此外，我们店的维修技师都会定期接受专业培训学习，维修技术过硬，维修质量也是有保证的。

4. 熟悉的服务顾问离职

应对话术：您放心，我们店里所有的服务顾问都经过了统一的学习培训，而且我们会根据您原本的需求，同时考虑您的实际情况给您安排一位资深服务顾问，让您放心地把车辆交给我们。

5. 等待时间长

应对话术：我们可以提前给您预约，预约可以享用预约绿色专用通道，工位和维修技师也都提前帮您安排好，可以大大地减少您等待的时间。

任务小结

流失客户招揽对每个企业都有着非常重要的作用。对流失客户进行招揽时，需要有针对性，避免盲目地"一刀切"式地招揽新客户，进而培养企业的忠诚客户，创造更大的营业额。企业只有经过对流失客户进行分类，调查流失原因，通过企业内部的整改提高，针对客户需求进行邀约，才能提高对流失客户招揽的成功率。

任务2.2 主动预约

知识目标

1. 能正确绘制出主动预约工作的流程图；
2. 能正确分析主动预约工作流程的各要素；
3. 根据知识要点，独立完成"想一想"的内容。

技能目标

1. 能根据流程要求，热情周到地完成主动预约的工作；
2. 能和客户进行详细的预约工作沟通；
3. 能建立好与客户之间的关系，达成预约目的；
4. 能向客户宣传预约的好处并解答客户异议。

素养目标

1. 培养积极、认真的工作态度；
2. 在角色扮演中，清晰并有逻辑地表达观点和见解，陈述自己的意见。

客户期望

我需要这样一位专业服务人员：

- 在合适的时间给我打电话，不影响我正常的工作生活；
- 预约人员非常有礼貌并且很专业；
- 认真仔细地了解我的车辆状况，让我感受到预约人员认真负责的工作态度；
- 最后认真地和我确认预约内容，让我感受到预约人员一丝不苟、严谨的工作作风。

服务流程

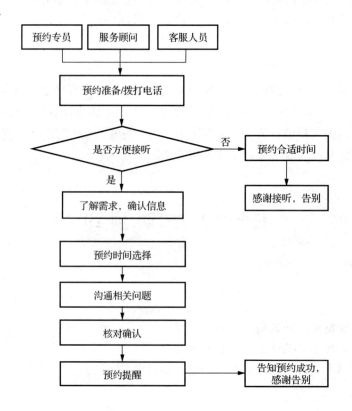

2.2.1 要素解析

1. 预约准备

汽车售后服务维修保养预约形式主要有电话预约、官方网站预约、微信小程序、App 等多种形式。汽车 4S 店主要通过电话进行客户预约，而电话预约根据预约发起者不同又分为主动预约和被动预约。主动预约是指汽车 4S 店的工作人员主动联系客户进行服务；被动预约是指客户主动联系汽车 4S 店的工作人员进行预约。不同汽车品牌售后维修保养负责预约的人员不同，主要包括三大类：预约专员、服务顾问和客服人员。预约专员指的是专项负责企业预约服务的工作人员；服务顾问指的是企业负责售后维修接待的工作人员，部分企业的服务顾问的工作内容也包括预约；客服人员指的是企业承担客服工作的人员，即通过电话、邮件等通信方式对客户提出的疑问与建议做出相应的答复和受理，部分企业预约工作归属于客服人员。

主动预约需要提前做好相关准备，主要包括了解客户信息和车辆以往维修保养记录，评估车间预约能力（时间、配件、工位等）。准备工作完成后，选择合适的时间进行电话预约，一天中一般建议两个时间段：上午 10:00—11:00 和下午 15:00—16:00（见表 2-6）。

表 2-6 打电话时间分析表

时间段	原因分析
8:30—10:00	刚开始上班，客户手头事情较多，这时接到业务电话也无暇顾及甚至直接挂断；服务顾问或预约人员不如自己多做一些准备工作
10:00—11:00	这时候客户大多不是很忙碌，一些事情也处理得差不多了。这段时间是进行电话预约的最佳时间段，以 3～8 分钟的通话时间为宜
11:00—14:00	午饭及休息时间，除非有急事，否则不要轻易打电话
14:00—15:00	下午工作刚刚开始，人会感觉到烦躁、疲劳，尤其是夏天，这个时间段拨打预约电话，成功率较低
15:00—16:00	在这个时间段内可以努力打电话了，运用前期准备好的话术应对客户
16:00—18:30	在临近下班时间，客户都在整理手头未完成的工作，对一天的工作进行一个梳理
18:30 以后	下班时间，放松时间，让客户不被打扰，自己也不增加工作量

预约人员在进行主动预约时，第一步需要做自我介绍、确认客户信息，询问对方是否方便接电话。如果客户回答不方便接听，预约人员需要和客户预约合适时间并感谢告别；如果客户方便接听电话，预约人员可以了解客户车辆相关信息。

❖ 话术示范

> 1. 您好！我是××汽车特约店售后服务的预约专员（客服人员/服务人员）×××，请问您是××××车牌号的车主×先生/女士吗？
> 2. 请问您现在是否方便接听电话？

2. 了解需求，沟通相关问题

预约人员需要根据预约前准备的车辆信息，向客户了解车辆现在的使用状况、行驶里程以及保养情况，并据此宣传预约对客户的好处（见表2-7），提出预约请求。

表2-7 预约的好处

对象	好处
客户	1. 提前预约，省时省心 2. 预留工位，无须排队 3. 配件准备，无须等待 4. 专业技师，无须担忧
服务顾问	1. 增加增项产品的推销机会 2. 合理安排工作，减少高峰时段人员接待量 3. 提前准备预约车辆相关问题，更专业地回答客户异议
企业	1. 树立品牌形象 2. 缓解高峰作业 3. 合理资源配置 4. 提高企业业绩

预约人员和客户确定预约时间之后，仍需商议服务顾问、维修技师、旧件处理方式等内容。此外，预约人员还需要专业地预估保养时间，告知客户每个保养里程进行的项目（见表2-8）、大致费用以及对客户异议给出专业解答等。

表2-8 某4S店不同保养里程对应的保养项目

保养里程	保养项目
5000公里/3个月	检查发动机、变速器、各油液液位、蓄电池、制动系统、转向系统、轮胎、喇叭、车灯、空调、车身等
10000公里/6个月	更换机油、机油滤清器
20000公里/12个月	更换机油、机油滤清器，清洁空气滤清器、空调滤清器
30000公里/18个月	更换机油、机油滤清器
40000公里/24个月	更换机油、机油滤清器、空气滤清器、汽油滤清器、空调滤清器、冷却液，清洗喷油器、节气门
50000公里/30个月	更换机油、机油滤清器
60000公里/36个月	更换机油、机油滤清器，清洁空气滤清器、空调滤清器，更换摩擦片（根据磨损情况）、制动液、离合器液
80000公里/48个月	更换机油、机油滤清器、空气滤清器、空调滤清器、冷却液、汽油滤清器、火花塞、变速箱油

⚙ 话术示范

1. ×先生/女士，距离上次保养已经有5个月的时间了，请问您的爱车最近做过保养吗？

2. 请问您在本店有熟悉的服务顾问和维修技师吗？需要我给您推荐吗？

3. 核对确认, 告知预约成功

预约人员与客户沟通完毕之后, 为了确保信息的准确性, 需要再次和客户进行核对。核对内容包括车牌号、车主联系方式、保养项目、预约时间、预定服务顾问和维修技师等。此外, 还需要沟通预约提醒时间和方式。最后, 告知客户已成功预约保养/维修, 完成预约登记表 (见表 2-9) 的填写。

表 2-9　××4S 店预约登记表

预约登记日期:		预约人员:		预约维修时间:	
客户姓名		车牌号		车型	
联系电话		行驶里程		预定服务顾问	

客户描述:

预约维修内容		工时费用	所需备件	价格	备件状态
与客户提前一天确认预约		是　否			
预约所需备件是否已准备		是　否			
预约时间是否改变		是　否			
以下由预定服务顾问填写					
预约所需维修技师是否已经准备		是　否			
对预约所需备件是否已经准备		是　否			
与客户提前一小时确认预约		是　否			
填写预约欢迎板		是　否			
预约时间是否改变		是　否			

取消预约原因请选择:　(　　) 1. 客户更改预约时间。
　　　　　　　　　　(　　) 2. 客户取消本次预约。
　　　　　　　　　　(　　) 3. 企业内部原因。

话术示范

1. ×先生/女士，我们会在后天下午3:00提醒您。请问是打电话还是发短信和您联系呢？

2. ×先生/女士，您已在本店成功预约20000公里的保养。非常高兴和您有一次愉快的通话。祝您生活愉快，再见！

? 想一想

1. 为什么要在合适的时间给客户打电话？

2. 为什么最后要和客户核对信息？

3. 为什么要给客户预约提醒？

_____

_____

_____

如果4S店采取逆向思维，在不合适的时间段给客户打电话，那么4S店能够成功完成预约服务吗？答案显然是"不能"。客户通常在不忙或者愉悦的状态下才会接电话，此时4S店预约成功的概率才会高。

和客户核对信息可以确保信息的准确性，避免沟通过程中因其他原因造成的信息错误。

4S店给客户预约提醒也是为了避免客户因忙碌而忘记预约，造成客户体验感变差，并可避免4S店预留工位闲置造成浪费。

2.2.2 任务实施

主动预约客户的任务实施流程见表2-10。

预约电话拨打

表2-10 主动预约客户的任务实施流程

行动要领	执行技巧	标准话术
➢ 预约准备	➢ 预约人员需要了解将要预约的车辆车主信息、联系方式以及现有车间预约能力（工位、零件）等 ➢ 选择合适时间拨打电话	
➢ 自我介绍	➢ 预约人员做自我介绍，包括企业、姓名，确认接听电话人员	➢ 您好！我是××汽车特约店售后服务的预约专员（客服人员/服务顾问）×××，请问您是××××车牌号的车主×先生/女士吗？
➢ 询问是否方便	➢ 预约人员需要礼貌地询问对方是否方便接听电话	➢ （方便时）请问您现在是否方便接听电话？ ➢ （不方便时）没关系，×先生/女士，此次主要是想和您预约一下您的爱车的保养，您看什么时候方便，我们再进行详谈？您看明天下午3:00可以吗？好的。祝您生活愉快，再见。

续表

行动要领	执行技巧	标准话术
➤ 了解需求，确认信息	➤ 预约人员向客户了解车辆现在使用状况、行驶里程以及保养情况	➤ ×先生/女士，您的爱车现在使用状况怎样？距离上次保养已经有 5 个月时间了，请问您的爱车最近做过保养吗？
➤ 推荐预约的好处	➤ 预约人员推荐预约的好处	➤ ×先生/女士，现在预约，可以节省您到店等待的时间，我也可以提前安排好工位、技师等，此外还可以享受工时费 8 折优惠。
➤ 预约时间选择	➤ 预约人员根据客户和车间预约情况，推荐预约时间段	➤ ×先生/女士，请问您想预约几点左右的？ ➤ 好的，您请稍等，我在系统里给您查一下。 ➤ 感谢您的等待，明天可以预约的时间段为上午 10:30 和 11:30，您看哪个合适？我帮您登记一下。
➤ 询问以往接待经历	➤ 预约人员询问客户是否有熟悉的维修技师和服务顾问	➤ ×先生/女士，您在本店有熟悉的维修技师和服务顾问吗？需要我给您推荐一下吗？
➤ 旧件处理	➤ 预约人员询问客户是否带走旧件	➤ ×先生/女士，更换下来的旧件，您是带走还是环保处理？ ➤ 好的，感谢您对环保事业的支持。 ➤ 好的，我们会将旧件处理后放到后备厢，您看可以吗？
➤ 核对确认	➤ 根据沟通交流的内容，进行核对并确认；核对内容包括车牌号、车主联系方式、保养项目、预约时间、预定顾问和维修技师等	➤ ×先生/女士，接下来，我们需要核对一下信息。×先生/女士，您目前正在使用的手机号是 135×××××××，对吧？您的车牌号为××××的爱车将于××（时间）到店进行××××（维修保养项目），预计花费××元，耗时××分钟，旧件环保处理，服务顾问××和维修技师××届时将为您提供服务。信息没有问题吧？
➤ 预约提醒	➤ 沟通预约提醒时间和方式 ➤ 预约提醒时间一般提前一天和提前一小时，沟通提醒时间一般是沟通提前一天具体在哪个时间段进行提醒 ➤ 预约提醒方式有电话、短信、邮件、微信等	➤ ×先生/女士，我们会在周二上午 9:00 等待您的光临。到时请您从我们的预约通道开进来，您的服务顾问会迎接您并快速接车。我们将分别提前一天和提前一小时提醒您，您看可以吗？您希望我们用电话、邮件还是短信提醒您？ ➤ 好的，×先生/女士，到时我将发短信（打电话）提醒您。
➤ 感谢告别	➤ 告知客户预约成功 ➤ 感谢接听电话，告别	➤ ×先生/女士，您已在本店成功预约 20000 公里保养，届时，我们将恭候您的光临！ ➤ ×先生/女士，非常感谢和您有一次愉快的通话。祝您生活愉快，再见！

2.2.3 满意度提升技巧

预约服务，是 4S 店开始售后工作的前提。只有客户接受预约服务，4S 店才有机会更好地为客户服务。因此 4S 店需要选择合适的时机进行主动预约，或在预约服务中提供给客户多种优惠，进而提高预约成功率。

1. 选择合适的时机、方式进行主动预约

1）选择合适的方式进行预约。针对老客户，主动预约时最好按照客户首选的预约方式，开展与客户的沟通，不一定非要进行电话预约。如果客户首选方式是短信或者微信，或者邮件等其他方式，4S 店需要遵从客户意愿。如果客户没有这方面的表达，4S 店可以选择电话等方式进行主动预约。

2）选择合适的时机进行预约。例如，4S 店可以在新车销售后 3 个月的时候，预约客户做首次保养；或是在车辆质保期结束前 1 个月和 2 周时和客户进行预约，邀请进店（一次不成功可以再做第二次邀请）。

2. 根据企业活动进行预约

1）当企业按照季节或节日推出不同服务套餐时，可以向客户发出邀约。例如，中秋节推出预约保养活动，可以享受工时费打 8 折的优惠，且保养结束赠送高档中秋月饼一盒；夏季推出"清凉一夏"活动，车内清洁活动套餐；国庆节推出续保套餐；等等。预约人员可以通过店内活动邀请客户到店，增加与客户的互动，建立牢固的合作关系。

2）邀请客户参加各种与汽车相关的活动，例如汽车俱乐部的活动、VIP 客户郊游活动等。

3）对客户实施有针对性的保养及维修项目提醒。保养/维修提醒是最常见的预约内容，是服务顾问日常邀约工作的重心。服务顾问主要根据客户维修保养记录、时间和客户用车习惯进行常规的保养提醒。

4）为客户车辆提供免费检查。例如，实施长期稳定的客户优惠政策，针对忠诚客户进行车辆专项免费检查或者全车检查，等等。

任务小结

主动预约客户是汽车维修企业为维持和提升业绩而开展的作业，它需要预约人员有扎实的专业技能和良好的职业素养。预约人员可以通过电话预约让客户感受到自己的热情、专业、认真、耐心，给客户留下良好的印象，完成预约服务并将预约客户变成到店客户，最终达成提升业绩的目的。

任务 2.3 被 动 预 约

知识目标

1. 能正确绘制出被动预约工作的流程图；
2. 能正确对被动预约工作流程的各要素进行分析；
3. 能根据知识要点，独立完成"想一想"的内容。

技能目标

1. 能根据流程要求，热情专业地完成被动预约工作流程；
2. 能够认真和客户核对预约信息；
3. 能向客户宣传预约的好处并解答客户异议。

素养目标

1. 能协调好与客户之间的关系；
2. 在角色扮演中，清晰并有逻辑地表达观点和见解，陈述自己的意见。

客户期望

我需要这样一位专业服务人员：

- 我的电话可以很快被接通；
- 有专业的服务人员，满足我对时间的安排；
- 认真了解我的车辆状况，给出专业化意见。

服务流程

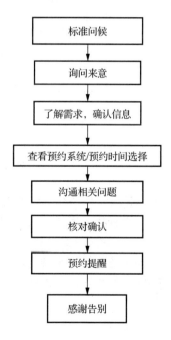

2.3.1　要素解析

被动预约是指客户主动联系汽车 4S 店的工作人员进行预约。客户可以通过电话预约、官方网站预约、微信小程序、App 等多种形式进行预约。其中电话预约更为常用。

1. 询问来意，了解需求

客户主动来电时，预约人员在接听电话时需要注意以下几点。

1）电话响起，必须在三声之内接通。

2）采用标准统一的流程完成预约工作，突显专业性。

3）语气亲切，面带微笑（见图 2-2），与客户交流过程中不打断客户。

4）积极记录客户需求，并热情回应客户问题。

接听电话时，首先要用标准的问候语问候来电客户，并询问客户需求。了解客户信息、车辆信息（见表 2-11）。对于有进店经历的客户，预约人员可以根据了解的现有信息，实时更新系统中客户的信息。对于新客户，预约人员需要建立客户信息档案，方便后期进行客户资源管理。

图 2-2　接听电话

表 2-11　基本信息

信息类型	具体内容	注意事项
客户信息	客户姓名、联系方式	1. 首先询问客户车牌号码，然后立刻输入预约人员的电脑；根据系统内的资料，查到客户的相关信息（主要针对有过进店经历的客户）；如果查询不到相关信息（新客户），我们就需要询问客户相关信息，并在系统中录入
车辆信息	车型、车牌号、行驶里程	2. 认真复述一下客户的相关车辆信息（车型、车牌号、行驶里程），跟客户核对，看相关信息是否正确，特别是行驶里程；如果客户实在无法报出就邀请他来店后直接读数

话术示范

1.（标准问候语）您好，欢迎致电××4S 店。我是预约专员×××，请问有什么可以帮到您的？

2.（基本信息确认）请问您之前到过店吗？车牌号是多少？

3.（有登记的客户，对照电脑资料提醒客户，与客户互动）×先生/女士，您的电话现在换成当前来电的这个号码了吗？之前 135×××××××× 的号码还在用吗？

4.（没有登记的客户，询问客户的车型、车牌号）×先生/女士，您的电话就是这个来电号码吗？请问您的爱车型号、车牌号和行驶里程是多少？

2. 沟通相关问题

被动预约沟通内容见表 2-12。

表 2-12 被动预约沟通事项

沟通内容	注意事项
预约时间选择	一般根据客户需求，在预约系统中寻找合适的时间。如果客户要求的时间段在预约系统中已经没有，预约专员需要再提供两个时间段给客户进行选择
车辆状况	主要询问车辆使用过程中存在的问题，并通过 5W2H 问诊法（详细内容见 2.3.3 节）进行详细的了解
保养项目	主要向客户说明保养里程相对应的项目
预估工时、费用	根据保养更换项目以及维修检测，预估出大致的时间和费用，最终结算和维修时长以实际情况为准
代步车	询问客户是否需要代步车辆；如果需要，介绍代步车辆的相关使用说明
协商维修技师、服务顾问	询问客户是否有熟悉的维修技师和服务顾问。如果有，则安排熟悉的维修技师和服务顾问；如果没有，则向客户推荐相应的维修技师和服务顾问
旧件处理	和客户沟通关于非索赔旧件的处理方式（打包带走或者留在店里进行环保处理）
资料提醒	一般资料包括行驶证、保养手册等
其他	询问是否有其他要求

话术示范

1. ×先生/女士，您的车辆在使用过程中有什么问题？

2. ×先生/女士，您的车辆在店内保养维修期间，您是在店内等候还是外出办事呢？如果外出办事，我们店内可以提供替代的交通工具，有不同车型供您选择。选择使用我们店的代步车辆×××，使用费用是 500 元/天，您看您需要吗？

3. 信息核对，感谢告别

预约人员在和客户沟通完车辆相关信息后，需要核对信息。核对内容主要包括车牌号、车主联系方式、保养项目、预约时间、预定服务顾问和维修技师等。此外，还需要沟通预约提醒方式，最后告知客户已预约成功，感谢客户的来电，等待对方挂断即可。

话术示范

×先生/女士，您已经成功预约在本店进行保养。感谢您的来电，祝您生活愉快！

想一想

1. 为什么要在电话响三声之内接通电话？
2. 为什么要等客户挂断电话后再挂电话？
3. 建立客户信息档案，对企业有什么好处？

客户来电时，预约人员能迅速接听电话，可以减少客户产生不愉快情绪，也可以降低因接电话不及时导致客户流失的概率。

预约人员一定要等客户挂断电话，才能挂电话。这样可以让客户感受到尊重，提高对本次通话的满意度。

4S店完全可以根据客户信息档案，有针对性地、前瞻性地提醒客户到店进行有关车辆的保养，提高客户忠诚度。

2.3.2　任务实施

被动预约客户的任务实施流程见表2-13。

表2-13　被动预约客户的任务实施流程

行动要领	执行技巧	标准话术
➤ 接听电话	➤ 电话响三声之内接通 ➤ 标准问候语	➤ 您好，欢迎致电×××4S店。我是预约专员×××，请问有什么可以帮到您的？
➤ 询问是否到店维修保养过	➤ 新客户，询问信息 ➤ 老客户，核对信息	➤ 请问您之前来过我们店吗？车牌号是多少？预约时间是什么时候？ ➤ （新客户）为了以后更好地为您服务，接下来需要了解部分信息，您看可以吗？您的全名是什么？来电号码是您本人的吗？ ➤ （老客户）×先生/女士，先给您核对一下车主信息。我们系统登记的车主姓名是×××，电话是×××××××××××，车牌号是××××，车型×，排量×。
➤ 询问客户预约时间	➤ 询问客户想预约的时间 ➤ 查询预约系统合适的时间	➤ 请问×先生/女士最近什么时候方便过来？ ➤ 我查询了一下预约安排，根据工位情况，下午2:00—4:00有空余预约工位。请问您想选择预约几点的呢？
➤ 询问车辆状况	➤ 预约人员向客户了解车辆现在使用状况和行驶里程	➤ ×先生/女士，您的爱车现在的行驶里程是多少？除了保养之外，车辆在使用过程中有什么问题吗？ ➤ 这些问题是什么时候出现的？是本人驾驶时发现的吗？您可以简单描述一下吗？这样可以减少您在接车时的等待时间。 ➤ 好的，×先生/女士，我已经记录下您的车辆情况了。请问还有什么可以帮到您的吗？
➤ 询问保养项目	➤ 预约人员告知客户保养具体项目	➤ ×先生/女士，本次预约的是×公里的保养。保养项目有×××××。
➤ 预估工时	➤ 预约人员预估工时和费用	➤ ×先生/女士，本次预约的是×公里的保养。保养项目有×××××，工时费为××元，耗时××小时。另外，关于您反映的车辆存在的问题，我们需要在维修技师实际检测后，根据结果再和您商定维修对策，维修时间和费用也会有所变化。
➤ 解决代步车问题	➤ 预约人员询问客户是否需要代步车，并介绍相关费用	➤ ×先生/女士，您的车辆在店内保养维修期间，您是在店内等候还是外出办事呢？如果外出办事，我们店内可以提供替代交通工具供您选择。选择使用我们店的代步车辆×××，使用费是500元/天。您看您需要吗？

续表

行动要领	执行技巧	标准话术
➤ 协商维修技师和服务顾问	➤ 预约人员询问客户是否有熟悉的维修技师和服务顾问	➤ ×先生/女士，您在本店有熟悉的维修技师和服务顾问吗？如果有的话，我给您安排一下。如果没有的话，我给您推荐一下。
➤ 协商旧件处理	➤ 预约人员询问客户是否带走旧件	➤ ×先生/女士，更换下来的旧件，您是打包带走还是环保处理？ ➤ 好的，感谢您对环保事业的支持。 ➤ 好的，我们会将旧件处理后放到后备厢，您看可以吗？
➤ 资料提醒	➤ 预约人员提醒客户所带资料	➤ 请您进店保养时携带好您的保养手册、行驶证、驾驶证等相关资料。
➤ 核对确认	➤ 根据沟通交流的内容，进行总结、核对；核对内容包括车牌号、车主联系方式、保养项目、预约时间、预定顾问和维修技师等	➤ ×先生/女士，接下来，我们需要核对一下信息。×先生/女士，您目前正在使用的手机号是135××××××××，对吧？您的车牌号为××××的爱车将于××（时间）到店进行××××（维修保养项目），预计花费××元，耗时××分钟，旧件环保处理，服务顾问××和维修技师××届时将为您服务。信息没有问题吧？
➤ 预约提醒	➤ 预约提醒时间一般提前一天和提前一小时，沟通提醒时间一般是提前一天沟通具体在哪个时间段进行提醒。 ➤ 预约提醒方式有电话、短信、电子邮件、微信等	➤ ×先生/女士，我们会在周二上午9:00等待您的光临。到时请您从我们的预约通道开进来，您的服务顾问会迎接您并快速接车。我们将分别提前一天和提前一小时提醒您，您看可以吗？您希望我们用电话、短信、电子邮件还是微信提醒您？ ➤ 好的，×先生/女士，到时我将发短信（打电话）提醒您。
➤ 感谢告别	➤ 告知客户预约成功 ➤ 感谢接听电话，告别	➤ ×先生/女士，您已在本店成功预约20000公里保养，届时我们将恭候您的光临！ ➤ ×先生/女士，非常高兴和您有一次愉快的通话。祝您生活愉快，再见。

2.3.3 满意度提升技巧

被动预约时，4S店可以采用5W2H问诊法来了解车辆状况，减少接车等待时间，避免客户高峰时段到店拥堵现象，提升服务质量，提高客户满意度。

5W2H问诊法又叫七问问诊法，它简单方便，易于理解。发明者用5个W开头的英语单词和2个H开头的英语单词进行询问，寻找故障情况，发现解决问题的线索，从而提高问题解决效率。下面具体介绍5W2H问诊法的内容：

1）when是指故障发生时间，即车辆使用时，在什么时间段出现故障。

2）where是指故障发生地点，即在什么样的路况出现的故障，如乡间小道、高速公路、山路等。

3）who是指故障发生时的在场人员，即车辆故障是谁发现的，车辆的使用人一般是谁。

4）what是指故障发生内容，即故障出现时有什么现象，比如不一样的声音，抖动等。

5）why 是指故障发生原因，即故障是如何出现的，是不是有碰撞或者之前有过维修。

6）how 是指故障发生操作，即故障发生时是怎样操作的。

7）how much 是指故障发生的频率，即到目前为止，故障出现过多少次，多长时间出现一次。

例如，预约客户王先生说制动失灵，作为预约人员，我们需要这样进行询问：

1）为了保证更有效地维修车辆，我们需要了解一些情况。

2）是谁发现的这个问题？这个情况有多久了？

3）您可以详细地描述一下这个情况吗？

4）车辆出现这个情况有多久了？

5）您是觉得刹车无力，还是刹车距离明显比之前长得多呢？

6）车辆是平时刹车就感觉效果不好，还是在连续刹车的时候才有这种情况呢？

7）关于这个情况，之前在其他地方进行过维修吗？在哪里？当时维修之后怎么样？后来多久又出现这个情况了？

8）车辆进行维修保养的时候需要取、送车吗？维修期间您需要代步车辆吗？

任务小结

在 4S 店实际预约情况中，被动预约的数量远多于主动预约。这是因为被动预约客户大部分属于老客户，有过到店维修保养的经历，并且认可汽车维修企业的服务，因此，更容易转化为到店客户。所以，预约人员在接听预约电话时更需要按照标准完备的预约流程来全面保障客户的利益，用企业的专业性来增加客户的忠诚度。

任务 2.4 预约电话后续工作

知识目标

1. 能正确绘制出预约电话后续工作的流程图；

2. 能正确对预约电话后续工作流程的各要素进行分析；

3. 能根据知识要点，独立完成"想一想"的内容。

技能目标

1. 能根据流程要求，热情规范地完成预约电话后续工作；

2. 能准时给客户进行预约提醒；

3. 能根据客户情况调整方案。

素养目标

1. 培养岗位协调能力;
2. 在角色扮演中,清晰并有逻辑地表达观点和见解,陈述自己的意见。

客户期望

我需要这样一位专业服务人员:

- 我的预约专员可以温馨提醒我预约时间;
- 可以提前安排好我的工位、维修技师等;
- 知道我另有安排时,可以根据我的时间再帮我预约;
- 能够热情、耐心地和我沟通。

服务流程

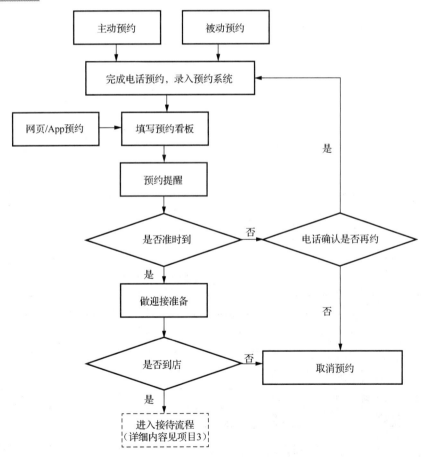

2.4.1 要素解析

1. 填写预约管理看板

预约电话后续工作是将客户预约转化为企业实际工作的重要环节。电话预约需要预约人员在电话预约过程中或预约结束后完成系统录入；线上预约则直接由客户在预约系统中自主填写必要信息。预约人员在预约电话完成后需要根据预约系统中的预约登记表（见表 2-14），填写企业预约管理看板（见表 2-15）。

服务顾问接待准备

表 2-14 ××4S 店预约登记表（示例）

预约登记日期：2021-03-03		预约人员：张华		预约维修时间：2021-03-05 上午 10:00	
客户姓名	张三	车牌号	××××××	车型	1.2T 丰田雷凌
联系电话	××××××××××	行驶里程	20000 公里	预定服务顾问	刘明

客户描述：

　　做 20000 公里保养；此外，汽车有时候会打不着火，甚至在行驶途中会灭火，需要等两分钟左右才可以打着火。

预约维修内容		工时费用	所需备件	价格	备件状态
保养更换项目	机油	100	机油	200	有
	机油滤清器		机油滤清器	30	有
	喷油器清洗剂		喷油器清洗剂	200	有
	空调滤清器	50	空调滤清器	50	有
与客户提前一天确认预约		是 √ 否			
预约所需备件是否已准备		是 √ 否			
预约时间是否改变		是 √ 否			
以下由预定服务顾问填写					
预约所需维修技师是否已经准备		是 √ 否			
预约所需备件是否已经准备		是 √ 否			
与客户提前一小时确认预约		是 √ 否			
填写预约欢迎板		是 √ 否			
预约时间是否改变		是 √ 否			

取消预约原因请选择：（　　）1. 客户取消本次预约，更改预约时间。

　　　　　　　　　　　（　　）2. 客户取消本次预约，不再预约。

　　　　　　　　　　　（　　）3. 企业内部原因。

表 2-15 ××××4S 店预约管理看板

序号	车型	用户名称	车牌	用户电话	服务顾问/工位	预约时间	预约项目	确认是否到店	预计交车时间
1									
2									
3									
4									
5									
6									
7									
8									
9									
10									

联系人： 电话：×××××××××× 请提前一天预约！

2. 预约提醒

预约提醒一般都是提前一天和提前一小时，也可以根据电话与客户沟通结果选择预约提醒方式和时间。在预约提醒时间通过发短信（见表 2-16）或者打电话等方式进行提醒。如果客户告知会按时如约到店，则通知各部门有关人员做相关准备；如果客户有事耽搁，无法按约到店，预约专员需要和客户确认是否再次预约。如果客户要求预约，则做相关事项准备，重新商定下次预约的时间；反之，则取消预约。客户取消预约后，预约专员/服务顾问需要在系统中填写无法完成预约的原因，并告知相关人员。

表 2-16 预约短信提醒模板

模板一	尊敬的×××先生/女士：您好！已成功为您预约，保养时间为 2021 年 3 月 30 日上午 10:00。如有其他情况，请提前一天与客户部联系。联系电话×××-××××××××，回复 TD 退订【×× 4S 店】
模板二	尊敬的××××（汽车品牌）车主：温馨提醒，您已成功在我店预约×××××公里保养，预约时间为 2021 年 3 月 3 日上午 10:00，建议您准时到店。如有特殊情况，请提前一天与客户部联系。联系电话×××-××××××××，回复 TD 退订【×× 4S 店】
模板三	尊敬的车主：您好！您已成功预约时间为 2021 年 3 月 3 日上午 10:00 的 15000 公里保养。在此温馨提醒您一下，准时到店哦，我们恭候您的光临。本店地址：××市××区××路××号，联系电话：×××××××××× 。

⭐ 话术示范

1.×先生/女士，我是××4S 店的预约人员×××。您预约今天/明天××时××分来店里做维修保养，我们已经做好了相关的准备工作。请问您能准时到店吗？

2.×先生/女士，如果您有事过不来，那我就帮您再重新预约一个时间吧？

3. 做迎接准备

预约提醒时，客户告知可以按时到店，预约人员要通知各部门相关人员，尤其是服务顾问（预约人员是服务顾问的除外）做好迎接准备。车间要准备好工位、维修技师、配件、工具等；服务顾问要准备好提前了解的车辆信息以及相关客户信息。

如果客户准时到店，服务顾问则按照接待流程，将客户首先引导到维修接待台前；如果客户突然有事，无法到店，则取消预约。

话术示范

> （预约人员对服务顾问等相关人员）××，车牌号为××××的车主×××，会按时到店，请各部门做好相关准备工作。

想一想

1. 微信小程序、App 等线上预约适合哪些人群？
2. 进行预约提醒，但客户无法按时到达，该怎么办？
3. 是不是一到预约时间，客户没来，我们就要取消预约？

_____

_____

_____

在互联网通行天下的时代，线上预约一般由客户自己填写信息，没有服务人员进行沟通，时间比较自由。

在预约前的一小时给客户打去电话，如果客户无法按时到达，则对维修计划进行修改。如客户仍能在当天赶到，则视时间长短对现场其他进店车辆情况进行合理安排。如果客户当天到不了（询问具体进店时间，确定进店时间若无其他车辆预约，为其安排预约；如果有其他车辆预约了此时间段，那么和客户协商调整预约时间），则在此客户空出的时间段内安排其他车辆进店维修保养。

如果预约提醒时，客户回复可以准时到达，则一般告知客户工位将为其预留 15 或 30 分钟。预留时间过后仍未到店的，可以取消预约。

2.4.2 任务实施

预约电话后续工作的任务实施流程见表 2-17。

接待前 4S 店各个岗位准备

表 2-17　预约电话后续工作的任务实施流程

行动要领	执行技巧	标准话术
➤ 完成预约，录入系统	➤ 预约人员将根据来电，录入客户和车辆信息等，完成预约登记表	➤ ××先生/女士，您已预约成功。非常感谢和您有一次愉快的通话。祝您生活愉快，再见！
➤ 填写预约管理看板	➤ 预约人员根据预约系统中的预约单填写企业车间预约管理看板	
➤ 预约提醒	➤ 预约人员一般都是提前一天和提前一小时，或是根据之前商定的预约提醒方式和客户进行预约提醒 ➤ 如果客户不能准时到店，则和客户沟通是否需要预约下次，如需要，则沟通相关事宜；如不需要，则取消预约，并通知相关人员	➤ ××先生/女士，我是××4S 店的预约人员×××。您预约今天/明天××时××分来店里做维修保养，我们已经做好了相关的准备工作。请问您能准时到店吗？ ➤ 好的，××先生/女士，我们将在店内恭候您的光临。再见。 ➤ ××先生/女士，我们的服务顾问、维修技师和工位将会为您预留××分钟，您在××分钟内能到店吗？ ➤ ××先生/女士，您今天无法过来，我帮您预约下一次吧。您看明天上午××时××分和××时××分哪个时间点合适？
➤ 做迎接准备	➤ 预约人员通知各部门做相关准备工作	➤ （预约人员对服务顾问等相关人员）××，车牌号为××××的车主×××，会按时到店，请各部门做好相关准备工作。
➤ 客户到店	➤ 如果客户按时到店，则开始接待流程	
➤ 接待流程	➤ 服务顾问接待客户直接进入预约客户专用通道，开始接待流程	➤ ××先生/女士，欢迎光临， 感谢您按时到店。接下来，我带您到预约客户专用通道。
➤ 取消预约	➤ 如果客户未按时到店，则按照商定的时间保留预留工位和服务人员；超过预留时间仍未到店的则取消预约，在系统中取消，并告知相关工作人员	➤ （预约人员对服务顾问等相关人员）××，车牌号为××××的车主×××，因临时有事，未能按时到店，故取消本次预约，请各部门做好其他工作，不用等待。

2.4.3　满意度提升技巧

从电话预约完成到客户进店之间有一段时间，这段时间里也会存在变化，预约人员需要做好沟通工作，提高客户满意度。

1）预约提醒要准时。一般提醒是提前一天和提前 小时，或者是和客户另行沟通的时间。无论是哪一种情况，预约提醒都要准时。如果提醒不及时或者没有提醒，都会多多少少给客户留下不好的印象。例如：没有提醒，如果客户忘记，则会给企业造成损失，客户对企业的好感也会下降；提醒不及时，如果客户忘记而有其他安排，同样也会降低客户对企业的好印象。

2）电话或短信提醒。电话提醒时需要使用专业标准的流程，语气亲切。电话提醒后，还要发短信，短信内容包括预约时间和详细的企业地址，以及客户需要携带的资料，让客户感受企业的热情与专业。当然也可以根据客户要求，只进行短信提醒。

3）要在服务过程中关怀客户。客户因堵车或者临时有事，无法准时到店时，预约人员需要关心客户，告知客户可以为其保留服务人员和工位 15～30 分钟，或者提供再次预约时间，以保留住客户。如果客户不再进行预约，仍然要保持亲切的态度，让客户感觉如沐春风。

任务小结

预约服务整体流程是汽车售后服务环节中将预约客户成功转化为到店客户非常重要的一环。它除了需要接受客户预约，完成电话预约工作流程，还需要协调企业相关工作人员，兑现在电话沟通中做出的承诺。在这一环节中，客户也将对企业做出一个最初评价。第一印象是非常重要的，企业需要建立好第一印象，提升客户对企业的好感。

项目 3 维 修 接 待

客户都希望在到 4S 店的第一时间便有人主动热情地接待他，引导他将车停好，并为他提供快速周到的服务。4S 店通过服务顾问来完成欢迎客户、听取客户需求、诊断故障、制定维修项目、提供建议、制定委托书、估算维修价格、根据车间设备安排维修工作、协调售后各部门等一系列工作，以达到两个主要工作目标：使客户满意以提高客户忠诚度；开拓车间维修业务。

知识目标

1. 能正确绘制出客户接待、环车检查的流程图；

2. 能叙述客户接待、环车检查流程的各要素；

3. 根据客户接待、环车检查环节各流程做知识解析；

4. 了解实施问诊流程中各要素的意义。

技能目标

1. 能够引领车辆到达指定停车位，并礼貌迎接客户；

2. 能够与客户顺利沟通，确认客户的来意和需求；

3. 根据流程要求，能全面细致地对车辆外观和内部进行检查；

4. 能够通过环车检查将客户车辆的实际状况和缺陷等详细记录在环车检查单上；

5. 掌握车辆问诊的具体步骤和 5W2H 问诊技巧。

任务 3.1 客户接待

知识目标

1. 能够正确绘制出客户接待的流程图；
2. 能够叙述客户接待流程的各要素；
3. 能够根据客户接待环节流程做知识解析。

技能目标

1. 能够准备好接待客户的单据及相关备品；
2. 能够引领车辆到达指定停车位，并礼貌地迎接客户；
3. 能够与客户顺利沟通，并确认客户的来意和需求；
4. 能够为客户车辆快速铺设防护用品；
5. 能够根据流程要求全面准确地记录车辆的基本信息。

素养目标

1. 养成热情、周到、细致的工作作风；
2. 培养善于与客户有效沟通的能力，体现对客户的关注和尊重。

客户期望

我需要这样一位专业服务人员：

- 礼貌热情地接待我和车辆；
- 快捷高效地了解我的来意和需求；
- 为车辆铺设防护用品，保证车辆干净整洁；
- 准确地记录车辆的基本信息。

服务流程

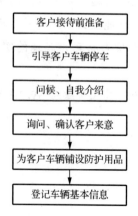

客户接待前准备
↓
引导客户车辆停车
↓
问候、自我介绍
↓
询问、确认客户来意
↓
为客户车辆铺设防护用品
↓
登记车辆基本信息

3.1.1 要素解析

1. 客户接待前准备

售后服务工作是从客户接待开始的，建立良好的第一印象尤为重要，要做到有条不紊地服务好客户，这就要求服务顾问时刻做好接待客户的准备，建立客户对我们服务的信心。

（1）对仪容仪表的准备

练一练

服务顾问在更衣室镜子前进行自检，面对镜子对照标准检查自己是否已经做好了客户接待前的仪容仪表准备工作。

_____

_____

_____

服务顾问对仪容仪表准备（见图3-1）的操作要领如下。

1）制服、皮鞋干净整洁，佩戴工牌。

2）保持清新口气，面容干净自然。

3）保持手部清洁、指甲整齐。

4）面带微笑，表情自然大方。

（2）对客户、车辆情况的准备

对客户、车辆情况准备的操作要领如下。

1）掌握维修保养车辆的性能、配置、主要技术参数。

2）收集老客户的用车习惯和使用情况。

3）掌握常规保养的项目及价格。

图3-1 服务顾问仪容仪表准备

想一想

现在，各品牌4S店为客户提供了更加周到贴心的服务，推出了"专属服务顾问"。请问这需要服务顾问在哪些方面体现出专属的工作职责？

_____

_____

_____

服务顾问应该全面准确地了解客户车辆的购买时间、使用习惯、保养周期，基本了解客户的家庭情况、工作状况，为客户提供"一对一"的专属服务，体现客户的尊贵，为客户服务打下良好的基础。

（3）对接待客户所需用品的准备

为了能够快速高效地为客户提供服务，服务顾问需要在客户到店前将相关的单据、物品、工具准备到位，设施、设备检查到位，让客户感受到我们专业、舒适、周到的服务。

对接待客户所需用品准备的操作要领如下。

1）接待台干净整洁。

2）服务顾问的名片准备充足。

3）各类表单（环车检查单、报价单等）准备齐全。

4）车辆防护用具、手套、手电筒等准备齐全。

5）预约提示器（看板）、电脑系统、打印机连接正常。

6）检查停车位是否充足。

> **练一练**
>
> 请尝试根据接待客户的需要，有步骤、有秩序地做好相应用品的准备和查验工作。
>
> _____
> _____
> _____

2. 引导客户车辆停车

一般来说，各品牌 4S 店都会有预约提示器，在车辆通过入场口时，自动扫描车牌号。若为预约客户，接待区域显示器便会报出相应车号，用来提示接待的服务顾问准备接待工作。若为非预约客户，保安人员将通知服务顾问轮流接待。服务顾问指引客户将车辆停放于指定接车位置（预约停车位、非预约停车位），便于有计划地接待，不影响其他车辆通行。

> **想一想**
>
> 如果遇到没有预约的客户到店，作为服务顾问的你将如何为客户服务？如何宣传预约的好处？
>
> _____
> _____
> _____

首先，提前预约可以使客户的接待工作更加有序高效，并能够充分利用店内的各项资源，达到企业效益的最大化；其次，对于配合企业采用预约方式进店的客户，提前预约可以令其感受到更加尊贵的服务，营造愉快的氛围；最后，对于客户而言，提前预约也能够让 4S 店为其提前准备好专属的维修技师、所需的零部件、专属的工位，让客户享受相应的折扣优惠。所以，服务顾问在服务过程中要将预约的好处及时地宣传给客户，以提高到店的预约率。

引导客户车辆停车的操作要领如下。

用准确的手势引导客户车辆（见图3-2），尤其注意要在客户车辆未停稳前进行引导。引导时不要站在正前方或正后方，以免操作不当被撞。等客户准备开门时再为其拉开车门，禁止在客户无开门意图的情况下强行拉开车门。

图3-2 服务顾问引导客户车辆进入指定停车位

3. 问候、自我介绍

服务顾问在客户车辆停稳的第一时间，要对客户进行主动而又热情的问候，给客户留下良好的第一印象。服务顾问用专业化的服务让客户感受到关心和尊重，可以更好地开展后续工作。

（1）帮助客户开车门并有礼貌地请其下车

帮助客户开车门并有礼貌地请其下车，其操作要领如下。

服务顾问将接车工单夹移至左手，确认了客户准备下车（松开安全带，手伸向内拉手准备开门）后，上前一步拉门把手，后退一步打开车门，右手手背抵住车门上梁边缘，提示客户小心（见图3-3）。待客户下车后，再上前一步轻轻关上车门。

图3-3 服务顾问有礼貌地邀请客户下车

来店客户迎接

（2）问候客户、自我介绍

服务顾问热情地迎接客户下车后，问候客户并自报家门，及时递上名片，进行简短的自我介绍并请教客户尊姓。注意双手递交名片，同时名片文字的正面要朝向客户，以方便客户了解名片上的内容，这也是对客户的尊重（见图3-4）。

图3-4　服务顾问进行自我介绍、递交名片

话术示范

1.（问候客户）您好，您一路辛苦了，欢迎光临××4S店。

2.（向预约客户做自我介绍）×女士/先生，我是服务顾问×××，这是我的名片（身体微前倾，双手递上名片，字要朝向客户），很荣幸为您服务。

3.（向非预约客户询问称呼）请问您贵姓/您怎么称呼？（便于后续用姓氏+尊称，自我介绍与预约客户的自我介绍相同）

4. 询问、确认客户来意

服务顾问询问并确认客户来意，以便更加准确高效地给到店客户分配不同的服务项目，使店内各项工作的开展更加有序高效，这样既能缩短客户到店的时间，又能体现服务顾问专业的服务意识。

话术示范

（预约客户）×女士/先生，您本次到店做的是××××公里的保养。请问还有什么可以帮到您吗？

（非预约客户）×女士/先生，请问有什么可以帮到您的？您此次到店是做维修还是做保养呢？

　　"十一"假期，客户张先生携全家到外地自驾游，返回途中路过4S店，于是未预约便直接到店进行30000公里的保养。店内等候的客户特别多，张先生又特别着急，你如何提供让张先生满意的接待工作？

_____

_____

_____

　　在面对面为客户提供服务时，服务顾问应礼貌、热情、得体、规范地招呼客户，迎接客户时均应保持站立姿势，身体略向前倾，眼睛注视着客户的眼睛，时刻面带微笑，表现出真诚的关注，并体现出迅速敏捷的服务态度。服务顾问可以适时地介绍本店及个人的背景和经历，以增强客户对本次服务的信心；遇到接待高峰期，尤其是非预约客户到店时，要及时向售后服务经理汇报，进行人员安排，并主动与客户沟通，送上饮品，提供增值服务，以取得客户的理解。良好的第一印象是优质服务的开始，也是赢得客户理解的制胜法宝。

　　5. 为客户车辆铺设防护用品

　　明确客户来意后，服务顾问要在第一时间当着客户的面迅速地将车辆防护用品铺设到位（图3-5），以便让客户感受到4S店对客户的重视程度，通过爱护客户的车辆来反映4S店对客户的关心、尊重，以及4S店服务的专业化。在铺设防护用品时也可以通过观察，适当赞美客户，与客户良性互动，缓解陌生感，拉近与客户的距离。

　　为客户车辆铺设防护用品的操作要领如下。

　　建议的铺设顺序为：（主驾）铺设脚垫—铺设座椅套—铺设方向盘套—铺设挡杆套—（副驾）铺设脚垫—铺设（副驾）座椅套（安装座椅对正贴）。

为客户铺设防护用品

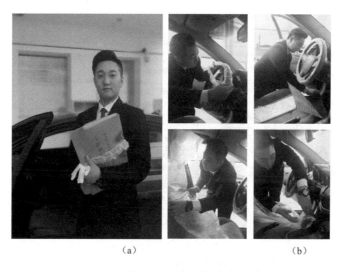

（a）　　　　　　　　　　　（b）

图3-5　服务顾问为车辆铺设防护用品

在维修技师对您的爱车进行维修保养过程中，为了保持您车辆的干净整洁，请允许我为您的爱车套上防护用品，请您稍等。

请您放心，我们为您的车辆安装了座椅对正贴，以保证作业后恢复到您进店时的位置，让您更放心。

在铺设防护用品时可使用赞美的话术，如"内饰干净整洁""方向盘套非常漂亮""及时来做保养，非常具有保养意识"等。

6. 登记车辆基本信息

服务顾问需要提供快速高效的服务，对于预约客户，可以提前将客户接车问诊表（见图 3-6）中车辆的相关信息打印出来，对于非预约客户，可以将相关信息登记完整后录入系统中，维护好客户信息，便于 4S 店今后为客户提供更加周到的服务。

图 3-6　接车问诊表

注：车型须与车辆铭牌型号一致；来店用户名填用户的全名；车牌号填写清晰；电话最好写手机号，且必须填写正确；车架号位于主驾风挡边缘玻璃内侧；行驶里程为当前里程，必须实车填写；来店时间必须精确到分钟。

3.1.2 任务实施

客户接待的任务实施流程见表 3-1。

表 3-1 客户接待的任务实施流程

序号	行动要领	执行技巧	标准话术
1	➢ 引导客户车辆停车	➢ 站在车辆行驶的侧前方，引导车辆入位，动作规范 ➢ 站在车辆驾驶侧 A 柱旁，主动为客户打开车门（一只手开门、一只手的手背抵住车门上梁边缘）	
2	➢ 问候、自我介绍	➢ 主动确认预约客户姓名并在接待过程中始终以姓氏尊称客户 ➢ 主动问候客户并自我介绍，主动递送名片，将名片文字的正面朝向客户方向	➢ ××先生/女士，您好！欢迎光临××4S店。我是您此次预约服务的专属服务顾问×××。
3	➢ 询问、确认客户来意	➢ 主动确认客户预约的项目并主动询问有无其他需求	➢ 您本次到店是为您的爱车做×××公里保养的。请问您是否还有其他需求？
4	➢ 为客户车辆铺设防护用品	➢ 主动使用车辆防护用品并告知客户这样做的好处	➢ ××先生/女士，为在维修过程中保护您车辆的内饰，我需要铺设车辆防护用品，请您稍等。
5	➢ 登记车辆基本信息	➢ 完整记录客户及车辆基本信息	➢ ××先生/女士，为了更好地为您服务，请允许我记录一下车辆基本信息：车牌号、车架号、车主全名、您的联系方式。

3.1.3 分角色扮演

1. 角色扮演学习目标

在完成角色扮演之后，你便能够按照服务顾问接待流程要求，做好迎接客户、问清来意、车辆防护和登记车辆基本信息等工作。

2. 角色扮演情景

"十一"假期，客户张先生携全家到外地自驾游。返回途中路过 4S 店，未预约便直接到店进行 30000 公里的保养。现在服务顾问要进行对张先生的接待工作。

3. 客户的期望和要求

1）能尽快接待并安排保养。
2）能够提供宾至如归的服务。
3）能对车辆内饰进行防护。
4）能准确登记客户的车辆信息。

4. 角色扮演要求

做好接待前的准备工作，将所需物品放置在接待台，保持良好的仪容仪表和精神面貌，建立客户信心，给客户留下良好的第一印象。

任务小结

对于客户来店的需求，包括接待前的充分准备、礼迎顾客的及时周到、沟通过程中的亲切耐心、铺设防护用品的快速高效、登记相关信息的准确无误等，服务顾问要给予尊重和确认，尽可能通过良好的第一印象得到客户充分的认可和支持，为后续的服务打下良好的基础。

任务 3.2 环车检查

知识目标

1. 能正确绘制出环车检查的流程图；
2. 能叙述环车检查流程的各要素；
3. 能根据环车检查环节各流程做知识解析。

技能目标

1. 能根据流程要求，全面细致地对车辆外观和内部进行检查；
2. 能够通过环车检查，将客户车辆的实际状况和缺陷等详细记录在环车检查单上；
3. 能够根据环车检查结果向客户简要地说明存在的问题及解决方案。

素养目标

1. 形成严格按流程认真细致工作的作风；
2. 培养主动为客户服务、尊重客户、耐心倾听客户问题的服务意识。

客户期望

我需要这样一位专业服务人员：
- 邀请我一起进行环车检查；
- 在环车检查中能帮助我发现车辆存在的问题；
- 对车辆发现的问题为我提供好的建议；
- 提醒我带走贵重物品；
- 对我诚实真挚，没有欺骗。

服务流程

车辆内部检查

↓

车辆左前方检查

↓

车辆正前方及发动机舱内部检查

↓

车辆右前方检查

↓

车辆右后方检查

↓

车辆正后方检查

↓

车辆左后方检查

3.2.1 要素解析

无论客户到店是进行定期保养、车辆故障维修还是对车辆的使用存在疑惑，都需要进行环车检查。这一步骤需要服务顾问通过车辆的初步检查和问诊，对客户的车辆问题进行专业而有效的解答并提供维修建议；这也为后续车间维修车辆提供了第一手资料，提高了工作效率和一次性修复率。所以，环车检查对服务顾问来说，是最为重要的一项工作。

1. 环车检查的目的

1）明确客户来店的主要服务项目，包括维修、定期保养、保修等情况。

2）在接车问诊表中记录车辆以前的损伤情况。

3）在接车问诊表中记录所有已经遗失或损坏的部件。

4）发现额外需要完成的工作（客户没有发现的问题），进行增项推荐。

5）提醒客户存放或带走遗留在车内的贵重物品。

6）有效减少后期交车时可能出现的争议，避免不利索赔。

2. 环车检查

（1）环车检查前的准备工作

1）请客户提供保养手册、车钥匙、行驶证等相关物品，便于掌握车辆实际情况以及填写、核对环车检查单的相关信息。

2）服务顾问要当着客户的面，对车辆铺设防护用品，以表达对客户车辆的重视，体现对客户的关心和尊重，使客户感觉舒适。

3）服务顾问要向客户说明环车检查的目的和内容，并邀请客户共同参与完成此项工作。

话术示范

1. 为了方便为您提供后续的服务，还要麻烦您提供一下您的爱车的保养手册、行驶证和车钥匙。谢谢您的配合。

2. 为了保证维修技师在提供服务时保持您车辆的干净和整洁，请允许我为您的爱车铺设防护用品，请您稍等。（铺设过程中可适当对客户的车辆进行赞美，或是询问客户用车的感受，缓解客户等待过程中的尴尬）

3. 为了更好地为您的爱车提供服务，我需要了解您车辆的基本情况，请允许我邀请您和我一起完成一次环车检查。时间很快，谢谢您的配合。

想一想

张先生此次到店是要做 60000 公里的定期保养。由于张先生工作繁忙，所以当服务顾问小李邀请张先生共同做环车检查时，张先生很不耐烦地说道："你们每次来都要进行检查，我现在要处理一个非常重要的业务电话，你自己先检查吧。"如果你是小李，如何解决？

_____

_____

_____

邀请客户共同进行环车检查就是为了缩短客户到店进行维修或保养的工作时间。通过预检，可以发现车辆使用过程中存在的安全隐患或需要额外维修的项目，为客户提供更加周到及时的服务维修建议，确保客户正常使用车辆，延长车辆使用寿命，提高车辆保值率。

（2）环车检查流程

环车检查需要进行 7 个方位（见图 3-7）、10 个角度的检查（车辆内部、车辆左前方、车辆正前方外观、发动机舱内部、车辆右前方、车辆右后方、车辆正后方外观、车辆后备厢、车辆左后方、车顶），并要按照环车检查单中的项目逐一进行记录，最后由客户签字确认。在进行环车检查时，要从车辆内部的驾驶室开始检查，可邀请客户坐到副驾驶位一同完成。然后按照顺时针的顺序进行环车检查，并要注意车辆各部位的细节。

1）车辆内部检查项目。

车辆内部检查如图 3-8 和表 3-2 所示。

图 3-7　环车检查顺序

图 3-8　服务顾问进行车辆内部检查

表3-2　车辆内部检查项目

序号	车辆部位	检查项目
1	车辆内部	用户手册、行驶里程、油表读数 仪表盘、方向盘、喇叭 空调、暖风、音响系统 内饰、玻璃、车窗、反光镜、后视镜、驾驶员安全带、座椅、贵重物品 灯光

话术示范

1. ×先生，方便出示一下您的行驶证、保养手册和车钥匙吗？（翻看行驶证）我将记录一些基本信息，如车牌、VIN码、车型、姓名。请问您车内是否还有贵重物品？如果有，请您随身携带。

2. ×先生，我们先看车内的使用情况吧。为了确保保养完成后您的座椅还在原位以及车辆的整洁，我将为您的爱车记录座椅位置，铺设三件套。稍后我将带您到副驾驶位配合我一同完成车内检查，您看好吗？（服务顾问开车门，铺设座椅套、脚垫、方向盘套）

练一练

服务顾问李新在对客户张先生的车辆进行内部检查时，发现张先生的车辆油表指针在红色区域。他应该如何做？

_____

_____

_____

2）车辆左前方检查项目。

车辆左前方检查如图3-9和表3-3所示。

图3-9　服务顾问进行车辆左前方检查

表3-3　车辆左前方检查项目

序号	车辆部位	检查项目
2	车辆左前方	左前车门、翼子板有无刮痕、凹痕、漆伤
		后视镜镜面有无污渍、漆伤等
		雨刮有无老化、硬化、断裂
		轮胎有无胎纹磨损，胎压是否正常，轮毂是否损坏等

⚙ **话术示范**

　　我们先从车辆的左前方开始检查车辆的外观。您这边请，请留步。检查左前车门、后视镜、左前翼子板（面对客户），无凹痕、无漆伤、无明显划痕，一切完好。检查轮胎轮毂，正常。检查雨刮，无损坏、无老化、无断裂现象。请允许我记录一下。

　　3）车辆正前方及发动机舱内部检查项目。

　　车辆正前方及发动机舱内部检查如图3-10、图3-11和表3-4所示。

图3-10　服务顾问进行车辆正前方外观检查

图3-11　服务顾问进行发动机舱内部检查

表3-4　车辆正前方及发动机舱内部检查项目

序号	车辆部位	检查项目
3	车辆正前方及发动机舱内部	车标、车牌号
		前风挡玻璃、发动机舱盖外观及开关情况
		进气栅格、保险杠、车灯
		机油、冷却液、制动液、自动变速器油的液位及颜色，玻璃水的液位
		正时皮带裂纹、老化现象，各部位连接的插头及卡扣连接情况

⊘想一想

张先生的汽车要做 5000 公里的首次保养。服务顾问小刘在环车检查中发现，张先生的汽车的机油液位正常，但颜色变得浑浊，还有很多杂质，需要更换。小刘还告诉张先生机油需要定期更换。张先生问为什么要定期更换机油，如果你是小刘会如何回答？

_____

_____

_____

发动机机油具有润滑、冷却、清洁、密封等作用。当发动机机油流经各零部件表面时，会带走摩擦表面的热量，同时可以将金属磨屑、燃烧产生的碳粒以及空气中的尘土去除，对各零部件起到防锈蚀、减少气体泄漏的密封作用，所以应每隔一定公里数更换机油。

4）车辆右前方检查项目。

车辆右前方检查如图 3-12 和表 3-5 所示。

图 3-12　服务顾问进行车辆右前方检查

表 3-5　车辆右前方检查项目

序号	车辆部位	检查项目
4	车辆右前方 （内外）	右前车门、翼子板有无刮痕、凹痕、漆伤，右前车门开启关闭功能是否正常，电动车窗升降功能是否正常 后视镜有无镜面污渍、漆伤等 雨刮有无老化、硬化、断裂 轮胎有无胎纹磨损，胎压是否正常，轮毂是否损坏等 副驾驶座椅有无污渍、破损 安全带有无锁止功能 车门储物空间有无贵重物品

5）车辆右后方检查项目。

车辆右后方检查如图 3-13 和表 3-6 所示。

图 3-13 服务顾问进行车辆右后方检查

表 3-6 车辆右后方检查项目

序号	车辆部位	检查项目
5	车辆右后方 （内外）	右后车门、翼子板有无刮痕、凹痕、漆伤，右后车门开启关闭功能是否正常，电动车窗升降功能是否正常 轮胎有无胎纹磨损，胎压是否正常，轮毂是否损坏等 后排座椅有无污渍、破损 安全带有无锁止功能 车门储物空间有无贵重物品

6）车辆正后方检查项目。

车辆正后方检查如图 3-14 和表 3-7 所示。

图 3-14 服务顾问进行车辆正后方检查

表 3-7 车辆正后方检查项目

序号	车辆部位	检查项目
6	车辆正后方（外观、后备厢）	后风挡玻璃有无破损 后备厢盖有无刮痕、凹痕、漆伤 后尾灯有无破损 后保险杠有无刮痕、凹痕、漆伤 后备厢开启关闭功能是否正常 后备厢内的随车工具是否齐全 备胎是否齐全、胎压是否正常 灭火器是否配备 有无贵重物品

🔍 想一想

车辆后备厢应该配备的随车工具都有哪些？

_____

_____

_____

平时开车难免会遇到意外情况，为了安全起见，后备厢应该放上以下随车工具，以备不时之需：三角警示牌、拖车钩、千斤顶、车轮扳手。许多汽车制造商为减少汽车的质量，取消了备胎，而不需要更换备胎，也就不再需要千斤顶以及车轮扳手，取而代之的是增加了充气泵和补胎液。

7）车辆左后方检查项目。

车辆左后方检查如图 3-15 和表 3-8 所示。

图 3-15 服务顾问进行车辆左后方检查

表 3-8　车辆左后方检查项目

序号	车辆部位	检查项目
7	车辆左后方 （内外、车顶）	左后车门、翼子板有无刮痕、凹痕、漆伤，左后车门开启关闭功能是否正常，电动车窗升降功能是否正常 轮胎有无胎纹磨损，胎压是否正常，轮毂是否损坏等 后排座椅有无污渍、破损 安全带有无锁止功能 车门储物空间有无贵重物品 加油口（也可能在右后方）开启关闭功能是否正常 车顶有无凹陷，天窗密封或天线是否完好

表 3-9 为某公司环车检查单。

表 3-9　某公司环车检查单

环车检查单	NO.	接车检查时间	年 月 日 时 分	预约类型	非预约□	预约准时□	预约非准时□
车牌号码		送修顾客		顾客类型	正常□	返修□	投诉□
行驶里程	公里	联系电话		服务类型	检查调整□	首次保养□	定期保养□
车辆型号		车身颜色		一般维修□	钣金喷漆□	保修索赔□	其他：

顾客主诉							

故障描述	路面条件	高速路□	沥青路□	水泥路□	砂石路□	泥土路□	其他：
	路面状况	平坦□	上坡□	下坡□	弯道（急）□	弯道（缓）□	其他：
	天气条件	晴天□	雨天□	雪天□	风天□	（ ）℃	其他：
	发生频度	仅一次□	经常□	定期□	不定期□	（ ）次	其他：
	行驶状态	加速（急）□	加速（缓）□	减速（急）□	减速（缓）□	（ ）km/h	其他：
	工作状态	冷机□	热机□	起动□	空调启动□	（ ）挡位	其他：

诊断结果							

燃油量显示用"→"标识	外观部件异常：在异常部位处用相关符号标识	内饰部件异常用"×"标识	
 F E 故障警告灯异常：用×标识 其他异常警告灯：	 划痕–H 掉漆–D 凹陷–A 裂纹–L 破损–P	方向盘	
		喇叭	
		仪表显示	
		中央显示屏	
		音响	
		空调	
		点烟器	
		内部后视镜	
		车窗	
		天窗	
		座椅	
		安全带	
		驻车制动器	
		内饰和其他	

遗失部件记录	前部标识□	后部标识□	轮毂盖□	随车工具□	备用轮胎□	其他：
其他记录事项						

委托维修条款

尊敬的用户：

欢迎您来到我公司维修、保养您的车辆。为确保您在我公司维修过程的顺利，并配合我们的工作，请您仔细阅读以下的注意事项：

★在维修前，请把您的物品从车内取出，自行妥善保管。

★车辆在维修期间，您同意我厂因维修上的需要在公路上试车。

★在维修期间、维修之后，如果您的车辆出现与本次维修项目无关的故障，我们不提供免费保修服务。

★对于您的车辆在我厂由于不可抗力的自然因素造成的损坏，我们将不承担赔偿责任。

★在维修过程中，不排除因零件老化、硬化或锈蚀造成零件在拆卸时损坏，由于此种原因导致的零件损坏我们将不承担责任。

★按照维修行业管理部门的要求，您的车辆维修后在正常使用条件下享有以下权利：

小修车辆在维修后 10 天/2000 公里（以先到为准）之内，我公司对维修内容进行质量担保。二级车辆在维修后 30 天/5000 公里（以先到为准）之内，我公司对维修内容进行质量担保。大修车辆在维修后 100 天/20000 公里（以先到为准）之内，我公司对维修内容进行质量担保。

贵重物品提示	在您的车辆开始维修前，请您将车辆内的贵重物品自行带走并且进行妥善保管，如果出现遗失，本店不需要负责。			
服务顾问签字		送修顾客签字	交车环车检查	已经确认□
			交车检查时间	年 月 日 时 分
维修项目完成 已经确认□	废旧配件处理 已经确认□	车辆清洁情况 已经确认□	取下车辆标识牌 已经确认□	

3.2.2　任务实施

环车检查的任务实施流程如表 3-10 所示。

表 3-10　环车检查的任务实施流程

项目	执行技巧	标准话术
➤ 环车检查前准备工作	➤ 主动邀请客户进行环车检查并告知环车检查对客户及车辆的好处	➤ 邀请您与我一起进行环车检查，包括内部及外部的检查，以确保在维修保养过程中不会遗漏问题。
	➤ 放置预约标识牌，并告知客户预约服务的好处	➤ 您是预约客户，我将放置预约提示牌，以便优先安排您的车辆。
	➤ 主动使用车辆防护用品并告知这样做的好处	➤ ×先生/女士，为确保在维修过程中保护您车辆的内饰，我需要铺设服务防护用品，请您稍等。
➤ 车辆内部检查	➤ 告知客户座椅、空调、音响、后视镜等个性化设置已做记录及这样做的好处	➤ 我现在为座椅位置做好标记，以确保在交车时恢复到您进场时的状态。 ➤ 现在空调的温度是××度，风量是在×挡位置；音响现在是在 CD 第×首歌音频××台，音量在 18，后视镜位置已做记录，这些设置会在交车时恢复到您进场时的状态。
	➤ 检查喇叭的工作情况	➤ 喇叭正常。
	➤ 启动车辆后，对客户报出车辆故障灯情况并记录	➤ 无故障灯亮起。
	➤ 在车辆内部进行检查时，对客户报出行驶里程数并记录（精确到个位）	➤ 您的爱车的行驶里程数是××××公里。

续表

项目	执行技巧	标准话术
➤ 车辆内部检查	➤ 在车辆内部进行检查时，对客户报出燃油位置并记录（精确到几分之一）	➤ 燃油量还剩××××。
	➤ 在车辆内部进行检查时，开启、关闭天窗并记录有无异常	➤ 天窗开启关闭正常。
	➤ 主动询问客户对车辆的功能操作是否存在疑问（如空调、音响等）	➤ ×先生/女士，您对车辆的空调、音响等功能操作是否存在疑问？
	➤ 检查车内储物箱前应主动征求客户意见，并提醒客户保管好贵重物品	➤ ×先生/女士，我可以查看一下车内储物箱吗？建议您不要将贵重物品遗留在车内，如果方便，请您随身携带。
	➤ 开启和关闭车门并使用小毛巾擦拭刚触摸的痕迹	➤ 请当心，我要关闭车门了。
	➤ 关闭车门，告知客户车内检查的结果，并邀请客户一同进行外观的检查	➤ ×先生/女士，车辆内部已经检查完毕，情况良好。车辆目前的行驶里程是×，燃油量是×，需要提醒您的是，在维修过程中，车辆的行驶里程可能会有少量的增加。我们现在进行车辆外观的检查。
➤ 车辆左前方	➤ 左前车门、翼子板有无刮痕、凹痕、漆伤，后视镜镜面有无污渍、漆伤等，雨刮有无老化、硬化、断裂，主动关注轮毂外观的损坏、轮胎花纹磨损程度及气门嘴的情况并记录（说明标准的轮胎气压数值）	➤ ×先生/女士，现在我要检查一下您的爱车左前方的情况。
➤ 车辆正前方	➤ 开启发动机舱盖检查工作情况	➤ ×先生/女士，现在我要检查一下发动机舱盖操作情况。
	➤ 告知客户发动机舱"五油三水"的位置及情况，告知客户保养过程中会进行免费添加的项目	➤ ×先生/女士，现在要检查一下您的爱车的机油、变速箱油、离合器油、刹车油、转向辅助液压油、防冻液、玻璃水、电瓶水（液），这些在保养过程中是否更换，视车型而定。
	➤ 打开发动机舱，拔出机油标尺，使用吸油纸展示机油使用情况，介绍更换机油的好处	➤ ×先生/女士，您看，发动机的机油已经很脏了，及时更换可以减少发动机的磨损，延长使用寿命。
	➤ 检查发动机皮带及软管的外观损坏情况，检查电瓶接线柱的情况	➤ ×先生/女士，发动机舱内线束一切正常，请您放心。我将关闭发动机舱盖，请您当心。
➤ 车辆右前方	➤ 右前车门、翼子板有无刮痕、凹痕、漆伤，后视镜镜面有无污渍、漆伤等，雨刮有无老化、硬化、断裂，主动关注轮毂外观的损坏、轮胎花纹磨损程度及气门嘴的情况并记录（说明标准的轮胎气压数值）	➤ ×先生/女士，现在我要检查一下车辆右前方的情况。
➤ 车辆右后方	➤ 右后车门、翼子板有无刮痕、凹痕、漆伤，右后车门开启关闭功能是否正常，电动车窗升降功能是否正常，安全带锁止功能是否正常，轮胎胎纹磨损程度，胎压是否正常，轮毂损坏程度，后排座椅有无污渍、破损，车门储物空间有无贵重物品，加油口（也可能在左后方）开启关闭功能是否正常，车顶有无凹陷，天窗密封或天线是否完好	➤ ×先生/女士，我来为您检查一下车辆的右后方，包括内部和外观的情况。请稍等。

续表

项目	执行技巧	标准话术
➤ 车辆正后方及后备厢	➤ 检查后备厢前主动征求客户意见，提醒客户保管好车上的物品	➤ 我是否可以和您一起看看后备厢里的备胎和应急工具，以便在紧急情况下能够起到应急作用？
	➤ 用大拇指按压备胎并告知气压会在维修保养过程中进行检查及添加、调整（高于其他轮胎0.5kPa）	➤ ×先生/女士，您的爱车的备胎胎压一切正常。 ➤ ×先生/女士，您的爱车的备胎胎压不足，为了不影响正常使用，稍后我们会为您调整到正常值。
	➤ 询问备胎工具的使用是否有疑问，并告知使用的注意事项	➤ ×先生/女士，备胎和应急工具都没有问题，请您放心；在紧急情况下，警示牌在高速路况下须放置在车后150米处，并开启双闪警示灯。
➤ 车辆左后方	➤ 左后车门、翼子板有无刮痕、凹痕、漆伤，右后车门开启关闭功能是否正常，电动车窗升降功能是否正常，安全带锁止功能是否正常，轮胎胎纹磨损程度，胎压是否正常，轮毂损坏程度，后排座椅有无污渍、破损，车门储物空间有无贵重物品，加油口（也可能在右后方）开启关闭功能是否正常，车顶有无凹陷，天窗密封或天线是否完好	➤ ×先生/女士，我来为您检查一下车辆的左后方，包括内部和外观的情况。请稍等。
	➤ 提醒客户带好车辆保修手册及行车证件	➤ ×先生/女士，请带好您的行驶证和保养手册。
	➤ 告知客户环车检查的结果，提醒客户保管好贵重物品，并请顾客在环车检查单中签字确认，锁好车辆	➤ ×先生/女士，请您再确认一下是否还有贵重物品遗留在车内，如果方便，请您随身携带；环车检查已经做完了，请您确认一下我们的检查结果，如果没有疑问，请您在检查单的这里签字。

3.2.3 分角色扮演

1. 角色扮演学习目标

在完成该角色扮演之后，你便能够按照服务顾问接待流程要求，做好环车检查的每一个步骤。

2. 角色扮演情景

客户张先生行驶了4980公里，来4S店进行首次保养。

3. 客户的期望和要求

1）能够快速准确地对车辆进行检查，避免不必要的纠纷。
2）能够对车辆存在的问题及时记录并给予合理的建议。
3）对客户不了解的问题给予有效的解答。

4. 角色扮演要求

提前准备好所需要的设备及相关文件，邀请客户和我们一起完成环车检查，做到工作细致周到，记录认真并及时向客户反馈检查过程中车辆存在的问题，并能够提出好的维修建议。

任务小结

环车检查是 4S 店售后服务流程中的一个重要环节，服务顾问应精神饱满、认真仔细、热情有活力地对所有的车辆进行环车检查，服务顾问应向客户解释自己在检查什么，对客户的车辆有什么好处。服务顾问在进行环车检查时要逐项检查，不可遗漏项目，对车辆存在的问题要与客户确认。服务顾问务必重视此项工作，切忌流于形式，避免不必要的纠纷。

任务 3.3 实 施 问 诊

知识目标

1. 能叙述车辆问诊的目的；
2. 能明白问诊实施流程中各要素的意义。

技能目标

1. 能掌握车辆问诊的具体步骤和 5W2H 问诊技巧；
2. 能掌握接车问诊表中车辆问诊内容的填写要求。

素养目标

1. 通过车辆问诊的学习提升与客户沟通的能力；
2. 通过准确的问诊记录提高理解能力；
3. 通过实施问诊流程，提升责任心及协作能力。

客户期望

我需要这样一位专业服务人员：

- 通过精心设计的开放式或封闭式问题与我确认需求；
- 收集他们需要的其他信息，倾听我的整体服务需求，保证我的车能修好；
- 专业高效地对我的问题给予回应并给出有效的解决方案。

服务流程

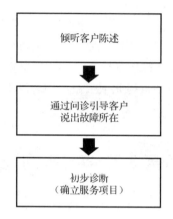

3.3.1 要素解析

许多客户会选择在定期保养过程中，或根据车辆使用状况不定期到 4S 店针对自己驾驶过程中的感受向服务顾问咨询一些常见问题，以寻求相应的解决方案或使用建议。我们的服务顾问就要像"医生"一样在环车检查过程中对客户的车辆进行有效的"问诊"，以便为维修技师后续维修保养车辆提供更加详细的信息，为客户提供更加周到和满意的服务，同时为4S 店的服务营销提供有力的保障。

1. 车辆问诊的目的

车辆问诊同医生对病人的问诊一样，可以帮助服务顾问从一开始就能发现客户车辆问题所在，正确引导车间主管派工的方向和维修技师执行维修的方向，从而避免浪费时间以及与客户反复沟通。同时，车辆问诊不仅能帮助质检人员掌握质检时所需确认的要项，而且能体现我们对客户车辆的专业关怀，建立客户对我们服务的信心，提升客户对我们服务的满意度和 4S 店的销售增值率。

2. 实施问诊的步骤

（1）倾听客户陈述

1）服务顾问对于客户的描述，必须在现场对具体部位或部件进行确认。服务顾问应能够清楚地理解客户的诉愿，依据接车问诊表的项目实施问诊工作。

2）服务顾问将客户所描述的车辆问题准确翔实地进行记录，且尽量记录客户的原话。（见图 3-16）

（2）通过问诊引导客户说出故障所在

1）运用 5W2H 问诊法引导客户对故障进行描述（见图 3-17），如出现频率、发生状态、故障发生时是什么样子等。

2）如实记录客户在互动式问诊过程中对故障现象的描述。

图 3-16　倾听客户问题描述并记录

图 3-17　运用 5W2H 问诊法询问车辆故障现象

（3）初步诊断（确立服务项目）

1）做出判断的前提是在现场重现故障（看到或听到），不可按照自己的主观意识去判断。

2）初步诊断某些故障现象，不要立刻给予十分肯定的判断结果，但需要根据经验向客户提出几种可能的维修方案，车间的最终诊断结果应在此范围内。

3）未经车间人员检查与索赔员判定，不要告知客户是否能索赔。

4）在确立维修项目时，要判断最终的维修结果是否需要向客户收费，如果有收费的可能，需要提前告知并得到客户的认可。

5）确认客户诉愿相关的车辆故障内容（见图3-18），将车辆故障清楚且有效地记录于接车问诊表上，以便维修人员掌握故障现象。

6）确认是否为返修车，填妥返修车辆评估表。

图 3-18　初步诊断并确立服务项目

3. 车辆问诊的方法及技巧

（1）问诊的方法

1）望（视觉）：观察外观，看是否漏油、漏水，各种零部件是否异常。

2）闻（嗅觉）：是否有异味，如焦煳味、汽油味等。

3）问（听觉）：通过提问了解情况，询问车辆的相关情况并做出判断。

4）切（触觉）：利用诊断仪进行检测、数据分析等。

（2）问诊的相关技巧

1）学会倾听。

有效倾听是了解客户需求的基本手段。真实的需求是通过一系列的推测、评论、非语言信号等得知的，如此才能挖掘客户深层次的需求。认真倾听是尊重客户的一种表现，也可以让客户增加自己对问题的了解，提高客户对自己的信任。在倾听过程中，需要做好以下几点。

① 与客户交流时应认真倾听客户的叙述，与客户保持目光接触，不要打断客户讲话，做好准备工作，转换客户身份。

② 重点倾听问题，保持耐心，端正态度。

③ 运用有认同感的肢体语言如点头等，必要时进行记录，将听到的信息用自己所理解的意思进行复述并总结要点。

2）学会提问。

客户毕竟不是专业的维修人员，为了能够将车辆存在的问题更加准确地记录在环车检查单上，为维修技师能快速找出解决方案提供便利和有效的信息，就要运用专业的提问技巧。故障问诊主要有以下几个步骤。

① 询问故障情况。在询问客户车辆的故障情况时，向客户提出的问题可分为两种：一种是开放性问题；一种是封闭式问题。

开放性问题是引导客户多讲话，没有固定答案，可通过 5W2H 问诊技巧获得信息的方式。

知识链接

5W2H 问诊技巧

why（为什么）：故障发生的原因是什么？在此故障发生前有无其他故障，是否进行了维修、改装项目或事故等？

where（在哪里）：故障在什么样的路面情况下出现的？（泥路、水泥路或沥青路）

what（什么样）：故障的表现是怎样的？（异响、异味、过热、跑偏、不亮等）

when（什么时候）：故障是何时出现的？（早上、中午或晚上等）

who（谁）：何人驾驶？是否与报修人一致？（驾驶习惯）

how（怎样）：何种工况（启动、怠速、加速或减速、巡航等）？

how much（故障发生的频率）：到报修前共发生几次？

当客户告诉你一些事情，如果只是想对此加以确认的时候，就可以采用封闭式问题（答案只有一个——"是"或者"不是"）。封闭式问题也用于总结并向客户印证。例如：

◎ 您的车辆的声音具体是从哪个部位发出的？

◎ 您的发动机是什么时候听到异响的？

◎ 您听到的是车辆左前轮有异响吧？

◎ 您之前是否做过四轮定位？

◎ 加速时发动机是否有熄火的现象？

话术示范

下面用一个案例来简单说明 5W2H 问诊法和开放式、封闭式提问的结合运用。

客户来店抱怨车辆左前部有异响。

服务顾问可以先采用开放式提问，引导客户提供有用信息。问题如下：

○ 您车辆的异响是在本人驾驶时发现的吗？

○ 具体是车辆哪个部位发出的？是哪种响声？

○ 是在什么时候发出异响的？有多长时间了？

○ 是在什么样的路面发出异响的？

当服务顾问获得有用信息后，可以采用封闭式提问进行总结和确认，问题如下：

○ 您的车辆在平路或者颠簸路面、转弯或者原地打方向盘时左前轮附近有响声，是吗？

○ 这个现象持续了半个月左右的时间了，对吗？

② 核实故障现象、记录需求并提出建议。

首先，针对客户描述的故障在环车检查过程中做进一步的实车确认，判断故障发生的可能原因。诊断应按"三现"的基本要求：

◎ 现场，即必须亲自到车辆故障的部位旁；

◎ 现物，即必须确认故障的部位或部件；

◎ 现实，即必须确认故障的实际状况，如断裂、磨损、生锈、氧化、接触不良等。其次，若暂时无法判断出故障原因，应向客户说明将采取的维修方案。

话术示范

> ×先生/女士，现在暂时无法判断出故障的真正原因，等车辆进入车间检查以后，我再向您说明故障原因，经过您的同意才进行维修。

知识链接

表 3-11 为采用 5W2H 问诊法的一个示例。

表 3-11　5W2H 问诊法示例

车辆异响	
who	是驾车人感觉到的还是同车人感觉到的？
what	何种音质？（咯嗒咯嗒声、金属间摩擦声）
	哪个方向听见？（左后车内、左前轮胎附近）
when	何时开始发生？（3 个月以前、1 个月以前、最近）
	何种频度发生？（经常、偶尔、仅 1 次）
	发生时的行驶状态如何？发生时的天气情况如何？
where	在哪里发生？（铺装路、未铺装路、上坡、下坡）
	道路状况如何？（凹凸路、直线、曲线、台阶）
why	进行某种操作后，症状是否出现或不出现？（松开油门踏板后停止）
	是非常规使用时发生的吗？（长距离行驶、高速行驶、长时间怠速）
	最近，您的汽车进行过检查/修理/加装某些部品吗？
how	何种程度？（明显、微弱、突然）
how much	连续发生吗？（断续地、行驶中一直、等待信号时）

练一练

请仿照车辆异响的问诊方法，运用 5W2H 问诊法对客户车辆跑偏的情况进行问诊话术的编写，并填入表 3-12 中。

表 3-12　5W2H 问诊法练习

车辆跑偏	
who	
what	
when	
where	
why	
how	
how much	

4. 车辆问诊相关知识

（1）故障诊断知识

客户对车辆故障的描述一般比较简单、粗略，服务顾问需要将之细化到维修人员所知的故障类型，这就需要有一个通过问诊将之细化的过程，从而提高车间的检修效率。除了一部分故障不需要过细的问诊外，相当多的故障是需要细化处理的。所以，服务顾问应该知道一定的故障诊断知识。故障诊断知识举例见表 3-13。

表 3-13 故障诊断知识举例

序号	所属区域	常见故障	判断可能导致故障产生的原因	诊断故障，确定故障原因及解决方法	需维修的项目及内容	需更换的零件
1	发动机	发动机冒蓝烟/黑烟/白烟	蓝烟：烧机油	蓝烟：检查 PVC 阀门、气门油封、活塞环、气缸体是否磨损	蓝烟：大修发动机，更换损坏零件	蓝烟：气门室盖，气门油封，活塞环，气缸套
			黑烟：喷油过量，喷油嘴漏油	黑烟：检查供油系统是否异常，喷油嘴是否损坏	黑烟：检修供油系统、喷油嘴，排查线路故障	黑烟：喷油嘴
			白烟：发动机冲气缸床，水进入气缸里面	白烟：检查冷却水是否足够，如果不够，就有可能冲气缸床了	白烟：大修发动机，打磨气缸盖	白烟：更换气缸床
2	变速器	变速箱漏油	变速箱输入轴油封油、半轴封漏油	底盘刷踏，油底壳螺栓松动或损坏，油封老化	检查相关零件，必要时更换	更换油底壳、紧固螺栓、更换油封等
3	底盘	高速方向盘发抖	时速 100 公里以上，方向盘连续抖动	如果轮胎磨损不均，或者补胎后没有做动平衡，就会引起该故障	做四轮动平衡即可排除故障	无
4	电器	空调不制冷/不够冷	制冷剂不足，空调散热不好，空调压缩机损坏，膨胀阀损坏，空调管道有堵塞	检查制冷剂有无渗漏，检查散热风扇是否良好，更换压缩机，更换膨胀阀，清洗管道	检查相关零件，必要时更换或进行空调保养	空调管道、压缩机、散热风扇、膨胀阀

（2）维修项目推荐技巧

服务顾问不仅要有为客户判断故障的专业知识能力，还必须具备为 4S 店创造效益的营销能力。所以服务顾问要针对客户车辆存在的问题，通过"FAB"介绍法，即 feature（本身特性，它是什么？）、advantage（能具备的优点，它具备什么？）、benefit（能获得的益处，它能做什么？），为客户推荐相应的保养内容或精品项目。服务顾问应该将客户利益与服务或产品本身特性相结合，做好进行维修增项或精品增项的推荐工作。

案例分析

1. 车辆故障

低速行驶发出有节奏的嗡嗡异响，高速行驶异响减弱。

2. 故障原因分析

车辆的四轮定位不准确，长途行驶对轮胎磨损较大，轮胎形成偏磨，发出异响。

3. 故障现象描述

客户张先生因为工作原因需要经常跑长途。最近他在行车途中发现自己的车老是会发出异响，低速行驶时发出有节奏的嗡嗡声，但高速行驶时嗡嗡声就减弱了。

4. 模拟问诊过程

服务顾问：张先生，您好，您说您的爱车出了故障，那您能跟我描述一下具体情况是怎样的吗？

客户：嗯，就是我的车在低速行驶时会发出有节奏的嗡嗡声，但是我一把速度提上去，这嗡嗡的响声就减弱了。

服务顾问：那请问一下张先生，您是否经常跑长途呢？

客户：是啊，我因为工作需要经常要跑长途。

服务顾问：原来是这样。张先生，那我可以先为您的爱车做一些简单的检查吗？

客户：可以。

服务顾问：好的，谢谢您。

服务顾问：张先生，不好意思，让您久等了。我刚才用手摸了一下您的爱车的轮胎，可以明显感觉到轮胎外侧的花纹高低不平，这应该就是您在行车过程中低速时有异响，而高速时异响减弱的原因了。

客户：那该怎么办呢？

问题：请你根据客户车辆所存在的问题，利用"FAB"介绍法向客户提出你的维修建议，推荐维修增项和精品增项。

_____

_____

_____

最后，根据所获得的信息，结合专业知识得出合理结论并在环车检查单上进行记录。服务顾问在问诊时需要注意的是，要尽量先用开放式问题询问故障发生时的详细情况，避免先入为主、断章取义，凭经验去判断。如果开始时先设定立场，采用封闭式问题询问客户，就容易产生判断失误，把思路引到错误的方向。如果客户能够准确地描述故障现象，则服务顾问要边倾听边在接车问诊表上记录下详细情况。另外，如果客户不是汽车专业人士，开放式的问题有时会使客户花很多时间描述许多与车辆故障无关的信息，这时候服务顾问要及时引导客户回到 5W2H 的问诊轨道上来，做出初步的判断并给予客户相应的合理化建议，如建议在后续车间检查过程中确认故障原因并及时进行汇报。

5. 接车问诊表的填写

检验完成后，将与客户沟通的车辆问题一并记入到接车问诊表中。接车问诊表需要客户签字确认。接车问诊表一般是一式两份，一份交由客户保管，一份由 4S 店保管。故障现象的填写，应具体清晰，否则会延误车间维修人员的作业时间。接车问诊表填写要求如图 3-19 和图 3-20 所示。

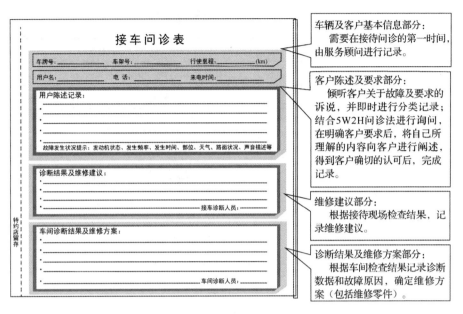

图 3-19　接车问诊表填写要求 1

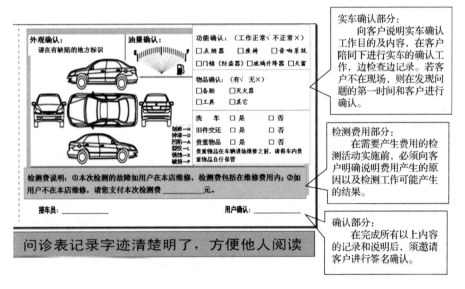

图 3-20　接车问诊表填写要求 2

3.3.2　任务实施

问诊任务实施标准见表 3-14。

表 3-14　问诊任务实施标准

序号	工作项目	执行技巧
1	实施问诊	依据接车问诊表中的项目实施问诊工作
		将客户所描述的车辆问题准确翔实地进行记录
2	5W2H 问诊技巧	why（为什么）
		where（在哪里）
		what（是什么样的）
		when（是什么时候）
		who（是谁）
		how（是怎样的）
		how much（故障发生的频率）
3	问诊总结建议	复述问题
		维修建议
		推荐维修增项和精品增项

3.3.3　分角色扮演

1. 角色扮演学习目标

在完成该角色扮演之后，你便能够按照问诊实施流程要求，做好问诊。

2. 角色扮演情景

自入夏以来，王女士驾驶的一款 2.4 升排量×牌车的空调就一直不好用。主要问题是，有时候出风口出风量会越来越小，到最后干脆就不出风了。请你用所学习到的问诊方法和技巧帮助王女士解决问题。

3. 客户的期望和要求

1）精心设计简洁、有针对性的问题与客户确认需求。
2）倾听客户的整体服务需要，保证客户的车能修好。
3）专业高效地对客户的问题给予回应并给出有效的解决方案。

4. 角色扮演要求

王女士是一位文艺工作者，平时工作很忙，对车辆的养护知识不是很明白。现在由你来为王女士进行车辆问诊工作，确保为王女士提供优质的服务，解决她的后顾之忧。

任务小结

　　问诊的核心在于专业知识的学习与工作经验的积累，有效地区分提出各种问题的目的，以及常用的提问技巧。问诊是故障诊断的第一步，也是最重要的一步，服务顾问应避免先入为主的观点，要通过 5W2H 问诊法详细地向客户询问故障发生时的具体情况，尽可能真实地重现故障，把握故障现象，再做正确的判断。如果预先设立立场或观点，就容易产生判断失误，把思维引到错误的方向。真实客观地记录也会提高维修人员解决故障的效率。

项目4 维修与跟踪

在这个阶段，服务顾问应时刻关注车辆情况，掌握车辆维修进度，保证按时交付客户车辆，要在客户面前显示出对车间的维修情况了如指掌，能随时回复客户的询问。只有服务顾问合理地安排工作，同客户约定合适的交车时间，才会增加客户的服务满意度，减少抱怨。

知识目标

1. 能正确绘制出制作维修业务各子任务的流程图；
2. 能正确对制作维修各子任务的各要素进行分析；
3. 能叙述车辆维修各子任务的工作过程。

技能目标

1. 根据流程要求，能正确、规范地完成维修委托书的制作；
2. 能利用沟通技巧向客户汇报维修进度，并照顾客户情绪；
3. 根据流程要求，能高效精准地完成维修派工的工作；
4. 能给客户估算出保养维修项目的时间和费用；
5. 能根据车间实际情况和车辆情况进行专业派工，从而有效地控制维修进度；
6. 根据流程要求，能正确掌握车辆维修流程的各项工作；
7. 能耐心聆听客户异议，并根据客户异议给出专业解答。

任务 4.1 制作维修委托书

知识目标

1. 能正确绘制出制作维修委托书的流程图；
2. 能正确对制作维修委托书的各要素进行分析；
3. 能根据知识要点，独立完成"想一想"的内容。

技能目标

1. 能根据流程要求，正确规范完成维修委托书的制作；
2. 能给客户估算出保养维修项目的时间和费用；
3. 能耐心聆听客户异议，并根据客户异议给出专业解答。

素养目标

1. 培养认真负责、一丝不苟的工匠精神；
2. 在角色扮演中，能够认真仔细地和客户确认维修保养项目，并能有针对性地回答客户异议。

顾客期望

我需要这样一位专业服务人员：

- 认真核对我和车辆的相关信息；
- 向我解释并确认将要进行的服务项目；
- 能估算大致的维修费用和时间；
- 能够热情、周到地为我服务，让我有一种宾至如归的感觉。

服务流程

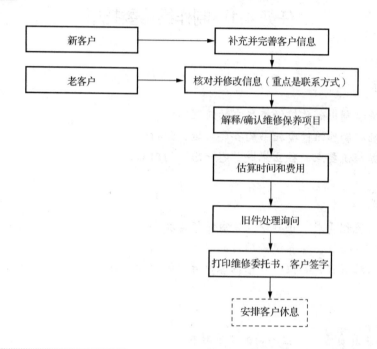

4.1.1 要素解析

1. 完善维修委托书上的基本信息

维修委托书（见表 4-1）是客户委托汽车维修企业进行车辆维修的文本合同，其主要内容包括维修企业信息、客户信息、车辆信息、维修/保养作业信息、互动信息（和客户确认是否有贵重物品遗留在车内）及客户签字确认等。

维修委托书的基本信息包括以下几项。

◎ 维修企业信息：企业名称、车辆进站时间、服务顾问姓名等。

◎ 客户信息：姓名、联系方式、住址等。

◎ 车辆信息：车牌号、车型、VIN 码、发动机号、行驶里程等。

完善维修委托书

◎ 维修/保养作业信息：维修开始时间、预计交车时间、付款方式、非索赔旧件是否带走。

话术示范

1.（新客户）×先生/女士，为了后续更好地为您服务，我需要在系统中完善一下您的基本信息，请稍等。

2.（老客户）×先生/女士，为了信息的准确性，接下来我将和您核对一下信息资料，您的全名是×××，联系方式是××××××××××××，对吗？

表 4-1 维修委托书

维修单位			车辆进站时间		年 月 日 时	服务顾问	
客户信息	□车主 □送修人		地址			联系电话	
车辆信息	车牌号	车型	VIN		发动机号	里程数	
作业信息	维修开始时间	预计交车时间		付款方式		非索赔旧件是否带走	
	年 月 日 时	年 月 日 时		□现金 □信用卡 □其他		□是 □否	
互动检查	是否有贵重物品			油箱	□空 □<1/4 □半箱		
	是□ 否□			油量	□<3/4 □满箱		

外出救援: 是□ 否□ 救援里程(往返): (公里) 救援到达时间:

车身状况漆面检查,损伤部位下图标注

	检查结果
	车身检查
	车内检查
	发动机舱
	底盘检查

客户须知	客户故障描述

客户确认:本人已阅知并理解上述内容。　　　　　　　　　　　　　客户签字

维修项目	维修项目	备件	是否索赔	材料费	工时费	小计	维修人	检查人
维修项目			是　否					
			是　否					
			是　否					
			是　否					
			是　否					
			是　否					
			是　否					
	预估费用:		费用小计					

客户确认以上维修项目及费用:

新增维修项目	维修项目	备件	是否索赔	材料费	工时费	小计	维修人	检查人
新增维修项目			是　否					
			是　否					
			是　否					
			是　否					
	预估新增维修时间:		费用小计					
	预估新增维修费用:							

客户确认以上维修项目及费用:

索赔费用		自费费用		维修总费用:		交通补偿费用(元):	
质检员签字(盖章):		通知用户接车方式	□现场 □短信 □电话	通知用户接车时间	年 月 日 时	实际交车时间	年 月 日 时
客户评价	□满意 □不满意	不满意原因	□服务接待 □备件保供	□服务环境 □维修收费	□维修质量 □产品质量	□维修时间	

本人确认以上内容与本人委托需求一致并已提车。

　　　　　　　　　　　　　　　　　　　　　　　　　　　　客户签字:

2. 解释、确认维修项目

服务顾问要向客户逐项解释将要进行的维修保养项目，征询客户意见（见图4-1），确认最终的维修保养项目。常见维修保养项目见表4-2。

图 4-1　和客户交流

表 4-2　常见维修保养项目

项目	具体内容
保养项目	更换机油、机油滤清器、空气滤清器、空调滤清器、火花塞、冷却液、刹车油；检查刹车盘厚度、转向系统、悬架等
维修项目	左前翼子板有划痕、右前大灯不亮、排气管冒黑烟、方向盘抖动等
增加项目	安装底盘装甲、加装导航和行车记录仪等

话术示范

×先生/女士，接下来我将和您核对本次维修保养的项目。您本次做的是 20000 公里保养，需要更换机油、机油滤清器、空气滤清器、空调滤清器、汽油滤清器，清洗节气门。维修项目是右前大灯不亮，具体原因需要我们的技师做进一步的检查。您增加的项目是安装底盘装甲。您看还有什么问题吗？

3. 估算时间和费用

服务顾问需要估算维修保养的时间和费用，以便于客户合理安排时间并提前了解维修保养费用，从而减少客户纠纷，提高客户满意度。估算时间包括维修保养所需要的时间、维修保养排队所需要的时间以及洗车的时间；估算的费用包括配件价格、工时费和其他费用。工时费示例见表4-3。

表 4-3　××汽车 4S 店维修保养工时费

序号	维修项目	工时费/元	序号	维修项目	工时费/元
1	一保	50	21	更换离合器主缸	60
2	二保	50	22	更换离合器轮缸	50
3	常规保养	80	23	更换真空助力器	100
4	四轮定位	120	24	更换起动机	60
5	四轮平衡	80	25	更换水泵	300
6	四轮保养	160	26	更换压缩机	100
7	清洗油路	200	27	更换电子扇	120
8	大修变速器	400	28	拆装散热器	150
9	调整气门	80	29	更换节温器	80
10	更换发电机	60	30	清洗空调	200
11	更换助力泵	50	31	更换蒸发箱	100
12	更换前制动片	80	32	更换散热网	150
13	更换后制动片	80	33	更换离合踏板	80
14	更换转向器总成	200	34	更换变速杆	80
15	更换转向万向节	50	35	更换制动开关	20
16	更换组合开关	50	36	更换离合开关	20
17	更换转向管柱	120	37	更换全车锁	120
18	拆装油箱	120	38	更换锁体总成	60
19	更换前制动软管	40（单边）	39	更换内拉手	40
20	更换制动轮缸	40（单边）	40	更换后雾灯	80

话术示范

　　×先生/女士，接下来我将为您估算本次维修保养项目所需的时间和费用。您的爱车本次要做的是 20000 公里保养，需要更换机油、机油滤清器、空气滤清器、空调滤清器、汽油滤清器，清洗节气门，需要×工时，每工时×元，材料费×元。维修项目是右前大灯不亮，具体原因需要我们的技师做进一步的检查。增加项目是安装底盘装甲，费用是×元。目前维修保养的总费用预计为×元，时间为×小时。本店可以免费为您的爱车清洗外观，洗车时间为 15 分钟，请问您需要吗？

想一想

　　1. 为什么要确认维修项目？

　　2. 为什么要解释洗车时间？

　　3. 为什么维修委托书最后要让客户签字？

向客户解释并确认维修保养项目，是服务顾问的工作职责。而且维修的决定权在客户，服务顾问和客户进行最终维修项目的确认，可以避免产生纠纷。

车辆维修保养时所提供的免费清洗车辆外观项目大约需要 15 分钟，它不属于维修保养作业项目，但提供此项服务可以提升企业形象，提高客户满意度；当然，同时也会增加客户维修保养的等待时间。因此，预计维修保养时间的时候，一定要告知客户免费清洗车辆外观以及所需时间。

4. 打印委托书，客户签字

服务顾问在和客户确定维修保养项目之后，需要打印维修委托书，并让客户签字确认。客户签字，是客户委托企业对将要进行维修保养项目的书面材料的确认。只有客户确认并签字，企业才可以按照维修委托书的内容进行作业，以避免结账时产生不必要的纠纷。

4.1.2 任务实施

制作维修委托书的任务实施流程见表 4-4。

表 4-4 制作维修委托书的任务实施流程

行动要领	执行技巧	标准话术
➢ 服务顾问带客户到工作台（或洽谈桌）	➢ 服务顾问要热情、有礼貌地引导客户到洽谈区（站在客户左前方，保持 1 米左右的距离，引导客户前往洽谈区）	➢ ×先生/女士，接下来，我们到洽谈区进行详谈，您这边请。
➢ 服务顾问为客户提供茶水	➢ 服务顾问为客户拉椅子坐下，并询问是否需要茶水（提供至少三种选择）；倒茶水时，一般倒七分满	➢ ×先生/女士，您请坐。 ➢ 本店有红茶、绿茶、白开水，请问您需要喝点什么？ ➢ ×先生/女士，这是您的红茶/绿茶/白开水，请您慢用。
➢ 服务顾问确认维修委托书上客户基本信息	➢ 服务顾问在企业管理系统中完善客户信息	➢ （新客户）×先生/女士，您好，为了以后更好地为您服务，我需要在系统中完善一下您的基本信息，请您稍等。 ➢ （老客户）×先生/女士，为了信息的准确性，接下来我将和您核对一下信息资料。您的全名是×××，联系方式是×××××××××××，对吗？
➢ 服务顾问对客户解释并确认维修保养项目	➢ 服务顾问根据接车单和客户需求，确认最终要进行的维修保养项目	➢ ×先生/女士，接下来我将和您核对本次维修保养的项目。您的爱车本次要做的是 20000 公里保养，需要更换机油、机油滤清器、空气滤清器、空调滤清器、汽油滤清器，清洗节气门。维修项目是右前大灯不亮，具体原因需要我们的技师做进一步的检查。增加项目是安装底盘装甲。您看还有什么问题吗？

续表

行动要领	执行技巧	标准话术
➤ 服务顾问对本次维修保养预估时间和费用	➤ 服务顾问根据工时、材料等预估费用，根据车间和维修项目预估时间	➤ ×先生/女士,接下来我将为您估算本次维修保养项目所需的时间和费用。您的爱车本次要做的是 20000 公里保养，需要更换机油、机油滤清器、空气滤清器、空调滤清器、汽油滤清器，清洗节气门，需要×工时，每工时×元，材料费×元。维修项目是右前大灯不亮，具体原因需要我们的技师做进一步的检查。增加项目是安装底盘装甲，费用是×元。目前维修保养的总费用预计为×元，时间为×小时。现在是上午 10:00，交车时间预计在 15:00 左右。
➤ 询问是否需要洗车	➤ 告知客户本店提供免费清洗车辆外观，耗时 15 分钟，询问是否需要	➤ ×先生/女士，本店可以免费为您的爱车清洗外观，洗车时间为 15 分钟，请问您是否需要？
➤ 询问旧件处理方式	➤ 旧件只针对非索赔配件	➤ ×先生/女士，本次保养维修更换下来的旧件，是您带走还是我们帮您环保处理呢？
➤ 询问结算方式	➤ 提供结算方式（现金、刷卡、微信、支付宝等）	➤ ×先生/女士，您本次的结算方式是现金还是刷卡？
➤ 客户确认签字	➤ 服务顾问打印维修委托书，并请客户确认无误后签字	➤ ×先生/女士，您请看，这是本次的维修委托书。如果没有什么问题，请您在这边签字确认。
➤ 给客户提车单	➤ 服务顾问将三联单中的客户联交给客户	➤ ×先生/女士，这是您的取车凭证，请您务必保管好，到时候凭单取车。
➤ 安排客户	➤ 服务顾问安排客户等待	➤ ×先生/女士，您是在店里等候还是外出办事？ ➤ （店里等候）×先生/女士，接下来我带您到休息区。您请看，这是本店的客户休息区，这里有免费的茶水和点心，还有报纸杂志，您也可以通过视频监控看到您爱车的维修情况。我会随时关注您爱车的维修进度，有任何情况，我都会及时和您沟通。 ➤ （外出办事）×先生/女士，刚刚给您的名片还在吗？如果有任何需要，您都可以和我联系，很高兴为您服务。我会随时关注您爱车的维修进度，有任何情况，我都会及时和您沟通。
➤ 派工	➤ 服务顾问告别客户，派工	➤ ×先生/女士，如果没有其他问题，接下来，我将为您的爱车进行派工。

任务小结

制作维修委托书是服务顾问一项非常重要的工作任务，它是将服务顾问的接待工作转向车间维修的过渡环节，是将客户需求落实到文本合同的必经环节。这一环节既是企业车间工作的开始，也在一定程度上决定了客户对整个服务过程的评价。在这一环节，服务顾问既要充分为客户考虑，又要避免日后引起不必要的争议，从而提高客户满意度。

任务 4.2　维 修 派 工

知识目标

1. 能正确绘制出维修派工的流程图；
2. 能正确对维修派工的各要素进行分析；
3. 能根据知识要点，独立完成"想一想"的内容。

技能目标

1. 能根据流程要求，高效精准地完成维修派工的工作；
2. 能详细地向维修技师解释将要进行的维修保养项目以及传递客户的需求；
3. 能根据车间实际情况和车辆情况进行专业派工，从而有效地控制维修进度。

素养目标

1. 能清楚了解各班组维修技师的工作状况及相应车辆的维修状况；
2. 能在角色扮演中，清晰并有逻辑地表达观点和见解，陈述自己的意见。

客户期望

我需要这样一位专业服务人员：

● 维修工单制作完成后，可以迅速地为我的车辆进行派工；
● 向维修技师准确解释车辆的维修保养项目，并确保维修技师知道我所有的需求；
● 可以用实际行动向我展示维修效率，让我感受到我的要求可以马上被执行，让我拥有贵宾一般的待遇。

服务流程

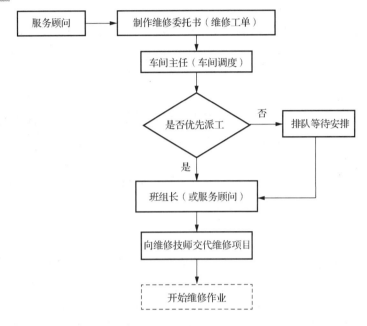

4.2.1 要素解析

1. 派工交接——车间主任

服务顾问与客户签订维修委托书，安排客户在店休息或离店后，将车钥匙、维修工单、预检单等交给车间主任，并向车间主任交代客户需求、维修保养项目、交车时间及其他注意事项。

车间主任需要认真和服务顾问确认维修工单上的维修保养项目，做到交接无遗漏、无错误，还需要核对服务顾问给的预估时间是否合理。此外，车辆信息确认环节必不可少，这可以保证车辆和维修工单一致。在派工作业时要真正做到"车单一致、单随车走"。

维修派工

话术示范

1. ×先生/女士，如果没有其他问题，接下来，我将为您的爱车进行派工。

2. ×主任，您好。这是车牌号为××××的车钥匙、维修工单、预检单……。车停在××位置，维修保养的项目有……。客户需求是……。交车时间为……。后期还有什么不清楚的，可以随时问我。

2. 影响车辆派工的因素

（1）时间

在预约的时候就应考虑每辆车的交车时间和每项工作所需的时间。与此同时，还必须考虑未经预约进厂的车辆，应留出 15 分钟用以预防意料之外的事情发生，万一有意外的事情出现，则可以利用这 15 分钟来处理。

（2）人员

车间调度人员要知道每天有多少技师上班，每个技师能够胜任什么工作，以及他们做这些工作的效率如何。如果把一项工作交给一个不能胜任的技师，就会影响工作速度和效率。通常，在比较大的 4S 店，都会有一张表格，记录技师的专长和接受过的培训。服务顾问或者调度人员应将工作安排给适合的熟练技师。

各工种难易度和辛苦程度不一样，在派工过程中需要保证技师工作任务的平衡。不能总是给某个人安排容易做的工作，给其他的人都安排难度高的工作。不公平的工作分配往往会引起内部的冲突。

应优先安排返修、预约的车辆。对于返修车辆，车间主任先分析返修原因，如果返修为非人为因素，应优先交给原维修技师维修；如果属于人为原因，则将此项维修工作交给更高水平的维修技师来完成。

（3）材料设备

在派工过程中要考虑设备的情况，哪些设备已经损坏，哪些设备已经被占用，大概还要占用多少时间。特别是一些大型设备和维修专用设备，由于数量有限，如果安排不当就可能会因维修设备和维修技工不足而延误交车。在维修过程中，如果配件库存不足，需要调拨或订货，应先征得客户意见；待客户同意后，再及时通知配件采购员尽快调拨或订货。

3. 派工优先要素

1）判断优先派工作业的原则。一般按照先到先修的原则进行派工，但如果是预约、返修、召回、VIP（贵宾）等客户，则优先为其派工（见图 4-2）。

2）确定车辆工种，根据工作难度、各维修班组的工作状态、技术水平和客户提车时间进行派工，做到维修任务分配均衡，合理利用可用维修时间，进而可以在预估时间内完成交车，提高维修效率和客户满意度。

图 4-2　优先派工

⬡ **话术示范**

×组长，×先生/女士为预约客户，并且在约定时间内到达，属于优先派工车辆，把它安排到先前准备好的预约工位上吧。

4. 向维修技师交代维修项目

班组长或者服务顾问与维修技师进行沟通（最好是服务顾问，这样可以减少中间环节，减少信息传递错误的概率），沟通内容包括维修保养项目、待检查项目、VIP 客户专属免费服务项目、过去维修记录以及客户特殊要求，具体内容见表4-5。

表4-5 沟通的具体内容

项目	内容
维修保养	1. 常规保养项目：保养公里数 2. 维修项目：车身钣金喷漆部位数量及位置；机电维修故障现象 3. 美容项目：车内消毒、安装皮质座椅、内饰清洁、贴膜、抛光、打蜡等
待检查	盘式制动器检查，蓄电池的安装情况及液量检查，各个液位（制动液、助力转向油、玻璃水等）检查，车灯、喇叭、刮水器和喷洗器等的检查
VIP 客户专属免费服务	免费添加玻璃水、免费车身项目检测、免费轮胎清理等
过去维修记录	特别是和本次故障有关的维修记录的项目
客户特殊要求	检查正常保养项目规定以外的项目

❖ 话术示范

1. ×师傅，车牌号××××的车此次来做×公里的保养，维修项目有……。这是车辆之前的维修保养单，您看一下。客户反映车子有××问题，请您检查一下。此外，客户为××会员，享有的专属免费服务有……

2. ×师傅，维修过程中如果发现什么问题，请您及时和我沟通，我会马上和客户反映，并将客户的反馈及时告诉您。

3. ×师傅，客户的预计交车时间为×小时，下午×时。麻烦您根据实际情况把握一下时间。如果中间有什么问题可能会造成延时，请您提前跟我说，我会及时和客户沟通，避免客户空等。

❓想一想

1. 如果其他客户对优先安排预约车辆有异议，该怎么办？
2. 为什么要向维修技师交代交车时间？
3. 如何准确高效地派工，请你给出分析。

_____

_____

_____

一般情况下，派工按照先到先修原则。若为预约客户，且在规定时间到达，则安排在预先准备好的工位上。这时需要对有异议的客户及时说明情况，并适当宣传预约的好处。这样既可以消除这类客户异议，又可以促进该类客户下次预约，进而提高企业的工作效率。

向维修技师交代交车时间，维修技师需要在交车时间前完工，这样可以提高维修效率，增加企业效益，而且准时交车还可以提高客户满意度。

有效派工有两个技巧：第一，减少中间环节，最好由服务顾问直接和维修技师沟通；第二，中间环节无法避免时，认真核对车辆和单据信息，并要求中间方及时与维修技师和服务顾问两方多沟通。

4.2.2 任务实施

维修派工的任务实施流程见表 4-6。

表 4-6 维修派工的任务实施流程

行动要领	执行技巧	标准话术
➤ 安排客户	➤ 安排客户休息或者离店	➤ ××先生/女士，您在这儿好好休息一下吧。接下来，我将为您的爱车进行派工。
➤ 停放车辆	➤ 服务顾问（或者挪车员）将车辆停放到指定工位或者待修停放区	
➤ 服务顾问与车间主任交接	➤ 服务顾问将车钥匙、维修工单、接车问诊表等交给车间主任，并向车间主任交代客户需求、维修保养项目、交车时间及其他注意事项	➤ ××主任，您好。这是车牌号为××××的车钥匙、维修工单、接车问诊表……。车停在××位置，维修保养的项目有……。客户需求是……。交车时间为……。后期还有什么不清楚的，可以随时问我。
➤ 车间主任核对信息	➤ 车间主任认真检查接车问诊表、维修工单，核对服务顾问给出的预估时间是否合理。如果不合理，则需要及时与服务顾问沟通	
➤ 车间主任判断派工优先度	➤ 判断是否属于优先派工作业。一般按照先到先修的原则，但是如果客户为预约、返修、召回、VIP，则优先派工	➤ ××组长，××先生/女士为预约客户，并且在约定时间到达，属于优先派工车辆，把它安排到先前准备好的预约工位上吧。
➤ 进行派工	➤ 考虑因素：工种、工作难度、维修班组水平、维修班组工作状态、交车时间	
➤ 服务顾问与维修技师沟通	➤ 服务顾问交代维修项目等相关事项	➤ ××师傅，车牌号为××××的车此次来做×公里保养，维修项目有……。这是车辆之前的维修保养单，您看一下。客户反映车子有××问题，这里是详细的故障描述，您看一下，对于不太清楚的地方，我为您解释说明一下。此外，客户为××会员，享有的专属免费服务有……。 ➤ ××师傅，维修过程中如果发现什么问题，请您及时和我沟通，我会马上和客户的反映，并将客户的反馈及时告诉您。 ➤ ××师傅，客户的预计交车时间为×小时，下午×时。麻烦您根据实际情况把握一下时间。如果中间有什么问题可能会造成延时，请您提前跟我说，我会及时和客户沟通，避免客户空等。
➤ 维修	➤ 维修技师开始维修作业流程	

4.2.3 满意度提升技巧

车间派工，必须做到"快"和"准"，只有这样才能大大提升维修效率，进而提高客户满意度。我们可以采用如下方式进行。

1. 推荐客户预约

客户预约可以让我们提前准备相应的工位和工具材料，客户到店时，可以节省在店维修保养时间。

话术示范

> 1）×先生/女士，由于您是预约客户，并且按时到店，我们会将您的车辆安排在已准备好的预约工位上，节约您在店的等候时间。
>
> 2）×先生/女士，温馨提醒您一下，建议您下次提前预约，这样我们可以提前为您准备工位和安排人员，避免维修任务过多时，产生不必要的等待时间。

2. 立即派工

有压力，才会有动力。立即派工，维修技师手上任务多，产生压力，进而提高维修效率。

3. 交接准确高效

服务顾问与车间主任、服务顾问与维修技师之间的交接要做到准确无误，才能避免维修项目因交接错误而浪费时间。

4. 派工明确完工时间

明确完工时间、提高维修效率、准时交车能在一定程度上提高客户的满意度。

5. 有完善的维修进度控制系统

根据维修技师的工作状态来分配工作，这样可以保证人人都处在工作状态，避免有人无事可做，有人却马不停蹄。

6. 调度员随时跟进

调度员随时关注维修管理看板上的交车时间，根据交车时间栏内的标注时间，提前15 分钟打电话或者直接询问对应组员和组长，对接车辆的维修情况，保证交车时间的准确性。

任务小结

维修派工是汽车进入车间准备维修的第一步，它是提高维修效率的重要保证。在这一环节，服务顾问要做到为客户留下执行力高的印象。在对接工作中，要尽可能减少中间环节，使对接工作变得准确、高效且完备，这样才能保证企业维修效率提高，进而维持或提高客户满意度。

任务 4.3　车辆维修流程

知识目标

1. 能正确绘制出车辆维修的流程图；
2. 能正确对车辆维修流程的各要素进行分析；
3. 能根据知识要点，独立完成"想一想"的内容。

技能目标

1. 能根据流程要求，正确掌握车辆维修流程的各项工作；
2. 能配合维修技师完成己方工作；
3. 能较为专业地向客户说明维修增项内容并解答客户异议。

素养目标

1. 能协调客户、库管员、维修技师等各岗位人员之间的关系；
2. 能在角色扮演中，清晰并有逻辑地表达观点和见解，陈述自己的意见。

客户期望

我需要这样一位专业服务人员：

- 我的服务顾问能对我的汽车维修保养进行全程跟进；
- 维修过程中有维修增项时，及时和我沟通，并给出合理建议；
- 及时更新车辆维修进度，让我可以把控自己的时间。

服务流程

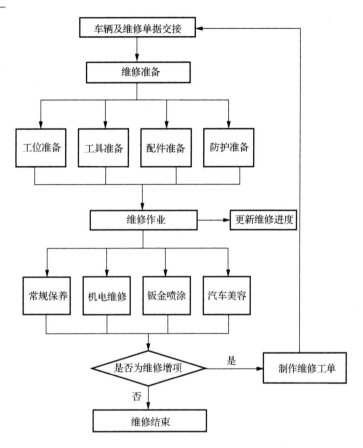

4.3.1 要素解析

1. 维修准备

维修准备是维修作业的开始，好的开端是成功的一半。准备充足，可以大大提高维修效率，以免因准备不足而耽误不必要的时间。维修准备包括以下几个方面。

1）工位准备：根据车间作业情况，安排合适空闲的工位。例如，汽车修复作业后需要使用干磨工位（见图 4-3）；如果我们面对的是预约客户，且在约定时间到达，则安排在事先准备好的预约工位上。

2）工具准备：根据维修工单上的维修保养项目，准备作业所需的专业工具。

3）配件准备：根据维修工单上的维修保养项目，准备作业所需的配件，如保养常用件机油滤清器、空气滤清器、空调滤清器等。维修领料单见表 4-7。

4）防护准备：车辆到达工位后，首先需要对车辆安装防护装备。常用防护装备为车内三件套（方向盘套、座椅套、脚垫）、车轮挡块、翼子板布等。

图 4-3　干磨工位

表 4-7　维修领料单

工单号		维修类型		开单日期		发料单号				
车牌号			车主			VIN				
序号	配件名称	配件编码	库位	单位	数量	单价	小计	库存	收费区别	
合计						收费金额				
领料员：			库管员：				日期：			

话术示范

1.（班组长交代维修技师）×××，车间 3 号工位目前处于空闲状态，把车牌号为 ××××的车移到这个工位上。

2.（班组长交代维修技师）×××，车牌号为 ××××的车是预约车辆，把它安排在事先准备好的 3 号工位。

2. 维修作业

维修作业的质量决定整个售后服务，也是影响客户满意度最大的因素。依据车况和客户需求，车间维修作业（见图 4-4）通常从常规保养、机电维修、钣金喷漆、汽车美容这几项中选择部分或全部。

维修作业中如果发现需要新增维修项目,维修技师需要告知服务顾问;服务顾问和客户沟通,经客户授权之后方可进行。

图 4-4 维修作业

话术示范

（维修技师交代服务顾问）小王,维修过程中发现左前大灯不亮是由于灯泡损坏,需要更换。你和客户沟通一下,看是否更换。

3. 服务增项

服务增项是指车辆在维修保养过程中因发现新故障而需要增加的维修项目,或是服务顾问制单完成后,针对客户的需求追加的服务作业。

（1）维修增项

当维修企业提出维修增项时,服务顾问首先要将诊断和发现过程向客户进行详细介绍,在可能的情况下可以向客户现场展示故障或损坏部件。例如,客户本来要求更换后刹车片,拆开后刹车系统时发现油封漏油,则可以让客户现场查看漏油的状况。

由于客户可能对汽车各部件功能不甚了解,所以当维修企业提出维修增项时,客户往往不太重视,认为车辆可以继续行驶,不需要维修。为了确保汽车安全可靠行驶,服务顾问此时应向客户指出保持车辆运行状态良好的重要性,以免以后发生故障或者下次维修时承担更高的维修费用,同时说明在 4S 店进行该项工作的优越性。但是,服务顾问不能强迫客户进行增项维修。维修与否,最终应由客户决定。

若遇不需要立即增项维修的项目,服务顾问应给客户一些积极建议。当客户同意追加维修项目时,服务顾问要将增加的维修费用和使用的零件情况详细告知客户,并要求客户签字确认。

只有签字确认的追加项目才能实施，同时将追加项目更新到派工单中去。如果客户执意不肯增加维修项目，也必须把客户不同意追加的维修项目或者服务登记下来并要求客户签字确认。如果客户已经离开，可以通过电话告知客户。无论客户是否同意，服务顾问都必须记录下来，并备注打电话的时间。

当客户自己追加维修项目时，服务顾问需要将零件的价格向客户讲清楚，同时还要告诉客户，由于追加了项目，维修时间会增加，交车时间也要向后顺延。

（2）追加服务作业

追加服务作业一般称为汽车服务产品的销售（又称为精品销售），常见的汽车服务产品见表4-8。

表4-8　常见的汽车服务产品

产品分类	作用	具体产品
汽车内饰用品	用于车内装饰的装置	坐垫、按摩腰垫、座套、窗帘、车用衣架、方向盘套、方向盘、仪表装饰板、静电贴、挂饰、香水座等
汽车外饰用品	用于车外装饰的装置	晴雨挡、挡泥板、汽车天线、汽车贴纸、外拉手贴件、汽车尾灯框等
汽车电子用品	主要用于对汽车电子系统（汽车电子控制装置和车载汽车电子装置）的改装升级	汽车音响、汽车喇叭、逆变器、汽车氧吧、汽车加湿器、汽车阅读灯、汽车氙气灯等
汽车美容用品	主要用于汽车定期保养及维护使用的产品	车罩、毛巾、抛光蜡、仪表蜡、修复蜡、空气清新剂、汽车真皮护理剂、车内香水、汽车雨刮等
汽车养护用品	主要用于汽车的定期保养及维护使用的产品	机油、除锈剂、空调清洗除臭剂、防冻剂、燃油添加剂、玻璃清洗剂等
汽车改装用品	主要用于汽车外观及性能改装的用品	内饰灯、超炫灯改装、氙气大灯、刹车灯、大灯灯泡、尾灯总成、底盘装饰灯、真皮改装、缓冲器、尾翼、大小包围、前后护杠、行李架、雾灯、天使眼光圈、隔热棉、车身装饰线、中网、密封胶条、前挡贴、外踏板等

话术示范

> ×先生/女士，经过维修技师的检查，发现左前大灯不亮是由于灯泡损坏，需要更换。为了夜间行驶的安全，我建议您在本店更换，材料和工时费为×元，时间为×。您看可以吗？

4. 维修结束

维修结束后，维修技师要及时清理工位，整理工具，所借工具（通常为不常用工具）及时归还，更改维修进度并告知车间主任维修已结束。

此外，维修技师在修理完工后要及时将车内工具及杂物清理干净，非索赔旧件包好后暂存后备厢以备将来客户查验；将车辆内部和外部清理干净（见图4-5），并放在检验区内待检。

图4-5　外观清理

⑦想一想

1. 常规维修保养项目需要用到什么工具？
2. 服务顾问和客户沟通维修增项时，客户有异议，应该怎么办？
3. 维修过程中，客户提出进入车间观看维修过程，应该怎么处理？

_____

_____

_____

常规保养项目一般为更换机油、机油滤清器，涉及工具一般为机油滤清器专用工具、废机油收油器。

客户如果对增项有异议，服务顾问应该告知客户不处理可能带来的隐患，并给出合理的建议。如果客户仍旧拒绝，则告知维修技师不用处理；但是对于涉及安全问题的项目，需要客户签订免责协议，并输入系统进行记录，再通知维修技师不用处理。

服务顾问应阻止客户进入车间并告知客户存在的安全隐患，提供给客户观看的渠道（如监控电子屏幕或者车间外的透明玻璃）；如果客户执意要进车间，则须有专人引领。

4.3.2　任务实施

车辆维修的任务实施流程见表4-9。

表4-9 车辆维修的任务实施流程

行动要领	执行技巧	标准话术
➤ 工位准备	➤ 根据车间作业情况，安排合适空闲的工位；如果是预约客户，且在约定时间到达，则安排在事先准备好的工位上	➤（班组长交代维修技师）×××，车间3号工位目前处于空闲状态，把车牌号为××××的车移到这个工位上。 ➤（班组长交代维修技师）×××，车牌号为××××的车是预约车辆，把它安排在事先准备好的3号工位上。
➤ 工具准备	➤ 维修技师根据维修工单上的维修保养项目，从仓库管理处借用作业所需的专业工具	➤ ×××，车辆发动机维修需要借××××专用工具，这是借工具的单子。你看一下，没什么问题的话，帮我拿一下。
➤ 配件准备	➤ 维修技师根据维修工单上的维修保养项目，填写领料单，并从仓库领取作业所需的配件	➤ ×××，这是我填的领料单。帮我取一下这上面的配件吧，谢谢！
➤ 防护准备	➤ 维修技师在开始作业前，为车辆做保护操作，安装常用防护装备：车内三件套、车轮挡块、翼子板布等 ➤ 如果车辆为新能源电车，维修人员需要做好高压防护	
➤ 记录开始维修	➤ 车间主任或服务顾问更新维修管理看板：已开始维修	
➤ 常规保养	➤ 常规保养一般为更换机油、机油滤清器。操作流程为： 1. 举升车辆到合适位置 2. 油底壳下方放置旧油容器 3. 拆下油底壳放油螺栓 4. 更换新机油滤清器 5. 清洁放油螺栓，安装 6. 降车并加注新机油 7. 启动发动机并举升车辆，检查是否漏油 8. 检查发动机机油量	
➤ 机电维修	➤ 机电维修工作流程一般为： 1. 使用解码仪读取故障码 2. 对照维修手册解读故障码 3. 根据维修手册、故障灯及客户故障描述，进行排查、维修 4. 维修结束后，清除故障代码 ➤ 维修技师如果在维修过程中发现新的故障，则需要告知服务顾问，待服务顾问与客户沟通，且客户授权后方可进行维修	
➤ 钣金喷涂	➤ 钣金喷涂流程一般为： 1. 有明显凹痕或者断裂通过钣金中的校正、整形或者焊接修复 2. 清除旧漆及打磨羽状边缘 3. 喷涂底漆 4. 腻子刮涂 5. 腻子研磨 6. 喷涂中间漆 7. 研磨中间漆 8. 涂抹车身封闭剂 9. 面漆喷涂 10. 烤干	

续表

行动要领	执行技巧	标准话术
➢ 汽车美容	➢ 根据实际情况开始展开，例如： 1. 洗车 2. 车漆养护 3. 内饰清洗 4. 皮革、橡胶养护 5. 皮革桑拿消毒 6. 车底盘安加底盘装甲等	
➢ 服务增项	➢ 维修增项 服务顾问需要了解维修增项信息，并和客户沟通，告知客户增项产生的原因、未处理存在的隐患、处理意见以及增项涉及的时间和费用；客户同意后下达维修工单 ➢ 客户临时增加项目 服务顾问和客户沟通之后，开具维修委托书，下单安排维修	➢ ×先生/女士，经过维修技师的检查，发现左前大灯不亮是由于灯泡损坏，需要更换。为了夜间行驶的安全，我建议您在本店更换，材料和工时费为×元，时间为×。您看可以吗？ ➢ ×先生/女士，您看一下，如果没有什么问题，请在这里签字确认。 ➢ 好的，后续如果还有什么需求，请及时和我联系。
➢ 制作维修工单	➢ 客户授权后，打印维修工单，交给维修技师	
➢ 维修结束	➢ 收拾工位，还原工位	

4.3.3 满意度提升技巧

车辆在车间进行维修，客户处于等待时间，一般不直接参与维修流程。那如何提高客户满意度呢？我们主要通过提高维修质量和维修效率来达到提升客户满意度的目的。

1）维修技师和服务顾问进行单据交接和项目沟通时，一定要确认单据和车辆保持一致。

2）维修技师接到派工单后，必须按照派工单的项目逐一进行维修，避免缺项漏项，如果需要增加维修项目，必须通知服务顾问或者车间主任，服务顾问向客户确认后方可以进行维修作业。

3）维修技师进行维修时，应严格按照企业维修手册及作业指导书进行维修作业，如果遇到技术难题应及时通知技术主管进行确认，避免野蛮操作。

4）维修技师在维修作业时应严格按厂家要求观察产品质量，发现问题及时上报，以便及时地为客户解决问题，提高客户满意度。

5）有效利用维修进度管理看板进行监控管理。服务顾问、维修技师、车间主任都可以通过管理看板，进行适当监督、督促，保证维修进度，提高维修效率。

6）建立完善的竣工检查流程（详细内容见项目5）。

任务小结

车辆维修是整个售后服务工作的重中之重，它的好坏将直接决定客户对企业的满意度。在这一环节中，车辆维修的质量和效率影响着 4S 店的效益。提高维修质量，降低返修率，有助于提高企业效益。此外，对于维修增项部分，服务顾问需要做好准备工作并运用沟通技巧，让客户感受到服务顾问是从客户的角度出发，为客户考虑；客户充分信赖服务顾问，可以成功转化客户（将一般客户转化为忠诚客户），为企业创造收益。

任务 4.4　维修进度沟通技巧

知识目标

1. 能正确绘制出维修进度沟通的流程图；
2. 能正确分析维修进度沟通的各要素；
3. 能根据知识要点，独立完成"想一想"的内容。

技能目标

1. 能根据流程要求，热情规范地向客户汇报维修进度；
2. 能掌握各个维修进度汇报时间段；
3. 能利用沟通技巧向客户汇报维修进度，并照顾客户情绪。

素养目标

1. 能协调好维修技师、客户等各人员之间的沟通工作；
2. 能在角色扮演中，清晰并有逻辑地表达观点和见解，陈述自己的意见。

客户期望

我需要这样一位专业服务人员：

● 我的服务顾问有节奏地向我汇报车辆维修进度；

● 车辆维修过程中出现问题时，可以和我及时沟通，并给出专业建议；

● 维修过程中，我可以随时联系到服务顾问，有什么需求都可以得到满足。

服务流程

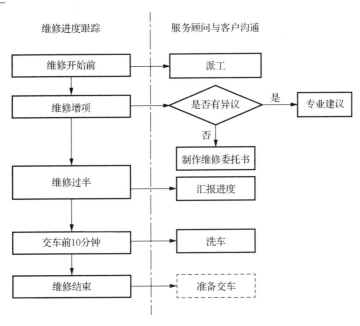

4.4.1 要素解析

1. 维修开始前

车辆开始维修前的工作流程为派工，服务顾问告知客户接下来的工作流程，这样的说明更容易取得客户的信任，让客户放心。

维修车辆派工前，服务顾问需要将客户安排好。如果客户在店等候，服务顾问需要将客户引导到 4S 店的休息区（见图 4-6），并详细介绍休息区的功能分区（吧台、报刊区、吸烟区、休闲区、电影区、健身区、卫生间等）。此外，服务顾问还需要向客户介绍休息区的服务人员，告知客户有需求可以找服务人员。让客户愉快度过等待时间，可以提高客户对服务顾问的满意度，以及对 4S 店整体的满意度。

图 4-6 4S 店客户休息区

如果客户外出办事，服务顾问需要询问客户是否需要代步车，并将代步车使用的合同和要求等相关事项告知客户。如果客户不需要代步车，只是在周围进行休闲活动，服务顾问可以根据客户需求，推荐周边合适的商圈和相应路线，让客户感觉到服务顾问的热情，并愉快地度过车辆维修保养时间。

✿ 话术示范

1.（店内等候）×先生/女士，接下来我带您到休息区。您请看，这是本店的客户休息区，这里有免费的茶水和点心，还有报纸杂志，您也可以通过视频监控看到您的爱车的维修情况。我会随时关注您的爱车的维修进度，有任何情况，我都会在第一时间和您沟通，请您放心！

2.（店内等候）这位是茶水间的小李，在这里您有任何需要都可以叫她。

3.（外出办事）×先生/女士，刚刚给您的名片还在吗？如果有任何需要，您都可以拨打上面的电话和我联系，我会很高兴为您服务。我也会随时关注您爱车的维修进度，有任何情况，我都会及时和您沟通。

4.（外出办事）×先生/女士，本店周边最大的商圈就是××××，里面有电影院、咖啡厅、餐厅、图书馆等。正好您喜欢看书，在××图书馆你可以体会不一样的乐趣。路线有以下几种：公交线路、城市轻轨、地铁。车辆快修好的时候，我会提前和您联系。

2. 维修增项

车辆在维修过程中发现新增维修项目，在维修技师告知服务顾问后，服务顾问需要及时和客户沟通（见图4-7）。服务顾问在和客户沟通的过程中，应尽可能使用简单易懂的话术向客户解释维修增项产生的原因以及给出的解决方案。如果客户同意授权维修，服务顾问需要制作维修工单，进行派工；如果客户存在异议或不同意维修，服务顾问则需要告诉客户可能存在的隐患；如果客户仍不同意，不涉及重大安全方面的，服务顾问需要提醒客户在以后的行车中注意，涉及重大安全方面的，则需要和客户签订免责条款。

维修增项

图4-7　维修增项沟通

出现维修增项时，如果客户不在店，服务顾问需要电话联系，并且告知客户此次通话已被录音。

话术示范

> 1. ×先生/女士，您的爱车打不着火的情况经过维修技师诊断是因为火花塞的寿命已到极限，更换火花塞材料和工时费为×元，时间为×。您看可以吗？
>
> 2. ×先生/女士，推荐您做燃油系统清洗是因为车辆使用燃油的成分中不可避免含有硫、胶质、蜡质及其他杂质等，再加上空气中的尘埃，燃烧后产生不可避免的积炭。此外，您刚刚提到车辆经常行驶在市区，车辆频繁地启、停，发动机的温度普遍偏低，会产生更多的积炭。这些物质积聚在喷油嘴和点火器周围，将造成发动机动力下降、启动困难、油耗升高等现象。
>
> 3. ×先生/女士，是这样的：空调清洗剂中的有效成分通过压力喷射清除尘土和其他杂质，还能杀灭空调系统中的细菌，确保输送的空气新鲜无异味；并且清洗剂具有良好的挥发性能，完成操作后，打开空调系统吹扫5～10秒即可。

3. 维修过半

车辆在维修车间进行维修，距预计交车时间还有一半时间时，服务顾问需要跟进维修进度（见图4-8）。这时服务顾问一方面需要根据工时、车间维修现状督促维修技师，另一方面需要和客户沟通。因为维修过半在整个维修过程中是一个很重要的时间节点，服务顾问在此时和客户进行交流，可以从侧面告知客户自己一直在关注车辆维修过程，跟进维修进度，而且客户受到来自服务顾问的关怀，不被冷落，可以提高其满意度。

如果客户很忙或是外出办事，服务顾问可以短信通知客户，避免打扰到客户。

图4-8 跟进维修进度

话术示范

> ×先生/女士，现在车辆维修作业已经过半。请您放心，车辆会在预计交车时间进行交车，请您根据自己的情况合理安排时间。

汽车售后服务（含工作页）

4. 交车前10分钟

服务顾问需要在预计交车前 20 分钟再次进入车间跟踪维修进度，并和维修技师进行沟通，而且保证在交车前 10 分钟和客户取得联系，告知客户距离交车时间还有 10 分钟，让客户有所准备。如果车辆有洗车需求，服务顾问需要告诉客户，车辆正在进行外观清洗。这样可以让客户感觉到服务顾问一直在密切关注自己车辆的维修进度，并且对自己也很热情、很关心，从而进一步提高客户满意度。

话术示范

1. ×先生/女士，您的车辆维修作业马上接近尾声，预计离交车时间还有 10 分钟，请您做好接车准备。

2. ×先生/女士，预计离交车时间还有 10 分钟，车辆现在正处于洗车阶段，请您稍等，稍后我们就可以交车了。

5. 维修结束

服务顾问在确认维修车辆所有项目已完成时，需要对车辆进行检查，及时和客户进行沟通，并告知客户维修已经结束且车辆在预计交车时间内完成维修作业，以进一步提升客户对4S 店专业性做事的认知，加深对此次服务的好感。

话术示范

×先生/女士，您爱车的维修保养作业所有项目都已经完成，交车时间和预估时间一样。我们的团队都是十分专业的。下次您爱车需要做有关维修保养的项目，可以直接和我联系。接下来我带您去看车。

想一想

1. 为什么客户在外办事，确认维修增项时要进行电话录音？
2. 出现维修增项后，当客户不同意时，为什么涉及安全项目需要签免责条款？

维修增项需要客户授权方可进行。当客户外出等候时，我们仍需要和客户联系，并通过电话录音，作为客户授权与否的凭证，避免后期纠纷产生。电话录音还可以保护服务顾问、保障汽车维修企业的权益。

118

在行车过程中，最重要的就是安全，汽车维修企业需要尽到提醒义务并履行在客户授权条件下进行维修的责任。

4.4.2　任务实施

维修进度沟通的任务实施流程见表 4-10。

表 4-10　维修进度沟通的任务实施流程

行动要领	执行技巧	标准话术
➢ 维修前沟通	➢ 安排客户，介绍休息区功能或者周边环境 ➢ 派工	➢（店内等候）×先生/女士，接下来我带您到休息区。您请看，这是本店的客户休息区，这里有免费的茶水和点心，还有报纸杂志，您也可以通过视频监控看到您的爱车的维修情况。我也会随时关注您的爱车的维修进度，有任何情况，我都会在第一时间和您沟通。请您放心！ ➢（店内等候）这位是茶水间的小李，在这里您有任何需要都可以叫她。 ➢（外出办事）×先生/女士，刚刚给您的名片还在吗？如果有任何需要，您都可以拨打上面的电话和我联系，我会很高兴为您服务。我会随时关注您的爱车的维修进度，有任何情况，我都会及时和您沟通。 ➢（外出办事）×先生/女士，本店周边最大的商圈就是××××，里面有电影院、咖啡厅、餐厅、图书馆等。正好您喜欢看书，在××图书馆您可以体会到不一样的乐趣。路线有以下几种：……。车辆快修好时，我会提前和您联系。
➢ 维修增项沟通	➢ 与维修技师沟通，了解相关内容 ➢ 和客户沟通面谈或者电话交流	➢ ×先生/女士，关于您的爱车打不着火的情况经过维修技师诊断，是因为火花塞的寿命已到极限，更换火花塞材料和工时费为×元，时间为×，您看可以吗？ ➢ ×先生/女士，经过维修技师的检测，您的爱车的刹车片厚度已低于标准值，如果您不更换，后期使用中会存在制动力减弱或刹车失灵等隐患。为了您的行车安全，小李这边建议您进行更换。 ➢ 您好，×先生/女士，我是您的爱车的服务顾问小李。刚刚维修过程中维修技师诊断出车打不着火的原因，我需要和您确认是否维修。此次通话是有录音的，请您知晓。
➢ 维修过半	➢ 服务顾问去维修车间跟进维修进度 ➢ 服务顾问去休息区告知客户或编辑短信告知客户	➢ ×先生/女士，现在车辆维修作业已经过半。请您放心，车辆会在预计交车时间进行交车，请您根据自己的情况合理安排时间。 ➢（短信）×先生/女士，您好，现在车辆维修作业已经过半。请您放心，车辆会在预计交车时间进行交车，请您根据自己的情况合理安排时间，在预计交车时间回到本店。若有特殊情况，可以随时和我联系，这个号码就可以联系到我。××4S店××
➢ 交车前 10 分钟	➢ 服务顾问确认车辆现在状况 ➢ 服务顾问告知客户正在洗车	➢ ×先生/女士，您的车辆维修作业马上接近尾声，预计离交车时间还有 10 分钟，请您做好接车准备。 ➢ ×先生/女士，预计离交车时间还有 10 分钟，车辆现在正在清洗，请您稍等，稍后我们就可以交车了。
➢ 维修结束	➢ 服务顾问确保维修作业项目完成 ➢ 服务顾问告知客户所有项目均已完成，且在预估时间内交车，为下次做准备	➢ ×先生/女士，您的爱车的维修保养作业所有项目都已经完成，交车时间和预估中一样。我们的团队都是十分专业的。下次您再来为您的爱车做有关维修保养的项目，可以直接和我联系。接下来我带您去看车。

4.4.3 满意度提升技巧

服务顾问需要随时查看维修进度，并在合适时间和客户进行沟通，向客户汇报维修进度。在汇报过程中，服务顾问需要运用沟通技巧和客户进行交流，这样可以极大地提升客户对4S店服务的满意度。

1）维修前，服务顾问需要安排好客户在等待时间的活动内容或者保证客户自己有事可做，让客户在愉悦或者忙碌中度过维修等待这段时间，进而认为4S店维修保养车辆的时间比较短、效率高。

2）出现维修增项时，服务顾问需要了解与故障相关的原因、配件的备货情况以及不维修可能存在的隐患等。在做好充分准备之后，服务顾问需要本着为客户安全着想的原则，给客户提出专业意见，让客户感到自己的真心。

3）维修结束时，强调所有项目已完成，且在预估时间交车，让客户满意。

4）整个流程中要用通俗易懂的话，通过肢体语言和表情拉近与客户之间的距离。

任务小结

维修进度跟踪是服务顾问掌握车辆维修进度和向客户汇报非常重要的前提。在每个阶段和客户进行沟通时，沟通技巧都十分重要。良好的沟通技巧，可以让客户在愉快中度过维修等待时间；在出现异议时，降低客户疑虑，进而提高客户对服务顾问和汽车维修企业的满意度。因此我们必须提高和客户沟通的技巧。

项目 5 维修质检与内部交车

本项目探讨的是维修结束后如何通过质检技术员对维修车辆的检验来保证维修质量。做好维修质检工作才能防止将维修未合格的汽车交付给客户，否则可能会引起投诉和返工。出色的质检工作能显著增加客户满意度、维护4S店售后服务的信誉并保证交付车辆处于良好状态。

知识目标

1. 能正确绘制出质检环节各子任务作业的流程图；
2. 能叙述质检环节各子任务的工作要素；
3. 识读各项汽车维修技术合格标准；
4. 了解汽车日常维护、一级维护和二级维护之间的差异。

技能目标

1. 能根据流程要求，将整个汽车质检流程细分为具体工作项目；
2. 为质检各工作项目指定执行人员；
3. 小组间进行角色轮换，叙述各质检项目的注意事项；
4. 能编制二级维护竣工检验表；
5. 能对返修车辆的维修原因进行大致分析；
6. 能根据流程要求，全面细致地检查汽车的清洁情况；
7. 能准备好各种单据和交车前的注意事项；
8. 能与客户沟通确定交车时间。

任务 5.1　质检与交车准备

知识目标

1. 能正确绘制出质检作业的流程图；
2. 能叙述内部交车流程的各要素；
3. 能根据内部交车环节各流程做知识解析。

技能目标

1. 能根据流程要求，将整个汽车质检流程细分为具体工作项目；
2. 能为质检各工作项目指定执行人员；
3. 小组间进行角色轮换，能叙述各质检项目的注意事项。

素养目标

1. 通过角色互换培养小组协作精神；
2. 对维修技师、车间主任、服务顾问等职位有角色认知。

客户期望

我需要这样一位专业服务人员：

* 三级检验为我把关汽车维修质量；
* 4S店对质检的每个环节都做到一丝不苟；
* 车间主任、维修技师、服务顾问能够通力合作，保证我顺利提车。

服务流程

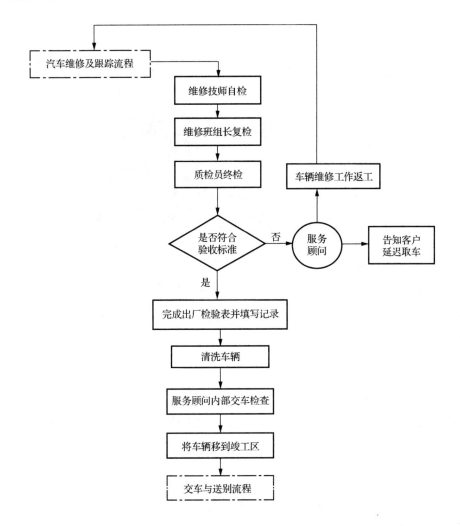

汽车维修企业必须严格执行国家和当地维修行业主管部门制定的相关汽车维修质量管理制度和法规,建立健全企业内部相关的质量管理制度,并在维修作业过程中认真遵守和执行。

汽车维修质量检验,是在汽车维修生产全过程中具体实施汽车维修质量控制的一项技术工作。它要求从事此项工作的人员有很强的责任心和良好的职业道德,同时必须具备一定的理论知识和专业素质。面对汽车发展过程中不断出现的高新技术,汽车维修企业要有能力利用必要的专用仪器、设备,采用先进的测试方法,检测汽车有关性能参数,并综合分析测试结果,评定汽车维修后的技术状况,确定其是否符合规定的竣工出厂技术条件的要求。

5.1.1 要素解析

1. 维修技师自检（一级检查）

1）车辆维修完成后，须根据各项维修的作业内容进行各项检查工作。

2）查看客户要求的各项服务内容是否完成，尤其应该认真细致地检查维修工作（见图5-1），检查是否存在问题。如果发现还存在问题，须及时解决。

图 5-1　维修技师检查维修工作

3）若有问题且影响到客户的维修项目及费用或交车时间，必须及时反馈给服务顾问，以便服务顾问及时向客户汇报。

4）对于大修车辆，维修技师须同车间主任/质检员进行过程检验，检测发动机主要装配数据，并填写发动机大修检验单中的相关内容。

5）自检合格之后在维修委托书上签字确认，把检查完成事项填入管理进度看板，并与下一步质检的班组组长进行车辆交接，还需要将竣工单、更换的配件、钥匙等交予该班组组长。

2. 维修班组长的复检（二级检查）

1）按照规定必须对所完成的各个维修项目进行复检确认、更换配件的确认等，确保做到无漏项、无错项。

2）对接车问诊表上客户反馈的问题进行确认，做到检查有结果、调整有记录。

3）对于重要修理及安全性能方面的修理、返修等应优先检验，认真细致，确保维修质量。

4）对车辆进行运转试车，确认维修项目无四漏（漏油、漏电、漏气、漏水）现象发生，确保维修项目符合技术标准。

5）对于转向系统、制动系统、总成部件的维修，应在维修委托书上醒目注明注意事项。

6）当发现有问题时，必须及时采取相应措施进行纠正。

维修检验

7）质检结果须反馈给维修技师，并总结维修经验教训，为以后的维修作业提供借鉴，以提高维修技师的技术水平，避免再次出现同样的问题。

8）检验合格后，在维修委托书上签字，并与车间主任、质检员进行质检工作交接。

3. 质检员终检（三级检查）

1）依据维修委托书上的项目进行逐项验收，并核实有无漏项。

2）对轮胎螺钉的紧固进行抽查。

3）检查维修部位有无"四漏"现象。

4）对于有关安全方面的维修项目，车间主任/质检员必须进行路试检测。

5）依据接车间诊表的记录，对车辆进行有无检修过程中人为损坏的检查。

6）检验维修项目是否符合相关的技术标准。

7）对于检测不合格的项目，车间主任/质检员开具维修作业返修单，交维修班组长重新检查和维修，直至符合技术标准。

8）对完工车辆的清洁状况进行检查。

9）做好最终检验记录，并在维修工单和委托书上签字确认。

10）将维修委托书、工单和车钥匙交给服务顾问，交代相关事宜（如已更换旧件的存放位置），告知服务顾问车辆已修好，可安排交车。

4. 清洗车辆

1）终检合格后，服务顾问将钥匙交给洗车人员，请洗车人员对车辆进行清洗。

2）洗车人员洗车完毕后，车间调度员通知服务顾问，并将完工车辆、车钥匙和行驶证等一起移交给服务顾问。

5. 最后确认

1）车间主任或质检员将维修合格的车辆移交给服务顾问时，服务顾问还应对车辆的维修项目、更换的配件、旧件进行检查，确保任务的全面完成。

2）服务顾问对车辆进行交车前的检查（见图 5-2），对车辆的内外部清洗情况、车辆外观状况、下次保养和车辆在使用过程中的注意事项提醒小贴士（见图 5-3）等进行确认。

图 5-2　服务顾问检查车辆

本次保养时间：＿＿＿＿年＿＿＿＿月＿＿＿＿日

本次保养里程：＿＿＿＿＿＿＿＿＿＿＿＿公里

建议下次保养里程：＿＿＿＿＿＿＿＿＿＿公里

图 5-3　保养提示贴

❓ 想一想

假如客户的车辆是出厂后的返修车辆，该如何对待？请说出不同岗位工作人员的应对策略。

＿＿＿＿＿＿＿＿＿＿＿＿＿＿＿＿＿＿＿＿＿＿＿＿＿＿＿＿＿＿＿＿＿＿

＿＿＿＿＿＿＿＿＿＿＿＿＿＿＿＿＿＿＿＿＿＿＿＿＿＿＿＿＿＿＿＿＿＿

＿＿＿＿＿＿＿＿＿＿＿＿＿＿＿＿＿＿＿＿＿＿＿＿＿＿＿＿＿＿＿＿＿＿

如果客户送过来的是返修车辆，则应注意以下几点。

◎ 对厂外返修车辆，服务顾问、车间主任/质检员应以积极的态度对待，第一时间安抚客户，将客户的不满及损失降到最低。

◎ 车间主任、班组长同时会同相关人员第一时间对发生的问题进行分析，以最短的时间、最合理的方案完成返修任务。

◎ 车间主任/质检员会同相关人员对车辆做故障检测和诊断，确认返修车辆出现的问题是何种原因造成的。如果属于人为因素，服务顾问开具维修委托书及维修作业返修单，并将接车问诊表一同交车间进行作业；若属于更换配件及附件原因的，则对问题配件进行质量鉴定，出具质量问题报告，待有关索赔人员向厂家进行相关的索赔流程。

此外，对发生的返修现象，车间主任及班组长应认真分析产生返修的具体原因，制定相关的预防措施并组织全体员工实施，将汇总、分析、改进落实情况上报给服务经理。对返修作业做到"三不放过"，即原因不查清不放过、不教育到人不放过、防范措施不到位不放过。

🔧 知识链接

各项维修结束后，须向客户说明汽车维修质保期，以消除客户用车疑虑。

小修保修期：出厂后 10 天或行驶里程为 2000 公里，两者以先到者为准。

二级维护保修期：出厂后 30 天或行驶里程为 5000 公里，两者以先到者为准。

大修保修期：出厂后 100 天或行驶里程为 20000 公里，两者以先到者为准。

练一练

维修服务完毕后，维修技师、班组长、质检员需要对汽车进行三级质检，请你设计一张 4S 店售后验车单。

表单示范见表 5-1。

表 5-1　综合维修项目质量检查表

车牌号码		维修委托书号		判定			
作业类型	属性	检查项目		维修技师	班组长	质检员	备注
保养	发动机舱	发动机机油液位					
		发动机冷却液液位					
		转向助力油液位					
		制动液液位					
		玻璃清洗液液位					
		线束、油管是否有干涉、破损、渗漏					
		发动机运转是否正常					
	电器系统	近光灯、远光灯、雾灯、转向灯、危险报警灯、刹车灯、倒车灯、高位制动灯、后备厢灯、日间行车灯、室内灯、仪表灯、门灯是否正常点亮					
		音响系统工作是否正常					
		空调（暖风）系统工作是否正常					
		蓄电池电压是否正常，正、负极柱是否连接紧固、无腐蚀					
		四门及两盖锁工作是否正常					
		四门电动车窗（含天窗）工作是否正常					
		喇叭工作是否正常					
		雨刮器工作是否正常					
		仪表内置保养里程是否重新设置					

续表

作业类型	属性	检查项目	维修技师	班组长	质检员	备注
保养	底盘车身系统	制动系统（含驻车制动系统）工作是否正常				
		转向系统工作是否正常				
		变速箱工作是否正常				
故障	故障系统	试车检查故障是否排除、车辆故障系统功能是否恢复正常				
事故	钣金	确认焊接质量，焊点分布均匀，无开焊、漏焊，无焊渣残留				
		外装件安装没有松动、间隙、歪斜等				
		安装后的外观整洁美观				
		板件间隙合理、无偏差				
		发动机盖、翼子板、车门等部件的装配和其他板件无干涉				
	喷漆	喷漆表面无严重瑕疵				
		遮蔽良好				
		没有明显砂纸痕				
	抛光	拆除所有遮蔽纸和胶带				
		清理车内外杂物和施工残留				
		检查确认缺陷已经消除				
		检查无流挂、尘点、漆雾、纹理粗糙				
		检查无轻度砂纸痕和抛光痕				
保养、故障、事故项目确认（依据接车问诊表和维修委托书）		确认单据有工作人员签字				
		确认工单要求的项目无遗漏				
		确认工单的项目全部正确完成				
		确认螺栓按力矩要求紧固好				
		确认一次性部件全部更换完				
		确认相应附件全部安装完好				
		确认车内无零件、工具等遗漏				
路试检查（必要时进行）		直线行驶性能是否正常				
		是否有异常噪声				
		动力与传动性能是否正常				
		制动、转向性能是否正常				

维修技师：   班组长：

质检员：

注：按照项目进行检查，若为合格项目则相应"备注"栏空白，若为不合格项目则在相应"备注"栏中打"×"，并进行说明。

5.1.2 任务实施

质检与交车的任务实施流程见表 5-2。

表 5-2 质检与交车的任务实施流程

工作项目	质检员实施要点
维修项目检查	审核维修委托书的工作 确保所有委托书内要求的工作已全部完成
复核质检	对维修技师自检完毕的车辆对照检验合格标准进行质量检验 使用正式表格记录检验情况
路试	单独进行必要的路试 若有必要，则和维修技师一同进行路试 发现静态条件下无法发现的故障则记录下来
处理不合格问题	对检验不合格的维修按照返修要求进行处理 返修汽车保持优先级别再次进厂处理 对检验过程中发现的问题进行评估，告知服务顾问，由服务顾问与客户协商
单据移交	发现的任何问题都要记录在委托书上 收集各种维修单据，递交服务顾问
内部交车	和服务顾问进行内部交车 与服务顾问保持良好沟通

任务小结

质量是品牌和经销商的生命；质量关系到每个员工的个人发展，也关系到经销商的品牌形象，是一切工作的基础。服务顾问把一辆维修保养合格的车交给客户是让客户满意的必要条件。经销商万分之一的失误，会造成客户 100%的损失，所以必须关注每一次的维修合格率。

为了确保在交付时能兑现我们对客户的质量承诺，我们应该在交付前对竣工车辆进行严格的检查，掌握客户车辆的详细维修细节和车辆状态，确保客户满意。

任务 5.2 执行维修车辆验收标准

知识目标

1. 能识读各项汽车维修技术合格标准；
2. 能说出汽车日常维护、一级维护和二级维护之间的差异。

技能目标

1. 能根据汽车维修内容，有针对性地查找对应技术标准；
2. 能编制一份二级维护竣工检验表；
3. 能对返修车辆的维修原因进行大致分析。

素养目标

1. 培养认真严谨的工作作风；
2. 初步养成对车辆性能进行检测的习惯；
3. 初步形成对汽车技术进行鉴定的意识。

客户期望

我需要这样一位专业服务人员：

- 为我严格把关汽车维修质量；
- 汽车出厂后已修复的问题不会再次出现；
- 严格按照检验标准来验收我的汽车。

服务流程

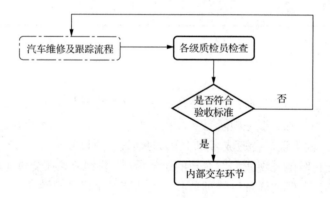

5.2.1 要素解析

4S 店在维修完车辆后须进行维修竣工检验，这项操作一般在内部交车检查前进行。维修竣工检验其实是对汽车维修质量的最后把关，须由有汽车维修质量检测资格的人员进行操作。

服务顾问如果有汽车维修检验资格，并有足够的能力承担此项任务，则可以对维修质量进行把关。

在这项操作中，维修质检人员需要对照汽车维修技术标准（见表 5-3），逐项并全面地检查汽车，测试有关性能参数，检验合格后签发检验合格单，并交付给准备向客户交车的服务顾问。

假如维修出厂后汽车仍然发生故障或损坏，则应由 4S 店质检员或维修技师承担相应责任。

表 5-3 汽车各系统维修检验合格标准

序号	作业类型	竣工检验出厂标准
1	发动机更换、发动机更换活塞及活塞环、发动机大修、发动机中修	1）发动机各部连接螺栓、螺母安装扭矩符合原厂规定。 2）各油管、真空管、水管安装正确。 3）各传感器安装扭矩符合规定，线束连接牢固不漏电。 4）传动皮带、正时皮带张紧度符合原厂规定。排气管接口安装牢固。 5）空气滤清器、机油滤清器、燃油滤清器效能良好，无阻塞及短路现象，安装牢固，密封可靠，无渗漏现象。 6）加速灵敏、不突爆、不回火，怠速工况运行平稳，转速符合原厂规定。各工况工作正常，过渡平顺。 7）点火正时、气缸压力、机油压力符合原厂规定。 8）尾气排放符合国家标准要求。 9）在走合期之内（1500 公里）允许排气管有不明显的冒蓝烟。 10）电控发动机控制系统修理后清除故障码，且电控系统工作正常
2	机动车保养、小修作业	1）检查维修过程和检查结束后，必须擦拭清洁各部件表面。 2）更换的配件必须按工艺安装，且正常可靠。 3）校正怠速转速、点火正时、尾气排放必须使用专用设备或仪器。 4）车辆发动机状况、仪表状况检查，必须符合原厂规定。 5）车辆发动机舱盖、后行李箱盖、车门铰链、锁、限位器等部位使用润滑剂润滑。 6）车辆底盘各部件必须符合原厂规定，检查各部连接，确保有效可靠。例如，制动踏板必须检查自由行程、助力效能；手制动必须检查拉紧齿数和制动效能。轮胎压力、花纹按标准检查等。 7）电控发动机控制系统修理后清除故障码，且电控系统工作正常。 8）检查完成后要进行恢复清洁作业
3	制动系统检修	1）制动液液面在上下标准范围之内，液压管无渗漏。 2）制动踏板响应性正常，能完全踩下，无异常噪声，无过度松动。制动踏板下沉正常，真空气密性正常。 3）制动踏板高度、自由行程、行程余量符合原厂标准。制动协调时间不得大于 0）3 秒，制动完成释放时间不得大于 0）8 秒。 4）必要时进行路试，在平坦干燥的柏油路面上：空挡、车速 30 公里/时踩紧急制动，刹车距离不超过 6）2 米，轮迹偏离不超过轮胎面宽；40～60 公里/时轻踩制动，车辆应不出现偏驶现象。 5）在制动试验台上测试制动力，空载时应占整车质量的 60%以上，满载时应占 50%以上，且前轴左、右轮制动力差不得大于 5%，后轴左、右轮制动力差不得大于 8%。 6）带 ABS 系统的车辆维修后，ABS 系统装配良好、牢固，其性能符合原设计规定；故障排除后清除故障码。ABS 系统失效时，其制动效能应达到规定要求。 7）驻车制动有效拉紧行程为 2～3 齿，在平坦道路上用二挡起步，拉紧驻车制动器操纵杆，发动机应有熄灭现象。汽车空载正反两方向在坡度20%的干燥坡道上，使用驻车制动应保持 5 分钟以上固定不动。采用制动试验台试验，在空载情况下，其制动力总和不得小于该车总质量的 20%。 说明：制动系统一般采用路试，特殊情况需要上制动试验台的车辆，测试数据要附在维修委托书后

续表

序号	作业类型	竣工检验出厂标准
4	转向系统检修	1）方向盘在中间位置，方向盘自由行程符合标准。 2）转向系统操作轻便、转动灵活，无沉重感。 3）转向机构安装正常，防尘套、锁销正常，转向拉杆球头无间隙。转向助力泵、液压管路无渗漏。最大转向角时轮胎侧面不与地面接触、不得与其他部件有干涉现象。 4）发动机运行，车轮回正时，动力转向液在上下标准线之间。 5）修理或更换转向机、转向拉杆、下控制臂、球头、转向柱、万向节或对前悬挂系统进行了修理或更换部件，必须对车轮定位做调整。检测仪测试，前轮侧滑不超过±5米/公里。 6）行驶中车轮转向后能自动回正，保持车辆直线行驶。 7）转向系统大修，车轮定位应符合原厂规定
5	传动系统检修	1）离合器接合平稳、分离彻底、不打滑、不抖动、无异响。 2）离合器踏板行程要求符合原厂规定，且操纵灵活无卡滞。离合器分泵、总泵、液压管路无渗漏。 3）离合器操纵机构连接有效可靠，操纵灵活无卡滞，与其他部件工作时无运动干涉。 4）变速器换挡机构操作灵活、无异响。行驶中不掉挡、不乱挡、无异响。 5）变速器、油管、散热器无渗漏。 6）手动变速器油、自动变速器ATF油面符合原厂标准。 7）自动变速器行驶中升挡、降挡正常，无异响
6	电器系统检修	1）仪表充电指示灯正常。发电机线路无破损、固定及连接牢固可靠，皮带张紧度符合原厂规定。 2）发电机转动无异响，充电电压符合原厂规定。 3）线路无破损，连接及固定牢固可靠。接线柱连接可靠、接触良好，无发热。电磁开关动作正常，无不吸合现象。 4）起动机转动无异响，离合正常，无卡滞、空转现象。 5）各外部指示灯安装牢固、线束无破损，插头良好。各灯光齐全有效。各仪表灯齐全有效。 6）电器设备检查维修时，不得自行断开线路或跨接线路，不得自行更换大负荷保险或用铜丝代替。 7）维修、更换过的电路部分必须达到原厂规定的电压、电阻、电流。 8）维修过程中必须用专用设备对电路进行测量，不得自行用自制的测试工具，以免损坏电路。严禁对发动机或搭铁处进行试火。 9）局部线束更换必须按原厂装配格局进行走线安装。维修局部线束时不得因维修造成对其他电路干涉，不得自行接替代线。 10）全车线束必须按原厂装配格局进行走线安装。更换过后必须固定线束，不得有线束裸露及过长、过短现象，以免造成线束折断或磨破搭铁。 11）更换全车线束时不得自行更改线束或线束接头，不允许跨接线路，以免造成起火及线路损坏
7	车身维修	1）车身各板件无损伤、断裂或严重锈蚀。 2）板件间隙标准。修复表面平整，外形曲面过渡均匀，无裂损。 3）铆钉平滑、紧固、排列整齐。焊接表面高低一致，宽度均匀。 4）内部饰件外观顺贴合，无凹凸，分段接口处平齐。 5）对所有经过火烤、焊接、切割的部件及车身外部底板都进行防锈、防腐蚀处理。 6）修复后车身及附件外形尺寸符合原厂规定。 7）汽车喷漆表面平滑光亮，色泽均匀，色调协调，边界整齐。无明显气泡、流痕、皱纹、漏漆。不需要喷漆的部分不应有漆痕

想一想

除了车辆维修之外，还有汽车维护。什么是汽车的定期维护？它分为哪几种？

_____

_____

_____

除了维修之外，还有汽车常规维护和定期维护，它们都是专营店售后服务部重要的业务类型。

知识链接

1. 汽车维护

汽车维护是指为恢复汽车完好技术状况或工作能力而进行的技术作业，其作业内容主要包括以下两类。

1）清洁、补给、润滑、紧固、检查、调整以及发现和消除汽车运行故障和隐患等。

2）使汽车始终保持良好的技术状况，保证安全生产、降低运行消耗，充分发挥汽车的运输效能，延长汽车使用寿命。

2. 汽车定期维护

汽车定期维护是按技术文件规定的运行间隔期限实施的汽车维护，在整个汽车寿命期内按规定的周期循环进行。我国已经引进了国外的"环保检查／维护制度"（即I／M制）。

汽车定期维护包括以下三类。

1）日常维护。每日由驾驶员出车前、行车中或收车后进行，作业中心内容是清洁、补给和安全检查等。

2）一级维护。由专业维修工在维修车间或维修厂内进行，间隔里程一般为 1000～2000 公里，作业中心内容除日常维护作业内容外，以检查、润滑、紧固为主，并检查有关制动、转向等安全系统的部件。

3）二级维护。由专业维修工在维修车间或专业维修厂内进行，间隔里程一般为10000～15000 公里，作业中心内容除一级维护作业内容外，以检查、调整为主，并拆检轮胎，进行轮胎换位。

练一练

请你设计一个二级维护的竣工检验表。

表单示范见表 5-4。

表 5-4　机动车二级维护竣工检验表

托修方：_____　　　　机动车牌照：_____

接待日期：_____年_____月_____日　　　　作业技术员：_____

竣工出厂合格证号：_____　　　　竣工检验员：_____

序号	竣工检验项目	竣工检验技术要求	检验结果	备注
1	清洁	汽车车身表面、各总成外部表面、车辆内部清洁；各作业部件应开展作业过程和结果清洁		
2	紧固	汽车各总成外部紧固螺栓、螺母按规定扭矩拧紧，各锁销安装可靠		
3	润滑	发动机、变速器、转向器、驱动桥润滑油适量。各车门铰链、防尘套、轴承润滑适当		
4	密封	汽车各部件油、水、气密封良好，不漏电		
5	发动机	发动机各油液正常，运行正常，无异常现象		
6	变速器、离合器	离合器操作正常，离合器液、变速油正常，换挡可靠、稳定		
7	制动器	制动液液位正常，制动踏板高度、自由行程符合规定，制动片、制动盘正常。制动助力正常，ABS 工作正常		
8	转向系统	方向盘安装正常、转向灵活可靠。自由行程符合规定。转向助力可靠		
9	行驶系统	传动系统安装正常，车轮、胎压符合原厂规定		
10	灯光、仪表、信号	汽车外部灯光、内部灯光、各相关仪表警告灯、信号指示灯工作正常		
11	汽车电器	汽车各相关电器系统运行正常		
12	汽车尾气检测	汽车尾气检测符合国家标准		
13	车轮动平衡	相关参数符合国家标准		
14	四轮定位检测	相关参数符合国家标准		
15	车辆路试	发动机运转平稳、加速良好、换挡平顺、分离彻底，无打滑、振抖、异响现象。转向灵活、操作轻便、制动可靠		
检验结论		承修单位（盖章）： 年　月　日		
总质量检验员（签字）：			年　月　日	
托修方接车人（签字）：			年　月　日	

注：本表一式三份，承修方、托修方、车辆维修管理部门各一份。所有检测均须符合有关标准并作为检验结果的评判依据。

练一练

出厂技术检验时发现一位客户的汽车冷却液水泵存在损坏情况，可能导致冷却系统停止工作，继而使发动机停止工作。然而客户却因为价格问题不同意更换水泵，我们在检验单"备注"栏上该如何填写？

检 验 单

备注：

当检验发现不符合出厂技术条件，而用户不同意更换或维修时，必须在维修委托书上注明，并在交车时请客户签字确认，以免日后产生维权纠纷。

想一想

出厂技术检验时发现汽车的维修质量未过关，该如何处置？

_____

_____

_____

对不符合以上出厂技术标准的，应由质检员认定为维修不合格，并责令维修技师进行内部返修，由质检员登记在内部返修记录中，每月汇总并进行统计分析。

5.2.2 任务实施

执行车辆验收的任务实施流程见表 5-5。

表 5-5 执行车辆验收的任务实施流程

工作项目	维修技师实施要点
保持记录	对照质检标准，将每次检查工作细节和检查的结果记录在案
	维修技师对维修委托书中不正常项目的框要打"×"，并在具体内容上画"○"（画圈）或用文字注明
	维修技师在维修委托书上签名确认
仔细确认	维修技师根据维修委托书确认全部项目已经完成，故障已经消除
	对于委托书上客户要求解决的问题，仔细检查确认

续表

工作项目	维修技师实施要点
遗留物品检查	确认车内和发动机舱内无遗留物品
旧件处理	整理旧件并打包放在与客户约定的位置上
请示上级	请维修主管或技术总监检查所有维修项目是否都完成
	经检验合格并请维修主管签字确认
返工确认	将返工内容记录在返工通知单上（请技术总监签字）

任务小结

　　维修质量检验人员只有熟悉汽车的各项技术状况，才能做好汽车维修后的检测工作，这是汽车 4S 店维修工作顺利完成的关键，是交车前对客户汽车维修质量的把关。因此，检验工作完成质量的高低关系到客户对 4S 店维修技术的信任，以及客户对 4S 店的信心。

任务 5.3　内部交车检查

知识目标

1. 能正确绘制出内部交车检查的流程图；
2. 能叙述内部交车检查流程的各要素；
3. 能根据内部交车检查环节各流程做知识解析。

技能目标

1. 能根据流程要求，全面细致地检查汽车清洁情况；
2. 能向店内技术人员了解维修情况和故障原因；
3. 能准备好各种单据和交车前注意事项；
4. 能与客户沟通确定交车时间。

素养目标

1. 养成认真检查、不留死角的工作作风；
2. 表现出细致的服务态度和专业的工匠精神；
3. 培养主动与同事交流、积极与同事配合的工作态度。

客户期望

我需要这样一位专业服务人员：
- 使用我要求的联系方式通知我；
- 可以取车的时候应提前通知我；
- 为我将旧件擦拭整理好；
- 将我的车里外清洗干净。

服务流程

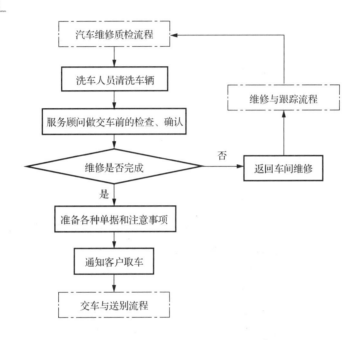

5.3.1 要素解析

1. 服务顾问做交车前的检查、确认

（1）洗车情况检查

总质检完成后，终检人员将钥匙交给洗车人员，请洗车人员对车辆进行清洗。洗车人员洗车完毕后，车间调度员通知服务顾问，并将完工车辆、车钥匙和行驶证一同移交给服务顾问。

在取得完工车辆后，服务顾问要先对车辆的清洁情况做一个全方位的检查。4S 店的洗车人员一般是将车辆外观打理一下，车辆内部还需要服务顾问排查（见图 5-4），对一些内部细节做进一步清洁。

图 5-4　服务顾问检查汽车内部

🔧 练一练

服务顾问在检查洗车情况时，如果发现风挡玻璃上有灰尘、汽车内侧玻璃有污迹，应该如何处理？请你试着操作一下。

_____

_____

_____

清洁风挡玻璃的操作要领如下。

1）用湿仿鹿皮巾（车内专用）将玻璃上的灰尘擦净，再用干仿鹿皮巾（车内专用）抹干水汽（见图 5-5），注意各边角处。

2）用抹布擦干，等待干透，再用湿仿鹿皮巾擦拭，用干仿鹿皮巾擦干。

图 5-5　用干仿鹿皮巾清洁汽车风挡玻璃

🔧 练一练

大多数客户的汽车配有独立脚垫，这部分是非常难以清洗的，而且还存在遗漏清洗的可能性。如果 4S 店的洗车人员没有将脚垫清洗到让客户满意的程度，服务顾问该如何清洗脚垫以达到理想的清洁程度？请你试着做一做。

_____

_____

_____

清洁脚垫的操作要领如下。

1）把所有脚垫取出，拍打，将脚垫或地毯放在无灰尘的地方。

2）如果客户用的是塑料脚垫，则先用毛刷头沾上清洁剂清洁脚垫（见图 5-6），再用高压水冲洗干净，最后用扁吸嘴将脏水吸干。

3）如果客户用的是地毯式脚垫，则用吸尘器吸取浮土及明显颗粒物。

图 5-6　清洗脚垫

练一练

　　清洁整理客户汽车的行李箱往往是服务顾问免不了要做的事情，这个部位通常放了很多客户的私人用品，要想清洁，该如何操作？请你尝试做一做。

清洁行李箱的操作要领如下。

服务顾问应确保行李箱内无隐私用品，然后将所有物品移出汽车外，再用吸尘器吸去浮土，用地毯清洗剂清洁底部垫板，待其干透，再将所有东西依原样放回行李箱。

（2）整理旧件

若维修工单上注明客户需要将旧件带走，服务顾问就应该指明让维修技师将旧件擦拭干净并包装好，放在车上或放在指定位置（如旧件展示区，见图 5-7），方便交车时让客户带走。

（3）环车检视

对车辆进行全方位清洁后，服务顾问应该环绕汽车对车辆进行全面检查。服务顾问对照维修委托书，对车辆的维修项目是否完全完工、更换上的配件是否正常、旧件的处理状态等情况再次进行检查，确保任务已经全面完成。

图 5-7　旧件展示区

（4）多维度了解车辆维修细节

服务顾问检查完毕车辆后，应向有关人员了解车辆维修情况或质量状况，包括去维修技师处了解一些维修细节（见图 5-8），特别是一些额外的免费维修检测项目，这样更有利于和客户进行沟通；服务顾问也应向技术专家了解有关故障的诊断情况和故障的原因，并向质检员了解车辆检验情况、质量状况和存在的问题。

图 5-8　必要时再次去维修技师处了解详情

案例分析

客户的汽车出现冒白烟现象，经过查阅以往的维修保养记录，排除了空气滤清器未按时更换的可能，那么很有可能是氧传感器出现故障。更换了氧传感器后，冒白烟的现象消除了。服务顾问应将故障诊断过程和引起故障的原因记下来，交车时如实向客户交代。

问题：在交车时向客户解释故障原因和现象有什么好处吗？

_____

_____

_____

服务顾问在交车时如果能为客户耐心讲解故障原因和现象，能为客户提供更为专业和贴心的服务，既可以让客户更信任服务顾问，也可以让客户对汽车的使用和维护有更深入的了解。

2. 准备各种单据资料和注意事项

（1）单据资料准备

交车前应该准备如下单据资料。

① 维修委托书。

② 维修工作单。

③ 结算单。

④ 质检单。

⑤ 维修竣工出厂合格证。

⑥ 保养检测单。

⑦ 领料单。

⑧ 行驶证。

⑨ 保养手册。

⑩ 车钥匙。

准备交车

（2）注意事项

注意事项如下。

① 核对质检单和机动车维修竣工出厂合格证，维修质量不合格的车不准出厂。

② 核对领料清单，落实备件使用的必要性。

③ 确认维修费无误，编制结算单并复核、比较估价与结算的差异，做好说明的准备。

另外，服务顾问要打印好相关质保条例以及今后客户车辆保养方面的建议等资料，准备关怀信息。服务顾问列出下次维修建议和维修项目，包括定期保养时间里程、环车检查时客户关注的项目、维修过程中维修技师关注的项目及未尽事宜。

话术示范

×先生，您好，我们根据您的保养记录发现您的爱车还没有进行过火花塞更换。一般根据材质的不同，火花塞的寿命也不太一样，我们建议火花塞的更换周期为4年。即使火花塞还没有完全失去作用，但是点火性能的下降也会直接影响汽车的动力性能和油耗。所以建议您下次最好更换火花塞。

练一练

经过交车前的检查，服务顾问发现全车水管存在老化现象，请你写一份用车建议给客户，让他对这个问题有所防范，并建议下次进厂维修时特别关注这个问题。

_____

_____

针对水管老化现象，服务顾问可以告诉客户如下内容。

1）店内的橡胶类配件都是经过厂方严格筛选和测试而生产出来的，质量上都有保证。

2）橡胶类配件质量再好也不能改变它作为橡胶的特性，使用一段时间后还是会老化。

3）如果因为水管老化导致冷却液水管爆裂，继而使发动机温度过高而导致发动机出现严重故障就非常得不偿失了。

服务顾问需要将水管老化的利害得失向客户分析清楚，相信客户很快能在服务顾问的劝导下做出正确的选择。

3. 通知客户取车

维修检验合格后，服务顾问应再次检查维修委托书，以确保客户委托的所有维修保养项目已经完成、应该更换的零件已经更换，并且故障已经消除。对车辆再次进行外观等检查后，就可以通知客户取车了。

在邀约客户的过程中，服务顾问要概述交车内容和所需时间，和客户约定交车时间，并最后确定交车时间。

服务顾问把握好通知客户的时间还有一个作用，就是避免客户提车时车辆还未维修好。在维修过程中，服务顾问应当利用维修车间的工作计划体系来跟踪维修工作进展情况，并及时通知客户维修的进展情况。服务顾问应根据承诺的时间和维修车间的工作安排来和客户约定交车时间，并尽量错开每辆车的交车时间。

ⓞ **想一想**

通知客户时间一般控制在离交车多长时间比较合适？确定好交车时间以后还需要提醒客户交车时间吗？如果需要，那么一般在什么时候提醒为佳？

_____

_____

_____

具体的通知时间因人而异。如果是企事业单位的工作人员，他们通常有比较固定的时间安排，那么他们倾向于在离交车时间较远的日期通知他们，这样可以让他们安排出时间空当。如果是职业比较自由的客户，他们能灵活地做出时间安排，那么可以在交车前一天再通知他们。无论交车时间有没有在客户车辆送交维修车间前确定好，最好都能再次提醒客户交车时间。

ⓞ **想一想**

大修车、事故车的取车时间有什么特殊讲究吗？

_____

_____

_____

大修车、事故车不要安排在高峰时间交车，否则会造成服务顾问无暇顾及其他汽车客户的情况，会造成一定的混乱，也会引起客户的不满。

在实际工作中，如果 4S 店不能根据约定的交车时间按时交车，就会产生交车延误情况。一般来说，有以下四种原因会造成交车延误。

1）故障预估不准确。如果故障预估不准确，就可能造成交车时间延误。假如车辆到达维修点后，维修技师从外部观察判断汽车故障，但在实际维修过程中，却发现内部还有其他问题，额外增加的维修量就会导致交车时间延误。

2）配件的供应时间延长。维修技师原本告诉客户第二天就可以交车，但是配件供应商在发送配件的时候可能发送错误，或者配件在发过来的过程中延误了时间，这些都会导致交车时间延误。

3）管理混乱。假如维修厂管理不善，原本约定好第二天交车，但维修技师忘记了维修，就会造成第二天客户来取车时无法交车。

4）返工造成时间延误。维修技师在装配零件的过程中，一旦操作失误，就需要返工。如果新装上去的零配件不能解决问题，那么还是需要返工。

4S 店收了一辆故障车，该车来店时车辆已经无法正常启动，按照当初的约定 4 天就可以交车，由于"启动困难"，该故障检测起来比较复杂，涉及启动机、进气系统、点火系统、供油系统等方方面面，结果第 3 天快结束了还没有找到故障原因，而客户交车时间快到了。作为服务顾问，你应该如何做呢？

服务顾问要注意以下几点。

1）要保证交车时间的准确性，首先，要有维修技术过硬的维修技师，这样判断故障的准确率会更高，同时，汽车维修管理要到位。

2）如果出现工期延误的情况，必须在发现不能按时完工的那一刻马上通知客户，并请求客户理解。

3）绝对不能等约定时间到了，客户来到店里，再对客户说："不好意思，现在车还没修好，回去等吧。"这样一定会让客户非常郁闷，甚至是愤怒。

5.3.2 任务实施

1. 洗车情况检查

洗车情况检查要点见表 5-6。

表 5-6　洗车情况检查要点

洗车项目	服务顾问行动要点
水枪冲洗车身	须保证车身无污渍或泥点
挡泥板	须还原原车样式，无泥点
底盘多泥沙部位	须还原原车样式，无泥点
车体去污	避免车身清洗时有遗漏的地方。从上往下检查前后风挡玻璃、两侧车门及玻璃、引擎盖及车体两侧、后备厢两侧及车体、发动机、前后灯、保险杠、车毂、底盘无污点
烟灰缸	取出来并倒掉垃圾，洗净抹干后回装到位
车内玻璃	注意玻璃上的灰尘是否擦拭干净，避免有水汽附着玻璃，注意玻璃各边角处
仪表台	光亮干净，切勿用手触碰表面
空调出风口及仪表盘	用湿的仿鹿皮巾小心擦拭空调孔与仪表盘
手刹和换挡杆周围	用吸尘器吸取杂物
坐垫	采用湿清洁剂清洗，马上用干布擦，要在一段时间内让车内保持通风，使坐垫干透
安全带	用湿仿鹿皮巾擦拭

续表

洗车项目	服务顾问行动要点
车内地板	用吸尘器吸去浮土及相应的杂物
脚垫	检查脚垫是否洁净无尘土
车门内侧及门边缝	用湿毛巾清洗内侧和边缝,再用干仿鹿皮巾擦干
车内其他部位	检查确认没有大块垃圾
行李箱内侧	没有碎屑和浮土
行李箱盖	确认干净光亮
地面污水回收	汽车清洗完毕之后,确保地面的污水已抽取干净
清洗轮胎轮毂	轮毂光亮,轮胎光亮无污渍,清洁完成后为客户喷上光亮剂

2. 车辆内部检查

车辆内部检查执行技巧见表5-7。

表5-7 车辆内部检查执行技巧

检查项目	执行技巧
确保维修工作完成	1. 一旦有任何不清楚的地方,服务顾问应询问维修技师,并与终检人员确认试车过程中车辆的状况。 2. 对于返修工作要特别注意,确定是否已真正解决了返修的问题
将车内恢复到来时的状态	1. 在维修过程中,如果拆卸过收音机或者调整过收音机频段,在维修完毕之后应调回到原来的频段。 2. 在驾驶室调整之前,应做好原位置标志。在维修工作结束后,应将驾驶室内各设施恢复到原来的位置。 3. 检查汽车时钟是否调整正确。 4. 检查车内有无电气设备按钮开启,若开启应立即关闭

3. 通知客户取车

通知客户取车任务实施流程见表5-8。

表5-8 通知客户取车任务实施流程

行动要领	执行技巧	标准话术
➤ 找到客户的联系方式	➤ 在电脑系统中调出客户信息,查看客户所要求的是何种联系方式,按照客户喜欢的方式和其取得联系	➤ (短信方式)×先生,您好。您的爱车我们已经帮您维修(保养)完毕了,而且也已经按照我们标准的质量检验流程做了质量检验,我们专业的质量检验员已经确认完工。 ➤ 我们随时恭候您的再次光临,如果您有任何疑问请您和我联系。我的手机号是×××××××××××。

续表

行动要领	执行技巧	标准话术
➤ 找到客户的联系方式	➤ 在电脑系统中调出客户信息，查看客户所要求的是何种联系方式，按照客户喜欢的方式和其取得联系	➤ （面对面方式）×先生，您好！对于您的爱车，我们质量检验员已经帮您都检验确认完毕，现在正在帮您清洗车辆。但是为了确保我们已经全部完成了您的所有需求，我会在清洗车辆完成以后，亲自对您的爱车再做一次检查，最终确认完毕后，我会再来邀请您去验车。
		➤ （电话方式）×先生，您好。我是您的服务顾问小×。您的爱车我们已经维修并检验完毕，现在正在帮您清洗车辆。但是为了确保我们已经全部完成了您的所有需求，我会在清洗车辆完成以后，亲自对您的爱车再做一次检查，估计还需要 15 分钟。×先生，您大概什么时候可以来取车呢？

5.3.3 分角色扮演

1. 角色扮演学习目标

在完成该角色扮演之后，你便能够按照服务顾问内部交车流程要求，做好车辆清洗检查、各类单据准备、通知客户取车等交车前的最后准备。

2. 角色扮演情景

林女士来店进行 50000 公里常规保养，除了三油、三滤的检查和更换，专营店还为林女士更换了前轮刹车片，另外也为她进行了底盘件、制动系统、减震器、悬挂的检查。现在服务顾问要对车辆进行交车前的一系列准备工作。

3. 客户的期望和要求

1）能提前一天通知客户取车。
2）实际维修费用与结算费用一致。
3）交车时最好向客户展示更换下来的旧件。
4）交车时车辆外观光亮洁净。
5）交车时车辆内部不要留下维修后的污迹。
6）能够提示客户下次何时保养车辆。

4. 角色扮演要求

林女士是一位会计师，平时工作较忙。现在由你和同事一起完成交车前的准备工作，并通知林女士取车时间。

任务小结

在汽车售后所有的环节中，服务顾问的角色在内部交车检查环节里发生了重大变化，从代表公司和客户谈判转化为代表客户关心、爱护客户的汽车。特别是在质检洗车环节，服务顾问代表客户检查汽车维修质量和车辆清洁程度，只有核对完所有的维修项目、配件更换和旧件处理情况，才可以和客户联系交车事宜。在这个过程中，服务顾问要为客户汽车的维修质量全权负责。

项目6 交车与送别

在交车与送别环节，我们通过结算、交付活动来兑现对客户关于质量、价格和时间的承诺，并通过向客户解释维修内容和指出车辆存在的其他问题，使客户感受到服务顾问专业的服务，增强客户对售后维修服务的满意度和忠诚度。

知识目标

1. 能正确绘制出交车与送别过程中各子任务的工作流程图；
2. 能正确描述出交车与送别过程中各子任务的工作要素；
3. 能清晰地知晓维修结算单所列的各项内容。

技能目标

1. 能根据流程要求，独立完成交车与送别过程中各子任务的工作流程；
2. 能专业、冷静地处理在交车与送别过程中的突发状况；
3. 能独立完成维修费用结算流程；
4. 能专业地向客户说明车辆使用注意事项并解答客户异议。

任务 6.1 交车与送别流程概述

知识目标

1. 能正确绘制出交车与送别的流程图;
2. 能正确描述出交车与送别流程的各要素;
3. 能正确对交车与送别流程的各要素进行分析。

技能目标

1. 能根据流程要求,独立完成交车与送别流程;
2. 能专业、冷静地处理在交车与送别过程中的突发状况。

素养目标

1. 通过交车与送别流程的学习,提升语言组织能力及沟通能力;
2. 培养学生积极、严谨的工作作风,为进一步学习职业岗位技术、形成职业能力打下基础。

客户期望

我需要这样一位专业服务人员:

- 所有交车前的准备工作已安排妥当;
- 熟悉交车的每一个步骤和细节;
- 专业且自信。

服务流程

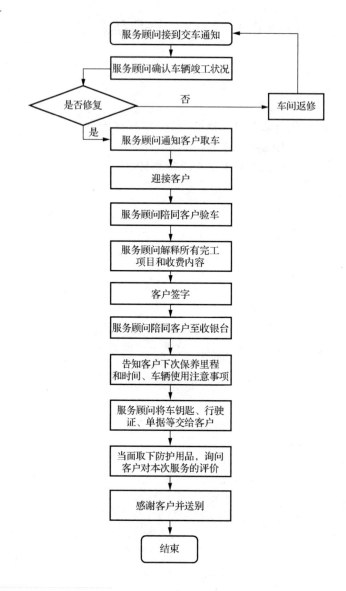

6.1.1 要素解析

1. 接到交车通知

服务顾问接到交车通知后，检查所有单据是否齐全，检查维修委托书以确保客户委托的所有维修保养项目的书面记录都已完成，并有质检员签字，完善好保养手册内容。

2. 确认车辆竣工状况

交车前全面检查车辆（见图6-1）。服务顾问应做好以下几点。

图 6-1　交车前全面检查车辆

1）实车核对维修委托书，以确保客户委托的所有维修保养项目在车辆上都已完成。

2）确认故障已消除，必要时试车。

3）确认从车辆上更换下来的旧件。

4）确认车辆内外清洁度（包括无灰尘、油污、油脂）。

5）其他检查：除车辆外观外，车内不遗留抹布、工具、螺母、螺栓等。

3. 通知客户取车

服务顾问确认车辆竣工状况无异常后，应做到以下几点。

1）立即与客户取得联系，告知车已修好。

2）与客户约定交车时间。

3）大修车、事故车等不要在高峰时间交车。

4. 迎接客户

若客户离店，服务顾问应在门口规范迎接客户并热情问候；若客户在店等待，服务顾问应去休息室礼貌、热情地邀请客户。

5. 陪同客户验车

服务顾问礼貌、规范、热情地引导客户至竣工区，并做好以下几点。

1）陪同客户查看车辆的维修保养情况，依据维修委托书及接车问诊表，以实车向客户说明。

2）向客户展示更换下来的旧件。

3）向客户说明并展示车辆内外已清洁干净。

4）说明备胎、随车工具已检查并说明检查结果。

6. 解释所有完工项目和收费内容

完工项目及收费内容是客户最关注的环节，因此，在该环节服务顾问应详细向客户解释以下内容。

1）按维修委托书向客户解释本次所有的维修保养项目及免费服务。

2）依车辆维修结算单，向客户详细解释每个维修项目的材料费、工时费及总费用情况。

7. 客户签字

请客户在结算单上签字确认。

8. 陪同客户至收银台

服务顾问规范地陪同自费客户到收银台结账，向客户介绍维修结算员（见图6-2）。

图6-2　向客户介绍维修结算员

维修结算员应做到以下几点。

1）将结算单、发票等叠好放于信封，注意收费金额朝外。

2）将出门证放在信封上面，双手递给客户。

3）结算员感谢客户的光临，与客户道别。

9. 告知客户下次保养里程和时间、车辆使用注意事项

服务顾问应做到以下几点。

1）征求客户同意，粘贴保养提示贴，并向客户说明下次保养的里程和时间。

2）说明车辆维修、保养建议及车辆使用注意事项。

10. 将车钥匙、行驶证、单据等交给客户

服务顾问应做到以下几点。
1）将车钥匙、行驶证、单据、保养手册等相关物品交还给客户。
2）将能够随时与服务顾问取得联系的方式（电话号码等）告诉客户。
3）询问客户是否还有其他服务。

11. 当面取下防护用品，询问客户对本次服务的评价

服务顾问应做到以下几点。
1）当着客户的面取下三件套，放于回收装置中（见图6-3）。

图6-3　为客户取下三件套

2）询问客户对本次服务的评价。
3）告知客户3日内回访专员将对客户进行服务质量跟踪电话回访，询问客户方便接听电话的时间。

12. 感谢客户并送别

服务顾问应做到以下几点。
1）对客户的光临表示感谢。
2）挥手送别客户并目送客户离开（见图6-4）。

图 6-4　挥手送别客户

✎ 试一试

在交车前的准备工作中出现以下特殊情况，作为服务顾问，你该怎么处理？请你试着写出实施要点。

情况一：在交车准备过程中，发现客户的车身出现细小划痕，已经帮客户做了暂时性处理。

实施要点：

_____

_____

_____

情况二：在交车准备过程中，检查了客户的发动机舱和蓄电池，发现发动机舱需要清洗，蓄电池处于亏电状态。

实施要点：

_____

_____

_____

假如客户车辆的车身出现细微小划痕，可以帮客户进行点漆防锈处理，然后建议客户以后进行钣喷处理。

服务顾问有必要向客户反馈发动机的真实情况，建议客户增加清洗发动机舱、对蓄电池进行充电维护等项目。

ⓘ **案例分析**

2019 年 9 月 10 日，孙先生来到某品牌 4S 店进行车辆常规保养及空调异响检修，当晚回家后发现空调仍有异响，于 14 日再次来到 4S 店进行维修。维修站检查后告知孙先生鼓风机损坏，维修费用约为 200 元，但在更换前发现服务顾问报错了零件价格，实际价格应是 1000 多元。孙先生于 15 日来到 4S 店取车。在交车环节中，由于实际维修费用与预报价格差额较大，孙先生产生抱怨，认为 4S 店第一次检修不彻底，应由 4S 店承担责任。孙先生尚处于抱怨萌发期。请你针对此次服务过程分析如下问题。

1. 交车环节出现了什么问题？

_____

_____

_____

_____

2. 我们应该如何改进？

_____

_____

_____

_____

本案例中，4S 店主要存在以下问题。

1）维修人员对报修项目检查分析判断不彻底，导致故障隐患没有被排除。

2）车辆交车前的质量检验工作不到位。

3）报错零件价格导致报价反复，使客户产生抱怨。

本案例中，客户抱怨的表象是维修质量，而隐含需求则是对再次维修的价格表示不满。因此，维修站应做好以下几点：首先，服务顾问与客户沟通致歉；其次，提供零件材料实际价格的收费标准；最后，对鼓风机损坏与保养及检查是否存在必然联系做出正确、合理的技术解释。

6.1.2 任务实施

交车与送别的任务实施流程见表 6-1。

表 6-1　交车与送别的任务实施流程

工作项目	服务顾问实施要点
准备工作	审核维修委托书和领料单，确保结算准确
	准备结算的有关单据，并通知客户取车
陪同客户验车	由原接待的服务顾问陪同交付
	与客户一同检查竣工车辆
	向客户出示旧件并询问处理意见
进行必要的告知	对于须立即进行的工作，客户若不修理，应在委托书上注明并请客户签字
	告知客户有些零件（如轮胎、刹车片）的剩余使用寿命
再次核对结算单	确保所有进行的工作和备件都列在结算单上
	确保结算时的金额和报价时的金额一致
陪同缴费	向客户解释所做的工作及收费情况
	陪同或引导客户交款
	向客户解释完成的工作和发票的内容
告别	向客户提示下次保养的时间和里程
	再次确认已将所有单据转交客户
	取下防护用品，开出门证，送别客户

任务小结

　　交车环节是提升客户满意度最好的时机，在此环节中，要求服务顾问有很强的语言组织能力及沟通能力。服务顾问应该确认好车辆状况，及时与客户取得联系，准备好各种交车手续单，仔细陪同客户验车，掌握费用结算和客户送别的规范，遇到突发状况能冷静、恰当地处理。

任务 6.2　陪同客户验车

知识目标

1. 能正确绘制出陪同客户验车的流程图；
2. 能正确对陪同客户验车的各要素进行分析；
3. 能根据知识要点，独立完成"想一想"的内容。

技能目标

1. 能根据流程要求，热情、规范地陪同客户完成车辆的验车工作；
2. 能详细地向客户说明保养维修结果；
3. 能专业地向客户说明车辆使用注意事项并解答客户异议。

素养目标

1. 能协调好门卫、洗车人员、维修技师、质检员等各岗位人员之间的关系，提升语言组织能力及沟通能力；
2. 培养积极而严谨的工作作风，为进一步学习职业岗位技术、形成职业能力打下基础。

客户期望

我需要这样一位专业服务人员：
- 我的服务顾问对我的汽车非常了解；
- 知道我的具体需求，并确保我的维修需求都能得到满足；
- 向我展示已经完成的服务项目；
- 向我解释我获得的服务利益，让我感受到4S店的服务是专业的。

服务流程

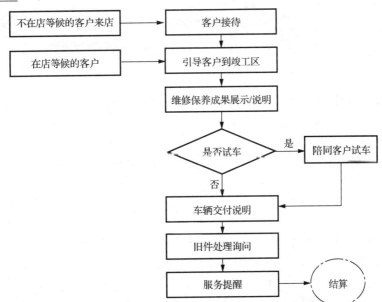

6.2.1　要素解析

1. 保养维修效果展示

客户取车的时候，原来的服务顾问必须在场。原服务顾问对车辆的状况和所有的修理工作都比较熟悉，他们的解释更容易取得客户的信任。

陪同客户到竣工车辆旁，对照维修委托书像入厂检查一样和客户一道对发动机号码、车架号码、车辆维修质量、技术状况、外观、内饰、附件、装备以及车上的物品予以确认（见图 6-5）。这样可以向客户证明他的财产在 4S 店得到了良好的保护，能增强客户对 4S 店服务的信任，同时避免将来可能存在的争议。

图 6-5　向客户展示更换机油后的效果

根据接车时客户提出的故障描述，向客户解释故障的原因、解决故障的方法、进行的诊断测试、路试和执行的维修工作，并向客户展示维修质量。例如，车辆维修前要打好几次才能够点火，通过维修，现在一次就能点火。对此要在客户面前进行展示，每一次的发动都能够迅速点火，并向客户说明维修之后的保修期限。

交车时陪客户验车

话术示范

> 1. ×先生/女士，您的爱车的怠速抖动故障是因为节气门积炭过多造成的，我们已经做了节气门清洗处理，现在怠速抖动现象已消除。
>
> 2. ×先生/女士，您的爱车刹车时有异响，是因为刹车片已经磨损到了极限值。经您同意后更换了刹车片，刹车异响现象已经消除，您是否要试一下？

2. 和客户共同试驾竣工车辆

对于行驶、悬挂系统或者只有车辆在行驶中才能出现的故障，修复后如果客户要求，服务顾问可以和客户一同试车来检验维修的效果。如果服务顾问不能陪同客户，也可以委托质检员或技术专家陪同客户一同试车（见图6-6）。

图6-6　陪同客户进行路试

3. 向客户展示更换下来的旧件

向客户展示旧件（只限于非索赔件的修理）时，应将旧零件当面给客户查看并返还给客户。如果客户要带走旧件，应该为客户包装好，并放在客户指定的位置（见图6-7）。如果客户不要旧件，服务顾问应将其放在指定地点，由维修中心负责对其进行处理。如果是索赔件，则不需要向客户出示。

图6-7　向客户展示旧件

话术示范

×先生/女士，您的爱车打不着火，是由于火花塞寿命已到极限，我们为您进行了火花塞的更换。这是本次维修后换下的四个火花塞，请问您打算如何处理？

想一想

1. 为什么要向客户展示旧件？

   _____

   _____

2. 旧件应该放在客户车辆的什么位置？

   _____

   _____

3. 是不是所有的配件都适合让客户带走呢？哪些适合，哪些不适合？请你给出分析。

   _____

   _____

向客户展示旧件可不是一件小事，它直观地展示了客户更换下来的零件，让客户确信我们给他换了相关零部件，而不是只说没做。这样做能让客户对服务顾问产生信赖感。

服务顾问如果将配件放入客户车内，一定要避免将客户的汽车弄脏。有些配件则不适合让客户带走，原因是不环保、不好处理，有些配件体积庞大。

6.2.2 任务实施

陪同客户验车的任务实施流程见表6-2。

表6-2　陪同客户验车的任务实施流程

行动要领	执行技巧	标准话术
➤ 门卫在大门口欢迎客户的到来	➤ 当值门卫要有良好的精神面貌，站姿端正，衣冠整洁，看到客户车辆要敬礼	
➤ 门卫通过耳麦通知服务顾问客户的到来，同时告知在哪里与客户碰面	➤ 对于访客要问清来店事由，如果是客户前来取车，则向客户指引行走路线，并立即通知服务顾问	➤ ×××，车牌××××的车主×先生/女士已到店，请你现在去接待区迎候
➤ 服务顾问引导客户到交车区域	➤ 服务顾问在接待区等待客户，欢迎客户来店	➤ ×先生/女士，您好！您的爱车已保养维修完毕，现在我们一起去验车。

行动要领	执行技巧	标准话术
➤ 引导客户前往交车区	➤ 服务顾问引领客户来到交车区，如果是过夜车辆则当面为客户拆除车罩，以示对车辆的保护	➤ ×先生/女士，您这边请。
➤ 推广预约（说明预约的好处，引导客户下次提前预约）	➤ 如果客户是非预约客户，则主动告知预约的好处，建议客户下次服务时尝试进行预约 ➤ 如果是预约客户，则提醒客户下次服务时继续预约	➤ ×先生/女士，您这次没有预约，下次来之前您提前拨打电话预约，这样我们就可以优先接待您，以节省您到店等待的时间。
➤ 确认此次维修保养所做的项目，展示维修结果	➤ 服务顾问通过项目—功能—好处展示法让客户意识到其车辆接受的专业护理，以及这些专业护理对高品质驾车体验的意义，确保客户的维修要求已经全部被满足	➤ ×先生/女士，本次保养更换了空气滤清器、空调滤清器。我们看一下机油，机油已更换，液位正常，颜色清澈透亮。定期更换机油可以使发动机得到更好的润滑，减少磨损，从而延长发动机的使用寿命。同时还更换了机油滤清器。请问您还有疑问吗？
➤ 请客户驾车上路验证维修成果	➤ 若需要试驾，客户和服务顾问一起试驾车辆，确保客户的抱怨已经圆满解决，让客户满意	➤ ×先生/女士，您之前反映的刹车有异响，经您同意更换刹车片后，异响已消除。现在请您上车，我们一起试车体验一下更换后的效果。
➤ 告知免费检测项目和增值服务	➤ 服务顾问通过项目—功能—好处展示法让客户意识到其车辆接受了收费项目之外的额外免费检测，让客户感受到4S店对他的关照	➤ ×先生/女士，您请看，车辆外观已经清洗过了。我们一起看一下发动机舱，请您稍等。您请看，发动机舱已经清洁，制动液、冷却液符合标准，液位也是正常的，雨刮水已进行免费添加。发动机、变速箱、蓄电池、底盘、灯光、制动和转向系统检查无异常。我们一起看一下后备厢。您请看，后备厢已除尘，三角警告牌、随车工具齐全，备胎及4个轮胎的胎压已做调校，轮胎表面的异物已清除，轮胎螺栓已做紧固。车辆一切正常，您可以放心使用。
➤ 展示旧件并询问处理方式	➤ 针对更换的零件，利用更换新零件剩下的包装，向客户介绍配件均为原装零件并说明保质期	➤ ×先生/女士，您请看，这是本次维修保养更换下来的旧件，是您带走还是我们帮您做环保外理呢？
➤ 对汽车提供必要的信息说明，包括汽车结构、汽车性能、常见故障、汽车保养等知识	➤ 向客户讲解一些定期保养知识，如向客户说明轮胎的胎压情况等数据，天热时向客户说明如何检测空调工作情况等，可以让客户更好地享受驾车生活	➤ ×先生/女士，我们在车辆检查过程中，发现您的爱车离合器盘过早磨损，建议您开车时不要把脚放在离合器踏板上。还发现您的爱车4个轮胎的胎压都太高，这会加速轮胎磨损，所以我们将它调整至规范值。您的爱车的备胎气压只有60千帕，我们已增加至200千帕，以确保随时能用。

续表

行动要领	执行技巧	标准话术
➤ 在前风挡玻璃左上角前贴上保养提示贴并向客户说明	➤ 温馨提醒客户下次保养时间	➤ ×先生/女士，我在这里贴上保养提示贴，提醒您下次保养的里程和时间。这次是×公里的保养，下次是×公里的保养。根据您的驾驶习惯，大概是在×个月以后。到时候我们也会提前联系您。
➤ 取下三件套	➤ 拆除三件套前最好戴上白手套，并将物品放进回收箱	➤ ×先生/女士，您稍等，我拆下防护三件套。

6.2.3 满意度提升技巧

陪同客户验车时，我们可以向客户告知我们为其提供的免费服务项目，这样能大大提升客户对我们服务的满意度。

1. 更换保险丝

应用话术如下：我们为您免费更换了保险丝。保险丝盒里已经没有备用保险丝了，建议您买几条备用。

2. 轮胎及备胎磨损情况、胎面和气压检查，胎压调整

应用话术如下：

1）您的爱车4个轮胎的胎压都太高，这会加速轮胎磨损，所以我们已将它调整至规范值。

2）您的备胎气压只有60千帕，我们已增加至规范值，以确保随时能用。

3）您的爱车4个轮胎的胎压都偏低，在胎压不足的情况下长时间行驶会造成胎侧被碾压，轮胎会提前达到报废年限。

3. 随车工具检查

应用话术如下：您的爱车内的千斤顶松了，在后备厢内晃荡作响，我们已将其放入固定夹中。

4. 刹车片和刹车盘检查

应用话术如下：我们为您的爱车免费检测了刹车片和刹车盘。

5. 制动液液面和品质检查

应用话术如下：我们为您的爱车免费检测了制动液液面和制动液的品质情况，这些都没问题。

6. 电瓶电解液高度检测、电瓶电压检测、电瓶极柱清洁

应用话术如下：我们为您的爱车检查了电瓶情况，出现了明显的亏电现象。在夏天，如果空调忘记关了，第二天打开点火开关的时候，很多车型风扇在第一时间就会转动，增加了启动负荷。

7. 机油液面和品质检查

应用话术如下：我们为您的爱车更换了机油。您看现在的液位介于两条刻度线之间，颜色清亮透明，品质非常好。

8. 防冻液液面高度和浓度检查，添加防冻液

应用话术如下：您的爱车的防冻液已经不足了，需要增添一点儿。不过您放心，我们已经为您的爱车增加了防冻液。现在防冻液液面正常，请您放心使用。

9. 添加玻璃水

应用话术如下：车辆玻璃水不够，我们已经免费添加了。以后还请您多关注玻璃水液面，避免电机出现故障。另外，玻璃水喷嘴被车蜡堵住了，玻璃水喷不出来，我们已将车蜡清除了，但是以后打蜡时需要注意。

10. 机械部分加注润滑油

应用话术如下：发动机盖不能平顺开关，我们已给发动机盖铰链添加了润滑油。

11. 大灯、雾灯、转向灯、刹车灯和仪表报警灯检查

应用话术如下：我们为您的爱车免费检测了大灯、雾灯、转向灯、刹车灯和仪表报警灯，都没问题。

12. 转向助力功能、助力油油位和品质及转向横拉杆状态检查

应用话术如下：您的爱车助力油已经不足了，需要及时添加。现在我们已经为您的爱车添加到正常液位，请您放心使用。

13. 底部防护层和底饰板检查，螺栓紧固检查并紧固松动螺栓

应用话术如下：消声器的螺栓松了，我们已帮您拧紧了。

任务小结

陪同顾客进行车辆检查是汽车交付环节中非常重要的一环，它将兑现服务顾问在接待客户时对客户所做的维修质量的承诺。在这一环节，客户也将对其所付出的费用是否值得做出一个总体评价，这是一个用事实来说话的环节，我们必须提高和客户当场沟通的质量。

任务 6.3　结算维修费用

知识目标

1. 能正确说出维修费用结算的流程；
2. 能正确、专业地对结算单进行解释；
3. 能正确对维修费用结算的各要素进行分析。

技能目标

1. 能独立完成维修费用结算流程；
2. 在解释费用时，能专业地解答客户提出的疑问。

素养目标

1. 学习维修费用结算流程，提升语言组织能力及沟通能力；
2. 学会情绪安抚，并能移情于客户；
3. 培养积极而严谨的工作作风，为进一步学习职业岗位技术、形成职业能力打下基础。

客户期望

我需要这样一位专业服务人员：

- 向我解释（按照我需要的程度）维修费用和已经完成的服务项目；
- 让我有选择付费方式的自由；
- 每一项收费都合理，钱要花得合适；
- 让我确信在这里为我的车进行维修保养是一个正确的决定。

服务流程

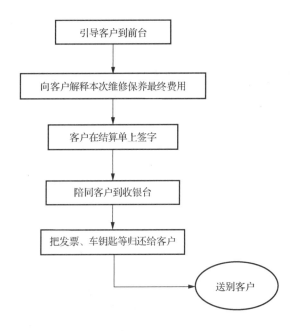

6.3.1 要素解析

1. 解释费用

向客户详细介绍 4S 店本次完成的工作，结合维修结算单的内容解释收费情况（见图 6-8）。通过单据让客户见证 4S 店已经完成客户要求的工作，确保结算单的费用与制定维修委托书时的报价和项目相同，以避免争议。

图 6-8　向客户解释维修费用

⚙ **话术示范**

> ╳女士，这是您的结算清单。维修车间已经按照您的需求完成了所有的维修工作，请您查看。
>
> 结算单中所列的费用由我来为您逐项确认，看是否和我们当初确认的一致。

向客户解释结算单上的每一项内容，包括每一项的收费类别，对应的金额要向客户说明。如果有一些技术性的细节内容要向客户解释，可以邀请技术专家指导帮忙。向客户解释清楚每一项技术收费是维修费用还是检测费用，更换费用涉及的是材料费还是工时费等也要做详细说明。

2. 解释故障修理具体内容

根据接车时客户提出的故障描述，向客户解释故障解决的方法、进行的诊断测试、路试和执行的维修工作，解释维修过程中发现的问题和进行维修的必要性以及由此新增加的维修项目。如果客户是通过电话同意修理的，那么应该邀请客户补充签字确认。

此外，还要向客户说明在工作过程中，维修技师发现并主动处理的一些小问题（如门轴噪声等）。这样可以让客户清楚地知道，不仅他所要求的工作都已经全面、高质量地完成了，而且他还享受了超值的服务，从而使客户对 4S 店的维修工作产生信任，提高客户满意度。

⚙ **话术示范**

> 1. 我们在维修过程中，发现汽车的玻璃水已经接近用尽状态，我们的维修技师为您免费添加了玻璃水。
>
> 2. 维修技师为您的爱车检查了轮胎胎面磨损情况。车的左前轮胎比右前轮胎磨损程度厉害一点，说明轮胎有"吃胎"现象，我们建议左右轮胎互换一下，这样可能情况会有所改善。当然，如果能抽时间做一个四轮定位也是很好的，您要不要考虑一下？

在交车过程中，除了向客户讲清楚其嘱托给 4S 店的维修保养作业之外，还要强调 4S 店的一些免费检修工作，务必让客户感受到 4S 店非常在乎客户车辆的安全和性能，也非常关心客户的用车感受，4S 店是全心全意地为客户考虑，从而提高客户对 4S 店的信赖程度。

❓ **想一想**

如果客户使用了 4S 店提供的临时替代车辆，那么在结算时需要增加哪些工作？

_____

_____

_____

每家 4S 店关于临时替代车辆的政策都不尽相同，具体可以去查阅所在 4S 店有关临时替代车辆的相关政策。服务顾问一定要记得收回临时替代车辆协议，并让客户签字。

3. 陪同客户结账

客户确认维修费用无误后，询问客户付款方式，并陪同客户到收银台结账。收银员必须站立迎接客户，且面带微笑地为客户服务，只有在维修收款完成后才可开具发票（见图 6-9）。

图 6-9　带顾客去收银台结账

收银员在结算单上盖章并填写出门证。结算后收银员应感谢客户的光临，与客户道别。

结算后，服务顾问应将下列物品清点后交给客户：车钥匙、行驶证、保养手册、维修委托书或维修合同、费用结算单、质量保证书、发票、出门证、服务顾问个人名片。

维修委托书或维修合同、费用结算单、发票最好装入信封交给客户，以方便客户保管（见图 6-10）。应在信封正面填写本次维修或保养信息以及下次保养信息，还可以将服务顾问或 4S 店的联系方式写在信封上，以便客户与服务顾问联系。

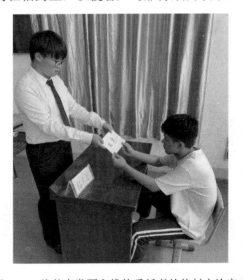

图 6-10　将装有发票和维修委托书的信封交给客户

如果维修工作不需要客户缴费，那么结算流程还需要进行吗？

_____

_____

_____

如果不涉及收费，则请客户在维修结算单上签字，并将出厂单和车钥匙直接交给客户。

如果是首次保养客户，可以简要介绍首次保养的规定和将来定期维护保养的好处。

如果是车险理赔客户，则提供的发票金额必须等于或小于保险评估价格，并提供维修结算单和发票给客户。

4. 与客户道别

在取车的时候，如果停车场停满了车，加之客户对场地不熟悉，这时让客户自己把车倒出来或者开出来，就有可能与旁边的车发生碰撞，引起更多的麻烦。所以在车辆维修完毕、客户交完款以后，服务顾问、门卫或者专门开车的人就要把车从停车场开出来交给客户，这样做会给客户提供最大的便利，特别是在天气恶劣的情况下更应如此。

服务顾问把车交给客户，最好替客户打开车门。开门时左手拉开门把手，右手为客人护顶，并且右手要打直。这项额外的服务会使客户感觉自己备受重视，同时也会减少 4S 店对意外事件的责任。待客户坐进去后询问座位是否合适（见图 6-11），等客户适应后再把门关上，并再次告诉客户日后定期保养的时间，争取利用这个机会和客户产生一个新的预约。最后与客户道别，表示谢意，并欢迎其下次光临。服务顾问应目送客户，直到看不见客户，方可转身离去。

图 6-11　询问客户座位是否合适

5. 送别后整理资料

送别客户后，还需要进行后续工作。4S 店有关人员应将客户车辆维修资料的变更部分输入电脑，完善客户档案并存档。机动车维修经营者对机动车进行二级维护，总成修理、整车修理的，应当建立机动车维修档案。机动车维修档案主要包括维修合同、维修项目、具体维修人员及质量检验人员、检验单、竣工出厂合格证（副本）及结算清单等。

> **？想一想**
>
> 结算时，有客户提出："为什么你们品牌在各地区的 4S 店的工时费不一样，有的便宜，有的贵？"作为服务顾问，你该如何回答？
> _____
> _____
> _____

如果客户对维修费用等问题提出异议，则首先应对客户提出的问题表示感谢，说明客户非常关心我们品牌的服务质量。然后向客户解释地区间差异的问题，当然，还必须提到 4S 店的收费都是严格审核过的，绝对没有随意收费的情况。务必给客户一个满意的答复，避免客户将这件事情扩大化。

> **？想一想**
>
> 客户问："上次我更换配件价格低，这次配件涨价了，回单位向领导无法交代。配件价格变化太大，总在变动，能不能不变？"作为服务顾问，你该如何回答？
> _____
> _____
> _____

服务顾问在回答异议时应向客户解释影响配件价格浮动的因素，如材料费上涨或下跌、工艺的改进、促销或店庆活动等。

服务顾问在回答时可以说："请您放心，一定会出示正规票据，不会存在报账不清楚的情况。"另外，可以借此机会让客户留下电话号码，如果有减价机会，可以单独联系客户。通过这一做法可以提升客户满意度。

6.3.2 任务实施

维修费用结算的任务实施流程见表 6-3。

表6-3 维修费用结算的任务实施流程

行动要领	执行技巧	标准话术
➢ 引导客户至前台	➢ 手势规范，礼貌用语	➢ ×先生/女士，我们现在去前台打印结算单，您这边请。 ➢ 您请坐。
➢ 向客户解释收费情况	➢ 结合维修结算单向客户逐项解释收费情况，一定要确认与预估一致 ➢ 向客户表明维修作业已经全面、高质量地完成了，而且价格超值	➢ ×先生/女士，您稍等，我打印结算单。让您久等了，您请看，本次维修保养配件费是×××元，工时费是×××元，总费用是×××元。这与我们之前预估的费用是一致的。 ➢ ×先生/女士，本次除了维修保养外，还对您的爱车进行了免费的全面检查，您这次的保养真是超值。
➢ 询问客户有没有其他要求和疑问	➢ 在客户确认对维修费用和相关内容没有异议后，请客户在维修结算单上签字	➢ ×先生/女士，您对以上内容还有疑问吗？没有疑问的话，请您在这里签字确认。
➢ 陪同客户到收银台	➢ 手势规范，礼貌用语	➢ ×先生/女士，如果没有疑问，我带您去收银台结算，您这边请。
➢ 服务顾问向收银员介绍客户 ➢ 收银员向客户打招呼	➢ 收银员起身欢迎客户，服务顾问先向客户介绍收银员，再向收银员介绍客户 ➢ 收银员向客户打招呼时应尊称客户的姓氏	➢ ×先生/女士，这是我们的收银员×××。×××，这是我们的贵宾客户×先生/女士。 ➢ ×先生/女士，您好！
➢ 收银员询问客户付款方式与发票需求	➢ 服务顾问事先确认客户是现金交易还是微信、支付宝或刷卡支付，再把收费方式转告收银员 ➢ 如果客户需要开具发票，请客户留下相关信息	➢ ×先生/女士，这边可以采用微信、支付宝、刷卡、现金等方式支付。请问您本次选择哪种支付方式呢？ ➢ ×先生/女士，请问本次需要开具发票吗？如果开具发票，请您留一下发票的信息。
➢ 开具发票后将单据交给客户	➢ 收银员将结算单、发票等放入信封中，双手递给客户 ➢ 收银员感谢客户的来访	➢ ×先生/女士，这是您的结算单、发票等，请您收好！感谢您的光临！
➢ 陪客户去取车区	➢ 陪客户来到他的爱车旁，将车钥匙和出门证交给客户 ➢ 为客户打开车门	➢ ×先生/女士，我带您去取车，这是您的车钥匙和出门证，出门时把出门证给门卫就可以了。 ➢ 您请上车，小心碰头。
➢ 给客户一些温馨提示，提醒客户将进行服务回访	➢ 服务顾问主动告诉客户72小时内会对其以电话、短信或微信方式进行回访 ➢ 询问客户偏好的回访方式和时间	➢ ×先生/女士，3日内我们回访专员会对本次维修保养质量进行回访。请问您是方便接受电话、短信还是微信方式呢？对时间有什么要求吗？
➢ 提醒下次保养时间	➢ 请客户上车，并提醒调试座椅、反光镜等个性化设置 ➢ 对着保养提示贴再次提醒客户下次保养时间	➢ 您请上车，小心碰头。×先生/女士，后视镜、座椅、音响和空调已恢复原位，您再感受一下，若有需要，我协助您一起调整。
➢ 送别客户，挥手告别	➢ 向客户再次致谢，提醒客户系好安全带 ➢ 为客户关上车门，并向客户挥手告别 ➢ 门卫敬礼，目送客户	➢ ×先生/女士，感谢您的光临，祝您用车愉快，再见！

任务小结

    对客户来说，他们最关心的就是维修保养质量，其次是价格。因此，服务顾问应主动向客户解释结算单上的每一项内容，尊重客户的知情权，消除客户的疑虑，真正做到"客户至上"，从而提升客户满意度。

项目7 售后跟踪

本项目将探讨通过对客户实施有效的跟踪回访活动，收集客户意见，平息客户抱怨，提高服务质量及客户满意度。

知识目标

1. 了解回访的目的；
2. 掌握回访的规范要求；
3. 了解回访问题处理的流程；
4. 了解回访问题处理流程执行标准。

技能目标

1. 掌握回访工作流程，能够按流程和执行标准处理客户回访问题；
2. 掌握回访工作的基本话术；
3. 对回访中的问题进行整理归档。

任务 7.1　回访工作流程

知识目标

1. 能叙述回访的目的;
2. 能掌握回访的规范要求。

技能目标

1. 能掌握回访工作流程;
2. 能掌握回访工作的基本话术。

素养目标

1. 能对回访知识的学习提升与客户沟通的能力;
2. 通过了解客户的反馈提升解决问题的应变能力;
3. 提升责任心及协作能力。

客户期望

我需要这样一位专业服务人员:

- 始终对我充满热情和谢意;
- 向我了解对于这次服务经历的看法,征求我的改进意见;
- 让我有机会参加贵宾积分,享受今后的服务、优惠折扣、奖励活动;
- 不会在服务后问我太多问题或打太多电话;
- 如果我有疑难,尽快安排专人解决。

服务流程

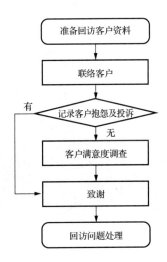

7.1.1 要素解析

售后维修、保养等服务结束后，在客户离店后的 3 日内，4S 店的客户服务专员应主动联系客户，使用有针对性的话术，了解该客户对 4S 店所提供的整个服务过程是否满意，听取客户的意见或建议。如果客户对本次服务有抱怨或投诉，则要积极协助相关人员进行处理，同时，4S 店也要对回访结果的价值进行充分挖掘。

1. 客户回访的目的

首先通过回访对客户来店表示真诚的感谢，让客户感受到 4S 店的持续关注与重视。客户反馈的意见和建议是促进 4S 店持续改善的宝贵财富。来自客户的反馈能帮助 4S 店更全面地了解服务中的不足，有助于 4S 店持续改善现有的服务流程和相关细节，满足客户可能不断变化的需求。

2. 客户回访工作流程

（1）准备回访客户资料

1）了解回访客户资料。从客户管理系统（软件系统或导出的文档）中的客户提醒清单中查找当天需要回访的客户记录。搜索提醒时间在 72 小时之内的客户，确定好客户的类型，如常规保养客户、大修的客户、索赔客户等；同时确定客户预留的回访方式，如电话、短信、电子邮件、微信等。

2）了解客户服务项目。开始回访前，需要提前准备好客户的维修工单，从而确保在回访前对该客户在店接受的服务已经有足够的了解，以便能够及时解决客户在回访过程中的疑问或投诉。

（2）联络客户

1）致电客户，确认客户身份。

根据客户预留的回访时间致电（见图 7-1），若遇到没有具体时间的安排，可选择合适的时间段，一般选择 10:00—12:00 和 14:00—16:00 进行回访。一定要确认接受调查的是否为送修人本人、是否方便进行回访。若不是本人，则可询问确认的时间和新的联系方式，并做好记录。

图 7-1　电话回访客户

⍰想一想

你能想到哪些可以提高回访成功率的方法？

_____

_____

_____

为了提高回访成功率，应做到以下几点。

① 在交车说明时就与客户确定合适的回访时间。

② 与新车销售顾问交流，掌握客户相关信息。

③ 通过接待客户了解客户的职业，以避免在工作时间打扰客户。

④ 交换名片。在名片上写下预计跟踪调查的日期和时间，并交给客户。

⑤ 向客户提供用得上或者感兴趣的信息。

2）自我介绍。感谢客户来店、说明来电意图。

先进行自我介绍（4S 店和回访专员姓名），然后感谢客户在 4S 店接受服务，说明本次电话访问的意图及大概需要的时间。

🎬话术示范

> 您好，这里是××4S 店客户服务中心，我是客服专员×××，请问您是×先生/女士吗？感谢您在××（时间）选择我们这里进行××服务。为了今后向您提供更优质的服务，我们非常希望您能将当时的服务体验告诉我们。我们还为您准备了礼品，您可以在××（保养时间，如下次进店保养时）得到××（礼品，如服务优惠项目）。我们会占用您 2～3 分钟的时间，请问您现在通话方便吗？

✍练一练

刘女士在××特约维修店进行了 20000 公里的常规保养，客户服务专员小李对刘女士进行离店后 3 日回访，请你根据话术示范进行一次电话回访的自我介绍、感谢来店、说明来意的练习。

_____

_____

_____

（3）客户满意度调查

在询问时，重点询问客户对费用明细、时间分配、工作质量等方面的满意度。

1）了解客户车辆使用情况。

话术示范

请问您的车辆使用状况良好吗？（如果有问题，客户会很愿意讲述）

2）收集客户满意度相关信息（见图7-2）。

图7-2　进行客户满意度调查

① 收集客户的意见或者建议。

话术示范

有几个问题想向您征求意见，能否再耽误您一点儿时间？（详见下面的普通回访问卷题库，从中抽取三个问题）

当客户提出问题时，客户服务专员用 5W2H 问诊法详细记录客户信息。

② 客服人员征询客户评价。

话术示范

1. 如果满分是 10 分的话，请问您对此次维修/保养服务整体过程打几分？

2. 请问您对我们的服务还有什么意见和建议吗？

客户服务专员应及时记录所有信息。对于记录的信息，通话结束后需要检查一遍，避免遗漏或记录错误。

◆ **知识链接**

以下为普通回访问卷题库示例。

普通回访问卷题库

1. 请为特约店/服务站的每一项表现逐个打分：

（　）A. 维修保养安排的便利性（通过电话、短信等，也包括和服务人员沟通的时间）（10分）

（　）B. 灵活地安排您希望维修/保养的时间（10分）

（　）C. 接车过程迅速（您等待被接待的时间，和服务顾问沟通的时间，钥匙交接和填写书面文件的时间）（10分）

2. 请用相同的10分标准，给特约店/服务站服务前的接车过程的总体表现打分（10分）。

3. 请为服务顾问的每一项表现逐个打分：

（　）A. 服务顾问礼貌/友善（10分）

（　）B. 服务顾问有求必应（10分）

（　）C. 详细地解释维修保养的内容和收费情况（10分）

4. 请用相同的10分标准给服务顾问的总体表现打分（10分）。

5. 请为特约店/服务站的每一项表现逐个打分：

（　）A. 容易开车进/出特约店/服务站（10分）

（　）B. 特约店/服务站所处位置便利（10分）

（　）C. 特约店/服务站干净整洁（10分）

（　）D. 客户休息区舒适（包括座椅、娱乐设施、饮料、点心）（10分）

6. 请用相同的10分标准给特约店设施的总体表现打分（10分）。

7. 请为特约店/服务站的每一项表现逐个打分：

（　）A. 提车过程迅速（等待被接待的时间，填写书面文件和提车）（10分）

（　）B. 收费合理（10分）

（　）C. 有人协助您提车（如协助找到车辆、付款等）（10分）

8. 请用相同的10分标准来评价维修/保养完成后在特约店/服务站的整个提车过程（10分）。

9. 请为特约店/服务站的每一项表现逐个打分：

（　）A. 完成整个维修/保养所花的时间（10分）

（　）B. 维修/保养后的车干净并且车况良好（无损坏，车内设置无变化）（10分）

10. 请用相同的10分标准给特约店/服务站的总体服务质量打分（10分）。

11. 请用相同的10分标准给特约店/服务站的总体表现打分（10分）。

（4）记录客户抱怨及投诉

1）现场答疑或稍后回复。

客户服务专员能在线解决的客户问题，不需要填写投诉处理表，但在回复过程中需要稍后回复的，要明确回复的时间和形式，确保得到客户的理解和信任。

2）接受投诉并安抚客户。

将抱怨和投诉记录在客户投诉处理表上，所有客户反馈的信息应按原话或原意如实记录。客户服务专员不能单独立即处理的投诉或问题，应在征求其他部门的意见后，再予以回复，不得随意承诺。

（5）致谢

客户服务专员感谢客户，提醒车辆使用注意事项及下次保养时间，对预约及店内的特色服务进行推广，礼貌告别。

话术示范

×先生/女士，今后您遇到任何问题都可以随时与我们联系，我们的预约电话是×××××××××××。感谢您利用宝贵的时间接受我们的回访，祝您生活愉快，再见!

3. 客户回访注意事项

1）注意语言技巧。打电话时为避免客户觉得他的车辆有问题，建议使用规范语言，发音要自然、友善。不要讲话太快，这样一方面可给予没有准备的客户时间和机会回忆细节，另一方面可避免让客户觉得你很忙。不要打断客户的讲话，记下客户的评语（批评、表扬）。

2）客户服务专员要了解车辆的基本维修常识和沟通技巧，给予客户专业的解释和周到细致的服务。

3）如果客户有抱怨，不要找任何借口搪塞客户，应告诉客户已将他的意见进行了详细的记录，尽可能让客户相信只要他愿意，有关人员会及时与他取得联系并解决问题。

4）对于不满的客户，及时将跟踪结果向维修经理汇报，再由维修经理与客户联系。如果属于服务质量问题，则通知客户将车开回店内进行维修；如果属于服务态度问题，则向客户表示歉意，直至客户满意。这样从预约开始到跟踪结束，形成一个闭环。总之，要对客户不满的原因进行分析并及时采取改进措施。

5）对客户的不合理要求进行恰当解释，使客户能够接受4S店的安排。

7.1.2 任务实施

回访工作的任务实施流程见表7-1。

表 7-1 回访工作的任务实施流程

行动要领	执行技巧	标准话术
➤ 回访前准备	➤ 根据回访计划进行回访、确保交车后 3 日内回访，准备回访记录表、查看原始维修工单、查看经销商管理系统，了解维修履历	➤ ×先生/女士，早上好/下午好! 我是×××。您的汽车于×月×日在我公司维修/保养过。现在对您做一个回访，了解一下您的爱车维修/保养后的使用情况及对我们工作的满意度，以便改进我们的工作，提高服务质量。这个回访可能要占用您 × 分钟时间，您看现在是否方便?
➤ 致 电 表 示 感谢、确认身份	➤ 确认客户并自我介绍，向客户的来店表示谢意，说明致电目的	➤ （客户不方便）很抱歉，您看我什么时间再跟您联系会比较方便?
➤ 询问客户对特约维修店经历的总体满意度	➤ 询问结果是否称心如意（包括员工态度、作业时间和作业质量） ➤ 确认费用、完工日期是否满意 ➤ 听取客户的感想，询问有无其他意见 ➤ 若无特殊问题，参考施工单所记的内容，向客户推荐下次保养日期及维修建议 ➤ 对于深感不满的客户，必须耐心听取具体原因，电话回访后及时向售后服务经理反映真实情况，共同研究对策	➤ （客户方便）我会询问您几个问题，请您用以下标准回答问题：非常满意、满意、一般、不满意、非常不满意。您对我们的服务满意吗? 服务专员是否能尽力为您提供快速便捷的服务，您对此的评价是: 售后服务部的营业时间对您是否便利，您对此的评价是: ➤ 非常感谢您接受我们的回访，我们会尽快答复您（若客户有意见）。
➤ 回访结束前表示感谢	➤ 感谢客户配合回访，介绍预约电话。电话回访结束时，须表示感谢	➤ 今后您遇到任何问题都可以随时与我们联系，我们的预约电话是××××××××××。谢谢您，再见!

7.1.3　分角色扮演

1. 角色扮演学习目标

在完成该角色扮演之后，你便能够按照回访流程要求，做好及时的售后客户回访和客户满意度调查。这是获取客户对 4S 店的工作评价、不断改进 4S 店的工作、提升客户忠诚度的重要手段。

2. 角色扮演情景

客户张先生 10 月 3 日在××4S 店完成了 30000 公里的车辆常规保养。现在请你和你的搭档完成一次回访工作。

3. 客户的期望和要求

1）始终对客户充满热情和谢意。

2）向客户了解对这次服务经历的看法，征求客户的改进意见。

3）让客户有机会参加贵宾积分，享受今后的服务、优惠折扣、奖励活动。

4）不会在服务后问客户太多问题或打太多电话。

5）如果客户有疑难，尽快安排专人解决。

任务小结

跟踪回访是维修服务流程中的最后一个环节，属于与客户的接触沟通和交流环节，一般通过电话访问的方式进行。跟踪回访时客户服务专员应解决客户现实的问题，对存在的问题做好记录并及时跟踪。

任务 7.2　回访问题处理

知识目标

1. 能掌握回访问题处理的流程；
2. 能掌握回访问题处理流程执行标准。

技能目标

能够按流程和执行标准处理客户回访问题。

素养目标

1. 养成热情、周到、细致的工作作风；
2. 培养善于与客户有效沟通的能力，体现对客户的关注和尊重。

客户期望

我需要这样一位专业服务人员：

● 以礼貌的态度听取我的意见；
● 正视问题并及时、诚心诚意地去解决问题。

服务流程

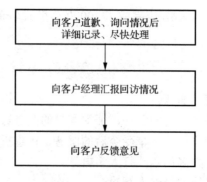

7.2.1 要素解析

1. 回访问题处理流程

1）致歉、询问情况，详细记录，及时反馈。

任何员工在接到客户意见后，都要第一时间向客户道歉并记录投诉内容，如时间、地点、人员、事情经过、结果等，了解投诉事件的基本信息，并初步判断客户的投诉性质。

2）向客服经理汇报回访情况。

① 在 1 小时内上报给客服经理或高层经理，由客服经理立即填写客户信息反馈处理单，简单记录基本信息，如车牌号、填单人姓名、内容概要等。

② 客服经理在 24 小时内协同被反馈部门完成责任认定并对责任人完成处理意见后，完成与客户的沟通（若有必要），并将客户信息反馈处理单转给管理部。若 24 小时内没有联系上客户，则客服经理应在 48 小时内完成上述工作。

③ 管理部在接到客户信息反馈处理单后，在 4 小时内根据公司文件对处理意见进行复核。对有异议的处理意见，管理部召集客服经理和相关部门进行协商并签署协商意见，并在 4 小时内将处理结果上报给总经理，同时将总经理的处理意见反馈给客服经理和相关部门执行（见图 7-3）。

图 7-3　回访问题对应的责任部门

④ 管理部在 8 小时内根据最终处理意见实施责任追究、进行过失沟通，完成最终的客户信息反馈处理单并于当日转客户服务中心。

3）向客户反馈意见。

① 客户服务专员应再次表达歉意，将回访问题处理结果反馈给客户。

② 如果属于重大投诉，客服经理应请示总经理后上门拜访客户。

③ 未了事宜由客服经理在未了事宜台账上进行记录，并在维修接待电脑系统中明确标注。

④ 客服经理每月初要完成上个月未了事宜的客户沟通提醒，及时回店处理并及时掌握未了事宜的变化情况。

2. 回访问题处理流程执行标准

（1）客户投诉

所有客户投诉都应重视，无论是客户直接的投诉还是客户服务专员回访时了解到的投诉，以及其他渠道转来的客户投诉。

（2）记录、填写投诉处理表

客户服务专员接到客户投诉以后，须立即完整填写客户投诉处理表（见表 7-2），交由相关部门经理处理，明确处理责任人和处理时限。

表 7-2　客户投诉处理表

时间：　　日　　月　　时　　分　　　　　　　　　　　　　　　　编号：

信息分类		投诉类别		底盘号		车牌号	
用户姓名		联系电话		地址			
车型		购车日期		行驶里程			
服务顾问			质检员			派工单号	
维修技师							
用户反馈的问题	1. 2. 3. 4. 5. 6.					客户服务人员	
						日期	
回复	投诉是否属实		□属实	□不属实		接收人	
	产生投诉原因					回复人	
	处理过程结果						
	二次回访结果					日期	
投诉关闭确认		时间：　月　日　时　分		用户反应		□非常满意　□满意　□不满意	
关闭审批		信息关闭	□是　□否	是否及时关闭		□是　□否	
经办人				审批人			

（3）承诺回复时限

客户服务专员不能立刻解答的问题或须处理的投诉，应在征求其他部门的同意后再予以回复，不得随意承诺。

（4）及时处理客户投诉

相关责任部门应随时与客户服务中心保持沟通，了解投诉处理的进展，在投诉处理完成后，将处理过程补充填写在客户投诉处理表上，并将其返回给客户服务中心，以备后续跟踪及归档。

（5）协调处理重大客户投诉、危机处理等

对于重大客户投诉，客户服务专员应立即交由售后经理处理，甚至通过总经理进行协调，对客户的回复应保证统一口径。

（6）再次回访客户，跟踪满意度，并致谢客户反馈

客户服务专员应在投诉处理完毕后，再次回访客户，以确保客户非常满意。

3. 处理客户投诉须注意的问题

1）注意心理换位，把自己置身于客户的处境来考虑问题。

2）让客户倾诉自己的怨言。

3）时间不能拖，要及时处理，否则问题会越变越严重。

4. 处理客户投诉的具体方法

1）当客户打电话或来店投诉时，应沉着冷静地对客户说："谢谢您给我们提出了宝贵的意见。"切忌与客户发生争执。

2）仔细倾听客户的抱怨。

3）确实属于4S店的问题，除向客户诚挚道歉以外，要马上根据客户的时间安排返修，并承担相关的费用。

4）即使不属于4S店造成的问题，也要注意态度，一般来说，要注意下面几个事项。

① 耐心向客户做出解释，解释时注意不要伤害客户的感情。

② 建议对车辆存在的问题进行免费检查，并在征得客户同意的前提下进行检修。

③ 收费时可以适当优惠或对工时费予以减免。

5）再次对客户的投诉表示感谢。

4S店应对客户的回访问题、反馈给予最大限度的关注，对于客户的任何反馈都应心存感激，所有能够让客户满意的方法都必须进行尝试。对于重大问题以及重复投诉，4S店管理层需要给予足够的重视，要建立起相应的协调处理机制，包括定期会议和应急处理会议等，在及时处理客户投诉的同时，通过持续改善措施的施行，预防和避免问题的出现。

7.2.2 任务实施

回访问题的任务实施流程见表7-3。

表7-3　回访问题的任务实施流程

序号	行动要领	执行技巧	标准话术
1	➢ 耐心倾听客户的投诉，不要中途打断客户的倾诉	➢ 倾听并有回音	
2	➢ 首先道歉，安抚客户的情绪，表示理解客户的心情，但不要轻易认同	➢ 主动和客户进行沟通交流，表现出诚恳、积极的态度，并安抚客户的心情	➢ ×先生/女士，我有什么可以帮您的吗？ ➢ ×先生/女士，您先别着急，有什么事情您和我说，我看看有什么可以帮助您的。
3	➢ 积极倾听和提问，必要时准备电话录音，以充分收集客户信息，确认问题关键点	➢ 积极提出解决方案，解释给客户听，征求客户的意见	➢ 经确认，我们的工作的确没做到位，给您带来了不便，我们会积极地为您解决。您看我们准备……或者……并赠送您2次保养。我们一起商量一下哪种方案更理想，好吗？

续表

序号	行动要领	执行技巧	标准话术
4	➤ 在解决客户投诉时，要加以记录，形成书面文件	➤ 用笔记录关键词	➤ 重复客户关键的问题点
5	➤ 告知客户处理的时间，并及时为客户解决问题	➤ 告知客户解决所需要的时间，可以缓解客户的焦躁情绪，但告知时间要留有余量，以确保准时完成	➤ ×先生/女士，事情我们已经了解清楚了，解决的方案也确认了，我们将在 3 日内解决，并告知您结果，让您满意。 ➤ ×先生/女士，您所说的我都一一记录了，为了更好地帮您解决问题，有些具体的情况我们还需要了解清楚。您看这样吧，我们 3 日之内给予您解决方案的答复，那时我们一起商量出最佳的解决办法。
6	➤ 处理后要告知客户，确定客户对处理问题的满意度，并表示感谢	➤ 在与客户协商解决方案达成共识或者问题已经圆满得到解决后，要询问客户的感受，并对客户表示感谢	➤ ×先生/女士，问题已经解决了，再次对给您带来的不便表示歉意，同时也感谢您对我们工作的帮助和理解。

7.2.3　分角色扮演

1. 角色扮演学习目标

在完成该角色扮演之后，你便能够按照回访问题处理的流程和方法，做好关于回访问题的处理工作，给予客户及时有效的帮助，使回访问题处理得当，避免问题升级。

2. 角色扮演情景

客户张先生 10 月 3 日在××4S 店完成了 30000 公里的车辆常规保养。在回访过程中，客户对本次保养的费用提出了异议，感觉配件的价格比一般的修配厂高很多，现在请你和你的搭档完成一次回访问题的处理。

3. 客户的期望和要求

1）以礼貌的态度听取客户的意见。
2）正视问题并及时、诚心诚意地去解决问题。

任务小结

在维修和保养过程中，有一些车辆隐形的问题未能显现，但在后续的使用中可能有所表现。规范的回访处理流程可以第一时间解决客户的疑虑，大大降低客户对 4S 店服务的负面感觉。

任务 7.3 回访后续工作

知识目标

能掌握回访后续工作的流程。

技能目标

能对回访中的问题进行整理归档。

素养目标

1. 培养热情、周到、细致的工作作风;
2. 养成面对问题,学会反思的良好习惯。

客户期望

我需要这样一位专业服务人员:
● 针对问题学会举一反三,总结经验,改善服务质量。

服务流程

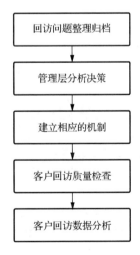

7.3.1 要素解析

1. 回访问题整理存档

回访处理完毕后,回访专员对客户所反映的问题,以及在处理过程中所有的相关记录(录音、客户投诉登记表等）都要进行备案，以便后续提供给各部门和决策层作为对工作进行有针对性改进的重要依据。

2. 管理层分析决策

客户服务经理应每月/每季度/每年度对客户回访进行汇总分析（见表 7-4），提交管理层商讨并制订相应的改善方案，整理归档。

表7-4　客户投诉统计分析月报表

服务店名称										日期	
序号	日期	投诉客户姓名	车牌号码	联系电话	投诉渠道	投诉类别	投诉内容	处理结果	处理时间	处理人	投诉原因分析及投诉整改措施

统计分析

投诉类别		数量	比例/%	客户投诉处理时效	数量	注：在"投诉类别"栏填写投诉类型编号。
当月投诉小计				3 日内		在"投诉渠道"栏填写数字号码： 1. 店内现场投诉 2. 电话投诉 3. 信函或电子邮件投诉 4. 厂家转投诉 5. 其他单位（政府、消费者协会、媒体等）转投诉
1	服务类（服务顾问）			4～7 日内		
2	产品质量类（SQ）			8～14 日内		
3	配件类（SP）			15～30 日内		
4	其他（OT）			2 个月以上		

备注：	批准	审核	完成

3. 建立相应的机制

4S 店管理层应定期回顾各部门的执行情况，确定下一阶段的工作安排，确保各个环节的工作都能按计划有序完成，所有设定的目标都能够完成。每次的会议记录都应做好保存，并确保所有与会者和相关责任人员都清楚会议内容。

4. 客户回访质量检查

（1）回访质量控制

客户回访实行电话质量"三检"制度。

1）自检：由客户服务代表每日下班前对工作完成情况进行一次自检。

2）互检：由主管和组长组织客户服务代表不定期对回访结果进行相互检查。

3）交接检：由主管对回访结果进行检查，并传递给领导和相关部门。

（2）设立质量监督员

由于影响回访结果的因素较多，过程控制需要花费较多时间，因此须设立专人（可由客服经理担任）对质量监控内容进行检查、核对、分析。

（3）具体质量监控内容和监控办法

有效回访是指能够获得有效信息的回访。参阅有效回访率统计图表（见表7-5和图7-4）中的电访率与有效回访率，可得知客户有效回访的情况。利用两者间的差异，找出问题点，改进工作。

表 7-5　有效回访率统计表

项目		1月	2月	3月	4月	5月	6月	7月	8月	9月	10月	11月	12月	合计
结账数														
电访数														
有效回访														
有效回访率														
无效回访次数														
拒绝接听次数														
问题统计	问题 A													
	问题 B													
	问题 C													
	车辆使用情况													
电话错误次数	服务顾问 A													
	服务顾问 B													
	服务顾问 C													
	……													

（4）进度控制

主要从定量、定时和看板式管理进行规范管理。

1）定量：先根据回访内容测算单个回访时间，再根据员工每天工作时间安排人均回访工作量。例如，对于问卷简单、问题只有 1～2 个的回访任务，每天每人成功回访可不少于××个。

2）定时：根据问卷长度和用户特点确定适宜的回访时间。

3）看板式管理：根据不同回访项目确定回访取样、实施、分析等时间节点，控制工作进度。

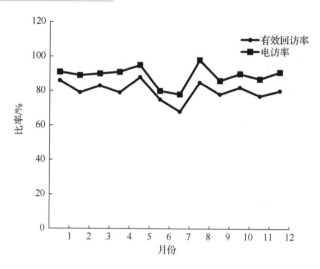

图 7-4 某 4S 店有效电话回访率统计图

只有定量、定时和看板式管理有机结合，才能让回访人员更专注于当天的电话，打出有质量的回访电话，与客户建立良好的关系，从而为开拓新客户打下良好的感情基础。

5. 客户回访数据分析

在回访过程中，因为客户服务专员与客户有着直接接触，所以会掌握大量的客户反馈的信息。

如何对这些大量、烦琐的回访信息进行统计分析，并指导和提升 4S 店的服务质量呢？应做到以下几点。

首先，客户服务专员要详细、准确地记录回访信息，确保原始资料的准确性。

其次，对原始记录进行汇总和统计，形成月度报表。根据分析报告（PPT 或 Word 文档形式均可），为 4S 店的经营提供一定的决策依据。分析报告的内容应包括回访率分析、客户满意度分析、客户不满意原因分析。

（1）回访率分析

回访率分析是指对回访电话接通情况和客户档案准确性进行的分析，其分析指标包含电话接通率、用户档案准确率等，如电话无人接听、号码错误、客户原因，主要是为了保证客户档案的准确性。

1）电话接通率，是指电话接通数量占外呼总数的比率，即

$$电话接通率=接通数量/外呼总数×100\% \qquad (7\text{-}1)$$

2）用户档案准确率，是指电话接通后用户信息准确数量占接通数量的比率，即

$$用户档案准确率=用户信息准确数量/接通数量×100\% \qquad (7\text{-}2)$$

（2）客户满意度分析

客户满意度分析主要通过回访了解客户对 4S 店的产品及服务的满意程度。用户满意率是指用户对回访项目满意（非常满意和满意）数量占成功回访总数的比率。通过分析回访结果，可以形成产品满意率、服务满意率、销售满意率等，从而为管理层提供决策依据。

（3）客户不满意原因分析

客户不满意原因分析主要是通过回访了解客户对4S店的产品及服务的具体不满意内容，如对服务不满意、维修不满意、价格不满意等原因进行分析。不满意分析的主要工作有以下几项。

1）找到回访中不满意的比重较大的项目。

2）对不满意项目形成的原因进行分析。

3）提出解决方案和改进措施。

做回访重在沟通，沟通是一门值得学习的技能，尤其对于回访人员来说，在电话接通的一刹那，代表的就不再是自己，而是一个品牌、一个单位、一个企业的形象。所以回访人员必须具备一定的沟通技巧，确保每个电话的沟通质量，只有这样才能达到电话沟通的目的。同时，回访人员还要能够处理好客户各类咨询和投诉，以促进客户满意度的提升。

7.3.2 任务实施

回访后续工作实施流程见表7-6。

表7-6 回访后续工作实施流程

序号	项目	处理执行关键点
1	回访问题整理归档	客户回访录音、客户投诉登记表分类备案
2	管理层分析决策	做月、季度、年度回访分析表
3	建立相应的机制	4S店管理层定期回顾回访问题执行情况
4	客户回访质量检查	进行回访质量"自检、互检、交接检"，设立质量监督员
5	客户回访数据分析	回访率分析、客户满意度分析、客户不满意原因分析

任务小结

在客户回访结束后，要对取得的相关信息及时进行汇总，以便于相关部门积极采取应对措施，从而提升4S店的运营能力与管理能力及客户满意度，提高4S店的市场竞争力。

参 考 文 献

程国元，潘明明，2019. 汽车维修业务接待[M]. 北京：化学工业出版社.

王彦峰，杨柳青，2012. 汽车维修服务接待[M]. 北京：人民交通出版社.

曾鑫，2013. 汽车维修业务接待[M]. 北京：机械工业出版社.

中等职业教育汽车类专业新形态系列教材

汽车售后服务工作页

主 编 江文渊 王瑞君

副主编 王 敏 卞春芳 纪碧芳

科学出版社

北 京

内 容 简 介

本书是《汽车售后服务》的配套实训教材,读者在学完售后服务技术理论知识和相关技能点后,在对应的工作流程中进行针对性的实践训练,以适应汽车售后服务工作岗位,提高履行售后服务岗位职责的实际能力。工作页是提高教材内容的岗位适用性和教学系统化的教学保障,旨在通过对七个教学项目的针对性实训,解决长期以来教学知识理论和实践相脱节的现象。

图书在版编目(CIP)数据

汽车售后服务:含工作页 / 江文渊,王瑞君主编. —北京:科学出版社,2021.6

(中等职业教育汽车类专业新形态系列教材)

ISBN 978-7-03-067655-9

Ⅰ. ①汽… Ⅱ. ①江… ②王… Ⅲ. ①汽车–售后服务 Ⅳ. ①F407.471.5

中国版本图书馆 CIP 数据核字(2020)第 269476 号

责任编辑:陈砺川 周春梅 / 责任校对:马英菊
责任印制:吕春珉 / 封面设计:东方人华平面设计部

科 学 出 版 社 出版
北京东黄城根北街 16 号
邮政编码:100717
http://www.sciencep.com
北京市京宇印刷厂印刷
科学出版社发行 各地新华书店经销
*
2021 年 6 月第 一 版 开本:787×1092 1/16
2021 年 6 月第一次印刷 印张:18
字数:427 000
定价:52.00 元(共两册)
(如有印装质量问题,我社负责调换〈北京京宇〉)
销售部电话 010-62136230 编辑部电话 010-62135763-2030

为更好地服务广大师生学习和使用《汽车售后服务》，提高学生将来在汽车经销店售后服务各岗位的工作服务技能和基本素质，编者结合每一个工作项目和工作任务编写了本书。

本书的特点如下。

1. 教学方法创新

传统的实训教学多采用任务驱动教学法，主要是让学生在实训中完成一个应知应会的工作任务，重点掌握实践操作技能。本书采用了更为有效的项目教学法，教师在项目设计上要求学生能够解决上课中未教授过的新问题。对比任务驱动教学法，项目教学法最重要的区别是在实施的过程中很好地体现了以项目为本位、以学生为主体的重要特征。

2. 教学案例实用

与其他汽车营销类教材实训部分内容相比，本书中的实训案例取自各汽车专营店的真实事件。全书案例的选取更贴近真实工作情景，呈现的案例既典型又全面，可操作性强，并对学习任务的知识点做了必要的补充，起到了实践导向作用。案例更加突出教学内容的适用性，注重学生职业能力的培养。实训指导部分通俗易懂、文字精练、图文并茂、版面明快。教师应用本书可以更好地进行实训课教学，学生可以轻松愉快地掌握售后服务操作技能。

3. 立体化设计

编者已将调研获得的与汽车售后服务职业有关的，需要在实践中解决的项目进行了整理并适当改编，将这些工作项目整合到每一个工作任务中。在实训工作页中，工作项目被划分为资讯、计划与决策、实施、检查与评估、任务拓展等步骤，教师只需要准备好项目实训所需的场地、工具、设备等，项目计划、实施等步骤均由学生讨论决定，学生上课参与程度高，教学效果良好。

4. 适用范围广

该书既可作为职业教育实训课用书，又可作为汽车专营店人员培训的专业实践用书，还可作为汽车集团内部技能比武的参考用书。

CONTENTS 目录

项目1 4S店售后服务概述···1

项目2 邀请与预约···11

项目3 维修接待···27

项目4 维修与跟踪···36

项目5 维修质检与内部交车···52

项目6 交车与送别···61

项目7 售后跟踪···72

项目 1 4S 店售后服务概述

任务 1.1 了解 4S 店的售后服务现状

学生姓名		实训场地	一体化教室	任务成绩	
实训设备		汽车整车、多媒体实训中心		日 期	
工作任务		每个品牌的 4S 店往往在一个城市中拥有庞大的品牌客户团体，有些城市还会成立车迷组织，如杭州保时捷车友，这些车友们往往对车辆非常爱护，也很有归属意识。其实这个团体对于汽车售后服务的需求非常大，请你向这些客户提出一些用车的建议和养车方案。			
任务目的		1. 从企业的角度理解客户维系的含义； 2. 能参照一些成功 4S 店做法提出客户维系的常用策略； 3. 能依据企业的现有运行能力向客户提供车辆维修保养的实用方案。			
工作任务实施		**一、资讯** 　　1）4S 店最重要的两项功能是：＿＿＿＿＿＿＿＿＿和＿＿＿＿＿＿＿＿＿（主要承接＿＿＿＿＿＿＿＿＿或者＿＿＿＿＿＿＿＿＿的维修服务需求）。 　　2）按照利润结构划分，在我国 4S 店的利润中，约有 20% 来自＿＿＿＿＿＿＿＿＿，其余约 80% 来自＿＿＿＿＿＿＿＿＿，这与美国汽车经销商的利润结构相当。 　　3）汽配件指的是组成汽车的＿＿＿＿＿＿＿＿＿。按照＿＿＿＿＿＿＿＿＿，通常行业里将汽配件划分为易损易耗件和全车件两个大的品类。 　　① 易损件。易损易耗件是指汽车＿＿＿＿＿＿＿＿＿后就必须维修或更换的配件。典型的易损易耗件品类包括＿＿＿＿＿＿＿＿＿等。 　　② 全车件。全车件是指汽车＿＿＿＿＿＿＿＿＿后必须维修或更换的配件。典型的全车件品类包括＿＿＿＿＿＿＿＿＿等。 　　4）除了 4S 店，目前很多上门保养平台推出了＿＿＿＿套餐。这些保养套餐的内容多为＿＿＿＿模式。如果消费者不了解车辆情况，就很难看懂各价位保养套餐间的区别，他们最终往往选择较贵的保养套餐，在无形中加大了客户保养车辆的支出。 　　汽车网络预约保养应该推出更为＿＿＿＿、＿＿＿＿的产品，让消费者不再"只选最贵的，不选最合适的"。 　　5）经销商通过盘活客户资源，频繁互动，针对性分阶、分类（区域、车龄、价值、忠诚度）管理维系，最终以忠诚度与价值的双重条件筛选出有效客户（A、B、C、D 四类），请写出各类型顾客的特点。 　　A. 高忠诚度、高价值＿＿；

B. 低忠诚度、高价值——_____

_____；

C. 高忠诚度、低价值——_____

_____；

D. 低忠诚度、低价值——_____

_____。

二、计划与决策

经过前期的市场调查，不少4S店客户认为自己用车过程中存在以下不便利之处。

1）洗车美容需要单独安排时间外出去洗车店。

2）保险到期过期忘记，需要保险公司出单处理。

3）年审到期过期忘记，需要自己单独安排时间处理。

4）车辆违章过多，无法自行处理扣分事宜。

5）车辆保养麻烦，需要单独安排时间处理。

6）车辆快修、喷漆、补胎、换胎、轮胎定位、刹车更换、贴膜等操作很频繁，每次都要去4S店不太方便。

1. 小组成员分工

请根据实训任务要求，确定所需要的工具、表单，并对小组成员进行分工。

姓名	角色	工作内容	所需表单、工具

2. 实施计划（具体方案制订）

三、操作检查

活动检查单				
检查项目	已完成			未完成
	优秀	良好	一般	
1. 方案格式设计合理				
2. 方案撰写有条理				
3. 实施计划周详				
4. 和小组成员合作紧密				

工作任务实施

工作任务实施	四、检查与评估

四、检查与评估

请你根据任务完成情况，对自己的工作进行评估，并提出改进意见。

1. 优点

1）_____

2）_____

3）_____

2. 不足

1）_____

2）_____

3）_____

3. 改进措施

1）_____

2）_____

3）_____

4. 工作任务总评

综合评定	自评	组评	师评	总分
1. 方案撰写细致认真				
2. 能选择合适的方案				
3. 方案格式规范整齐				
4. 方案有助于 4S 店服务质量的提升				
5. 能很好地了解客户的心理				
6. 与小组成员合作良好				

五、任务拓展

方案已经设计完成，请你为本次活动撰写一个活动宣传词，以便能使本次活动在宣传单页上或者电台广告投放时有响亮的口号。

任务 1.2 认识汽车维修服务顾问

学生姓名		实训场地	一体化教室	任务成绩	
实训设备		汽车整车、多媒体实训中心		日期	
工作任务		某 4S 店为了满足新一年维修业务拓展的需要，缓解节前汽车扎堆保养的压力，新录用了一批汽车维修服务顾问（以下简称"服务顾问"）。今天这批新员工正式上岗，你作为他们中的一员，自检是否符合一个合格的服务顾问的标准。			
任务目的		1. 能妥善处理好自己的仪容仪表； 2. 能叙述服务顾问必备的 3 个要素； 3. 能结合具体情境熟练应用各项表达技巧。			
工作任务实施		一、资讯 1）服务顾问必须具备以下 3 个要素，请概述一下各要素的基本内容。 ① 态度：＿＿＿＿＿＿＿＿＿＿＿＿＿＿＿＿ ＿＿＿＿＿＿＿＿＿＿＿＿＿＿＿＿＿＿＿＿＿ ② 技巧：＿＿＿＿＿＿＿＿＿＿＿＿＿＿＿＿ ＿＿＿＿＿＿＿＿＿＿＿＿＿＿＿＿＿＿＿＿＿ ③ 知识：＿＿＿＿＿＿＿＿＿＿＿＿＿＿＿＿ ＿＿＿＿＿＿＿＿＿＿＿＿＿＿＿＿＿＿＿＿＿ 2）眼睛被人们称为"心灵的窗口"，正因为眼神往往会不知不觉地流露出内心的秘密，才使目光交流成为最有效力的身体语言之一。目光交流不仅可以让服务顾问听到客户所说的话，还可以让服务顾问了解他们的感受。 请概述目光交流的 3 个原则。 ① 5 秒钟的目光交流。 ＿＿＿＿＿＿＿＿＿＿＿＿＿＿＿＿＿＿＿＿＿ ② 稳定、真诚地看着对方。 ＿＿＿＿＿＿＿＿＿＿＿＿＿＿＿＿＿＿＿＿＿ ③ 目光不要犹疑。 ＿＿＿＿＿＿＿＿＿＿＿＿＿＿＿＿＿＿＿＿＿ 在谈话时，任何不直视对方的举动都会加重对客户的负面影响，使客户觉得非常不舒服。 3）手势。手势在人际交往中有着重要的作用，它可以加重语气，增强感染力。请概述手势交流的 4 个原则。 ① 大方的手势给人一种肯定、明确的印象和优雅美感。 ＿＿＿＿＿＿＿＿＿＿＿＿＿＿＿＿＿＿＿＿＿ ② 不礼貌的手势。 ＿＿＿＿＿＿＿＿＿＿＿＿＿＿＿＿＿＿＿＿＿

	③ 表达过度。
	④ 表达不充分。
	4）握手通常是表示欢迎、欢送。见面的时候，或者告辞的时候，一般都要握手。这种握手是对人表示祝贺、感谢、慰问或者友好合作等。 请概述握手的 6 个原则。 ① 用右手握手。
	② 握手的时间控制。
	③ 握手力度要适中。
	④ 握手时要脱掉手套。
	⑤ 与女士握手的注意事项。
	⑥ 宾主之间握手的注意事项。
工作任务实施	5）事前做好充分准备，把名片放在上衣的口袋内或裤袋中都不好，应把干净的新名片存放在_____内。平时多准备些名片，不要在客户面前出现名片已用完的情况。 6）递送名片时，应面带微笑，注视对方，将名片_____对着对方，用双手的____和____分别持握名片上端的两角送给对方。如果本来是坐着的，应当起立或欠身递送。 一般来说，4S 店的服务顾问要先拿出名片。递送名片时，服务顾问应该说：_____ _____ 7）接收他人递过来的名片时，应_____，面带_____，用双手拇指和食指接住名片下方的两角，并说：_____ 名片接到后不能随便乱放。如果是初次见面，最好是将名片上的重要内容_____，以示敬重。 **二、计划与决策** 1. 结合图片说一说服务顾问仪容仪表要求（见图 1-1、图 1-2） 图 1-1　服务顾问仪容仪表（女士）

图 1-2 服务顾问仪容仪表（男士）

2. 沟通技巧演练

请按照场景卡进行沟通技巧演练，其他同学进行观察并做出建议与点评。

场景一：配件缺货一周，客户急着要取车。

场景二：轮胎胎面已经损耗磨平，客户坚持不换。

场景三：客户坚持 15:00 交车，可是技师坚持 16:00 才能交车。

场景四：销售顾问经常下班后开自己的车辆到喷涂部门用公司粗蜡打蜡，你想制止并请他自行购买公司产品。

每组各派出两名成员，一名扮演服务顾问，一名扮演另外一位角色，与下一组学员进行对战演练。

（1）小组成员分工

请根据实训任务要求，确定所需要的工具、表单，并对小组成员进行分工。

姓名	角色	工作内容	所需表单、工具

（2）实施计划（仪表要求和沟通话术）

工作任务实施

工作任务实施

三、操作检查

活动检查单				
检查项目	已完成			未完成
	优秀	良好	一般	
1. 仪容仪表表格填写正确				
2. 话术编写合理				
3. 沟通技巧灵活应用				
4. 和小组成员合作沟通				

四、检查与评估

请你根据任务完成情况，对自己的工作进行评估，并提出改进意见。

1. 优点

1）______

2）______

3）______

2. 不足

1）______

2）______

3）______

3. 改进措施

1）______

2）______

3）______

4. 工作任务总评

综合评定	自评	组评	师评	总分
1. 仪容仪表要求表达基本正确				
2. 在各种场景下能应用不同服务技巧				
3. 针对不同场景能正确应对				
4. 沟通话术有助于 4S 店服务质量的提升				
5. 能很好地说服客户				
6. 与小组成员合作良好				

五、任务拓展

在另一个实例中，保修配件客户要求订货，可是到货后联系客户回厂都 3 个月了，客户还 直未回厂更换。你想再一次催促客户回厂，应该如何做？

任务 1.3　提高客户满意度

学生姓名		实训场地	一体化教室	任务成绩	
实训设备		汽车整车、多媒体实训中心		日期	
工作任务		4S 店的核心服务——汽车保养近期屡屡收到客户的投诉，令 4S 店服务总监极为苦恼。原来投诉的原因并非保养质量差或者技术水平低，而是服务没有到位。请你帮助总监一起改进服务，提高客户满意度。			
任务目的		1. 能叙述车辆维修检验的各个标准； 2. 及时协调维修技师、班组长、服务顾问之间的关系； 3. 向客户解释车辆返修的原因。			

工作任务实施

一、资讯

1）市场竞争的实质就是争夺客户。

4S 店要有效地进行客户管理，首先要树立_____的经营理念，4S 店的一切政策和行为都必须以_____和_____为导向，并贯穿到 4S 店经营的全过程。

2）工资是客户发给的。4S 店的工作就是将 4S 店的_____转换成_____来向客户出售。也就是说，向客户收取的维修费用都是以每一项作业所花费的时间为基础的。因此，要遵守_____。工作时要想到不能浪费客户的时间。所以工作时间都是属于客户的。

3）失去客户等于失业。4S 店是靠_____而得以生存的，4S 店的工作也是一样。如果客户对 4S 店失去信赖，就会到其他的公司去，4S 店的经营业绩就会下滑。

4）客户的满意度取决于_____和_____的差值，简单来说，就是 4S 店的服务超过了_____，才会让客户满意。

客户满意度用如下公式表示：

_____

5）列举几种通过努力服务来赢得客户满意的方法。

① 努力做到一次就把车修好。

_____

② 要不断地改进。

_____

③ 认真对待问题。

_____

④ 对客户要持积极的态度。

_____

二、计划与决策

某品牌 4S 店近期接到部分客户投诉更换机油机滤后机油加多，剩余机油未给客户带走，以及保养提示没有复位等问题。为了减少客户投诉，提高客户满意度，现发布《更换机油机滤后交车展示方法》的通知，内容主要包含展示的关键点有哪些、交车时应如何展示、话术有哪些，以及用户不配合该如何处理等。

1. 小组角色分工

请根据实训任务要求，确定所需要的工具、表单，并对小组成员进行分工。

姓名	角色	工作内容	所需表单、工具

4S 店售后服务概述 项目 I

工作任务实施	2．实施计划（工作流程） （1）向客户展示更换机油机滤后的关键点 1）展示机油液位。 动作要领：_____ 2）说明机油加注量。 动作要领：_____ 3）保养提示复位（如客户车辆自带保养提示复位功能）。 动作要领：_____ 4）说明放置剩余机油的位置。 动作要领：_____ （2）向客户展示更换机油机滤后的话术 1）展示机油液位。 话术：_____ _____ 2）说明机油加注量。 话术：_____ _____ 3）保养提示复位（如客户车辆自带保养提示复位功能）。 话术：_____ _____ 4）说明放置剩余机油的位置。 话术：_____ _____

三、操作检查

活动检查单				
检查项目	已完成			未完成
	优秀	良好	一般	
1．展示液位操作要点				
2．说明加注量操作要点				
3．保养提示复位操作要点				
4．说明剩余液位操作要点				
5．展示液位话术				
6．说明加注量话术				
7．保养提示复位话术				
8．说明剩余液位话术				

四、检查与评估

请你根据任务完成情况，对自己的工作进行评估，并提出改进意见。

	1. 优点
	1）_____
	2）_____
	3）_____
	2. 不足
	1）_____
	2）_____
	3）_____
	3. 改进措施
	1）_____
	2）_____
	3）_____
	4. 工作任务总评

综合评定	自评	组评	师评	总分
1. 陪客户验车时细致认真				
2. 各要点展示动作规范				
3. 向客户详细说明各保养要点				
4. 对保养工作非常了解				
5. 与客户沟通良好				
6. 态度亲切自然				

工作任务实施

五、任务拓展

孙先生担心维修后会再次出现同样的问题，你该如何向孙先生解释车辆点火系统维修后的保修期问题？试着写一个话术。

项目 2 邀请与预约

任务 2.1　流失客户招揽

学生姓名		实训场地	一体化教室	任务成绩	
实训设备		汽车整车、多媒体实训中心		日期	
工作任务		服务顾问张华从客户关系管理系统中发现，车牌号为××××的车主王先生，已经一年没有到店进行维修保养。现在打电话进行流失原因调查，并且针对客户流失原因，制定招揽对策，并向客户发出邀约。			
任务目的		1. 能够认真完成客户流失原因的调查； 2. 可以根据客户需求，发出邀约，完成招揽； 3. 能对客户进行客户关怀，建立友好关系。			
工作任务实施		**一、资讯** 　　1）发掘流失客户，确定招揽对象。 　　流失客户是指在规定时间段内，没有回到4S店售后服务站进行过保养、_____、_____活动等进站行为的客户。 　　客户流失是每个4S店都会经历的事情。流失一位_____，会给企业的营业额带来巨大的损失，因此，4S店需要定期_____，发掘流失客户，对流失客户进行分类，进而确定招揽对象。 　　按照时间分类，流失客户可以分为_____、非流失客户、_____、_____、_____和彻底流失客户。 　　2）流失原因调查。 　　针对流失客户制定_____，进行原因分析，可以采用_____或者邮件进行问卷调查。一般电话问卷调查居多，可以通过赠送_____或者精美礼品等吸引客户参与调查。 　　现在张华需要通过电话调查王先生这段时间不到店的原因。在电话接通之后，张华该怎样和客户进行沟通？请写出具体话术。 　　话术：_____ 　　_____ 　　_____ 　　3）流失原因分析。 　　根据问卷调查，发现客户流失的原因有以下几方面：价格、_____、服务、_____以及客户本身原因。 　　4）应对措施建立。 　　针对调查问卷确定的客户流失的原因，根据客户的_____和_____建立合理的招揽措			

施。如果是 4S 店_____，则先进行 4S 店内部的整改，然后对客户实施相应的招揽措施。

除了采取有针对性的招揽措施外，4S 店还可以推出延长营业时间、_____、提供续保优惠套餐、_____、推出幸运套餐等特色服务活动来招揽客户。

例如，经电话调查发现，王先生认为工时费贵，4S 店离家远，就在附近的修理厂进行维修保养。张华打算据此建立有针对性的招揽方案并和客户进行沟通。请写出具体话术。

话术：_____

_____

_____

5）电话/短信邀约。

客服人员可以通过_____、_____对客户进行招揽。采取的主要措施是有针对性地告知客户 4S 店目前的活动以及可以提供的相关服务，邀请客户到店。

例如，现在店里正在做"买工时现金券送工时抵用券"活动，张华该如何向王先生发出邀约？请写出具体话术。

话术：_____

_____

_____

二、计划与决策

1．小组成员分工

根据实训任务要求，确定所需要的工具、表单，并对小组成员进行分工。

姓名	角色	工作内容	所需表单、工具

2．实施计划（工作流程）

三、写出实施要点

1．发掘流失客户

（1）在客户关系管理系统中寻找流失客户

_____

_____

（2）流失客户分类

_____

_____

工作任务实施

工作任务实施	2. 流失原因调查——电话调查 （1）标准问候，表明来意 （2）了解车辆维护与否 （3）了解维修保养项目 （4）明确维修地方 （5）分析对方优势 （6）调查用户对对手的评价 （7）用户流失原因 3. 采取应对措施 4. 电话邀约

四、操作检查

活动检查单				
检查项目	已完成			未完成
	优秀	良好	一般	
1. 发掘流失客户				
2. 电话调查流失原因				
3. 电话标准问候，表明来意				
4. 确认维修与否				
5. 了解未维修保养的原因或进行的维修保养的项目				
6. 明确维修的地方				
7. 分析对方优势				
8. 客户对对方的评价				
9. 对我们的建议				

工作任务实施	五、检查与评估
	请你根据任务完成情况，对自己的工作进行评估，并提出改进意见。

五、检查与评估

请你根据任务完成情况，对自己的工作进行评估，并提出改进意见。

1. 优点

1) _____

2) _____

3) _____

2. 不足

1) _____

2) _____

3) _____

3. 改进措施

1) _____

2) _____

3) _____

4. 工作任务总评

综合评定	自评	组评	师评	总分
1. 正确对流失客户进行分类				
2. 拨打电话采用标准问候语				
3. 合理提问和使用通俗易懂的语言				
4. 准确分析出客户流失的原因				
5. 针对流失原因提供合适的应对措施				
6. 交流的过程中不断记录				

六、任务拓展

针对 4S 店提出的"买工时现金券送工时抵用券"活动，王先生虽然觉得工时费确实便宜了，但还是感觉距离远，不想麻烦，仍然想在附近的修理厂维修。针对这种情况，你有什么方案，可以避免王先生这位客户流失，让其成为 4S 店忠实的客户？

任务2.2 主动预约

学生姓名		实训场地	一体化教室	任务成绩	
实训设备		汽车整车、多媒体实训中心		日期	
工作任务		服务顾问张明在客户关系管理系统中发现,车主王先生的汽车在10000公里保养后,目前有半年没有进店,据此推测客户该进行15000公里保养,现拨打电话开始预约。			
任务目的		1. 能热情专业地完成主动预约的工作流程; 2. 能够认真给客户核对此次预约的内容; 3. 能向客户说明预约的好处,并回答客户异议。			
工作任务实施		**一、资讯** 　1)预约服务主要是指通过电话或其他渠道进行服务预约。汽车4S店主要通过_____进行客户预约,不同汽车品牌售后维修保养接受预约的人员不同,主要包括三大类:服务顾问、客服人员和预约专员。 　2)主动预约前需要做好相关准备,主要包括_____、_____、评估车间预约能力(时间、_____、_____等)。准备工作完成后,选择合适的时间进行电话预约,一天中建议这两个时间段:上午_____和下午_____。 　3)预约人员在进行主动预约时,第一步需要做_____、确认客户信息,询问对方是否方便接电话。如果客户回答不方便接听,预约人员需要和客户预约合适的时间并感谢告别;如果客户方便接听电话,预约人员可以了解客户车辆的相关信息。 　作为服务顾问,张明打算主动拨打电话预约客户王先生,他该如何做自我介绍?请写出具体话术。 　话术:_____ _____ _____ 　电话接通后,王先生说现在不方便接听电话,作为服务顾问,张明该怎么和王先生进行交流?请写出具体话术。 　话术:_____ _____ _____ 　4)和客户沟通。_____需要根据预约前准备的车辆信息,和客户了解车辆现在_____、行驶里程以及_____,并据此宣传预约对客户的好处,提出预约请求。 　预约人员和客户确定预约时间之后,仍需要商议_____、_____、_____等。此外,预约人员还需要能专业地预估_____,可以告知客户每个保养里程进行的项目、_____,以及对客户异议给出专业解答等。 　张明应如何告诉王先生预约的好处?请写出具体话术。 　话术:_____ _____ _____ 　5)信息确认,通话结束。预约人员与客户沟通完毕之后,为了确保_____,需要再次和客户进行核对。核对的内容包括_____、车主联系方式、保养项目、_____、预约服务顾问和维修技师等。此外,还需要沟通_____。最后,告知客户已成功预约保养/维修,并完成预约登记表填写。 　作为服务顾问,张明该如何和王先生确认预约信息?请写出具体话术。 　话术:_____ _____ _____			

工作任务实施

二、计划与决策

1. 小组成员分工

根据实训任务要求，确定所需要的工具、表单，并对小组成员进行分工。

姓名	角色	工作内容	所需表单、工具

2. 实施计划（工作流程）

三、写出实施要点

1. 预约服务

（1）预约准备

_____

_____

（2）自我介绍

_____

_____

（3）询问方便接听与否

_____

_____

2. 客户沟通

（1）了解需求、确认信息

_____

_____

（2）宣传预约

_____

_____

（3）预约选择

_____

_____

（4）以往保养接待经历

_____

_____

（5）旧件处理

_____

_____

	3. 总结核对
	（1）总结预约内容、核对信息
	_____
	_____
	_____
	（2）预约提醒
	_____
	_____
	_____
	（3）感谢告别
	_____
	_____
	_____

四、操作检查

活动检查单				
检查项目	已完成			未完成
	优秀	良好	一般	
1. 预约准备				
2. 自我介绍				
3. 询问方便接听与否				
4. 了解需求，确认信息				
5. 宣传预约				
6. 预约选择				
7. 与客户沟通旧件处理方式				
8. 总结、核对				
9. 感谢告别				

工作任务实施

五、检查与评估

请你根据任务完成情况，对自己的工作进行评估，并提出改进意见。

1. 优点

1）_____

2）_____

3）_____

2. 不足

1）_____

2）_____

3）_____

3. 改进措施

1）_____

2）_____

3）_____

4. 工作任务总评

综合评定	自评	组评	师评	总分
1. 正确地做自我介绍				
2. 适时宣传预约的好处				
3. 合理选择预约时间				
4. 认真核对预约信息				
5. 礼貌地询问预约提醒方式				
6. 交流的过程中不断记录				

六、任务拓展

在与王先生进行电话预约的时候，王先生认为配件价格有点贵，希望配件可以便宜一点。这个时候该怎么和王先生进行沟通？

工作任务实施

任务 2.3 被 动 预 约

学生姓名		实训场地	一体化教室	任务成绩	
实训设备		汽车整车、多媒体实训中心		日期	
工作任务		王先生最近发现汽车的安全气囊灯亮了，正好又该做 20000 公里保养，想先打电话进行预约，并借此机会了解安全气囊灯亮的原因。预约专员张新接听了王先生的电话。			
任务目的		1. 能热情专业地完成被动预约的工作流程； 2. 能和客户认真沟通，建立客户关系管理系统； 3. 能采取专业的问诊方法向客户了解安全气囊灯亮的原因。			
工作任务实施		一、资讯 1) 客户主动来电时，预约人员在接听电话预约时需要注意以下几点：电话响起，必须在_____接通；采用标准统一的流程，全方位完成预约工作，突显专业性；语气亲切，面带微笑，与客户交流过程中_____；积极记录客户需求，并热情回应客户问题。 2) 接听电话时，首先要用_____问候来电客户，并询问客户需求。了解客户信息、车辆信息。对于_____的客户，预约人员可以根据了解的现有信息，实时更新系统中客户的信息。对于新客户，预约人员需要建立客户信息档案，方便后期_____。 如果王先生是老客户，该如何和他沟通？ 话术：_____ _____ 3) 沟通相关问题。被动预约与主动预约沟通内容大致一样，具体包括_____、车辆状况、_____、_____、代步车、_____、_____以及其他。 如果维修保养时间较长，客户外出办事，该如何和客户沟通代步车？请写出具体话术。 话术：_____ _____ 王先生说安全气囊灯亮，张新该如何问诊，了解详情？请写出具体话术。 话术：_____ _____ 4) 信息核对，感谢告别。 预约人员在和客户沟通完车辆相关信息后，需要核对信息。核对内容主要包括_____、车主联系方式、保养项目、_____、预定服务顾问和维修技师等。此外，还需要沟通_____，最后告知客户已预约成功，感谢客户的来电，等待_____挂断即可。 核对信息之后，如何有礼貌地结束通话？请写出具体话术。 话术：_____ _____			

	二、计划与决策

1. 小组成员分工

根据实训任务要求，确定所需要的工具、表单，并对小组成员进行分工。

姓名	角色	工作内容	所需表单、工具

2. 实施计划（工作流程）

三、写出实施要点

工作任务实施

1. 接听电话

（1）标准问候语

_____

_____

（2）问明来意

_____

_____

（3）了解客户信息

_____

_____

（4）询问预约时间

_____

_____

2. 和客户沟通详细内容

（1）车辆状况

_____

_____

（2）保养项目

_____

_____

（3）预估工时

_____

_____

工作任务实施	（4）代步车 ―――――――――――――― ―――――――――――――― （5）旧件处理 ―――――――――――――― ―――――――――――――― （6）协商维修技师和服务顾问 ―――――――――――――― ―――――――――――――― 3. 信息核对，感谢告别 （1）总结核对 ―――――――――――――― ―――――――――――――― （2）预约提醒 ―――――――――――――― ―――――――――――――― （3）感谢告别 ―――――――――――――― ―――――――――――――― **四、操作检查**

四、操作检查

活动检查单				
检查项目	已完成			未完成
	优秀	良好	一般	
1. 电话响三声之内接听				
2. 标准问候语				
3. 询问来意				
4. 了解车辆信息				
5. 预约时间选择				
6. 总结核对				
7. 预约提醒				
8. 感谢告别				

五、检查与评估

请你根据任务完成情况，对自己的工作进行评估，并提出改进意见。

1. 优点

1）_____

2）_____

3）_____

2. 不足

1）_____

2）_____

3）_____

3. 改进措施

1）_____

2）_____

3）_____

4. 工作任务总评

综合评定	自评	组评	师评	总分
1. 电话响起，三声之内接听电话				
2. 正确了解客户打电话的意图				
3. 认真仔细地沟通车辆问题				
4. 准确预估工时和费用				
5. 认真核对预约信息				
6. 交流的过程中不断记录				

六、任务拓展

安全气囊在汽车上属于被动安全装置，发生事故时，对保护驾乘人员起着至关重要的作用。王先生看到灯亮后十分紧张，因此，预约人员告诉客户什么时候灯亮是假故障，什么时候是真故障，很有必要。你还有哪些关于安全气囊的知识，赶快告诉客户吧！

工作任务实施

任务 2.4 预约电话后续工作

学生姓名		实训场地	一体化教室	任务成绩	
实训设备		汽车整车、多媒体实训中心		日期	
工作任务		预约人员张明已完成电话预约，录入王先生的预约事项，等待王先生到店进行维修保养。在这个过程中，需要提前一天和一小时进行预约提醒，以便确保客户准时到店。			
任务目的		1. 能专业认真地完成预约服务整体流程的工作； 2. 能向客户提供再约服务； 3. 能热情、亲切地和客户进行沟通。			
工作任务实施		**一、资讯** 1）汽车售后服务维修保养预约形式主要有_____、_____、_____、_____等。其中，电话预约又分为_____和被动预约，而被动预约成交率高于主动预约。 2）电话预约需要预约人员在_____过程中或预约结束后完成系统录入；线上预约则客户直接在预约系统中自主填写必要信息。预约人员需要根据预约系统中的_____，填写企业_____。 预约人员在完成电话预约后，应如何和客户告别？请写出具体话术。 话术：_____ _____ 3）预约提醒。预约提醒一般都是提前_____和提前_____，也可以根据与客户电话沟通的结果选择预约提醒_____。在预约提醒时间通过发短信或者打电话等方式进行提醒。如果客户告知他会如约到店，则通知各部门有关人员做相关准备；如果客户有事耽搁，无法如约到店，预约人员需要和客户确认是否_____。如果客户要求预约，则做相关事项准备，重新商定下次预约的时间；反之，则取消预约。客户取消预约后，预约人员需要在系统中填写无法完成预约的原因，并告知相关人员。 ① 作为预约人员，张明该如何电话提醒王先生预约事项？请写出具体话术。 话术：_____ _____ ② 王先生正在路上，但是路上堵车，张明该如何与王先生沟通？请写出具体话术。 话术：_____ _____ ③ 王先生临时有事，无法如约到店，张明该如何与王先生沟通？请写出具体话术。 话术：_____ _____ 4）准备迎接客户。预约提醒时，客户告知可以按时到店，预约人员通知各部门相关人员，尤其是_____（预约人员是服务顾问的除外）做好迎接准备。车间准备好工位、_____、配件、_____等；服务顾问准备好提前了解的车辆信息以及相关客户信息。 如果客户准时到店，服务顾问则按照_____将客户首先引导到维修接待台前。

如果客户突然有事，无法到店，则_____。

王先生可以按时到店，张明需要通知各部门相关人员做好准备工作。请写出具体话术。

话术：_____

_____

_____

二、计划与决策

1. 小组成员分工

请根据实训任务要求，确定所需要的工具、表单，并对小组成员进行分工。

姓名	角色	工作内容	所需表单、工具

2. 实施计划（工作流程）

三、写出实施要点

1. 完成预约、录入系统

（1）完成电话预约、录入系统

_____

_____

（2）填写预约看板

_____

_____

2. 预约提醒

（1）电话预约提醒

_____

_____

（2）客户准时到店

_____

_____

（3）客户临时有事，无法到店

_____

_____

工作任务实施

（4）客户不需要再次预约

_____

_____

　3. 迎接客户

（1）客户到店

_____

_____

（2）接待流程

_____

_____

（3）取消预约

_____

_____

四、操作检查

活动检查单			
检查项目	已完成		未完成
	优秀	良好	一般
1. 专业、热情地结束电话预约			
2. 系统录入			
3. 填写预约看板			
4. 预约提醒			
5. 工位预留通知			
6. 提出再预约			
7. 取消预约			
8. 迎接准备			
9. 开始接待流程			

五、检查与评估

　请你根据任务完成情况，对自己的工作进行评估，并提出改进意见。

　1. 优点

1) _____

2) _____

3) _____

　2. 不足

1) _____

2) _____

3) _____

　3. 改进措施

1) _____

2) _____

3) _____

工作任务实施

4. 工作任务总评

综合评定	自评	组评	师评	总分
1. 认真填写预约看板				
2. 以合适的方式进行预约提醒				
3. 正确应对客户的突发状况				
4. 及时通知同事预约变化事项				
5. 适时提出再次预约的提醒				
6. 语气语调符合职业要求				

六、任务拓展

王先生在来店途中遭遇堵车，便和张明说会按预约到店做保养，只不过堵车可能会晚点到。张明和王先生沟通预约工位和维修技师保留 30 分钟，可是王先生到店时，已经过了保留时间。这时张明该怎么办？应如何与王先生沟通？

工作任务实施

项目3 维修接待

任务 3.1 客户接待

学生姓名		实训场地	一体化教室	任务成绩	
实训设备		汽车整车、多媒体实训中心		日期	
工作任务	端午节假期，客户王女士携全家到外地自驾游。返回途中，王女士路过 4S 店，未预约便直接到店进行 20000 公里的保养。现在请服务顾问对王女士进行接待工作。				
任务目的	1. 能够准备好接待客户的单据及相关用品； 2. 能够引领车辆到指定停车位，并礼貌迎接客户； 3. 能够与客户顺利沟通，并确认客户的来意和需求 4. 能够为客户的车辆快速铺设防护用品； 5. 能够根据流程要求全面准确地记录车辆的基本信息；				
工作任务实施	**一、资讯** 　　1）客户接待前的准备。为了能够快速高效地为客户提供服务，需要在客户到店前将相关的_____、物品、_____准备到位，设施、_____检查到位，让客户感受到 4S 店_____、_____、_____的服务。 　　2）引导客户车辆停车。服务顾问需要指引客户将车辆停放在指定接车位置（_____车位、_____车位），便于有计划接待，不影响其他车辆通行。 　　3）问候、自我介绍。服务顾问在客户车辆停稳的第一时间，要对客户进行_____的问候，给客户留下良好的_____，使客户充分感受到 4S 店服务的_____和被尊重的感受，以便于更好地开展后续工作。 　　4）询问、确认客户来意。服务顾问询问并确认客户来意，以便更加_____地为到店客户分配不同的服务项目，使企业各项工作的开展更加有序高效，这样既能缩短客户到店的_____，又能体现服务顾问专业的_____。 　　5）为客户车辆铺设防护用品。服务顾问要在第一时间当着客户的面迅速将车辆防护用品铺设到位，以便让客户感受到 4S 店对客户的重视程度，通过_____客户的车辆来反映 4S 店对客户的_____、_____，以及 4S 店服务的_____。在铺设防护用品时也可以通过观察，适当_____客户，与客户良性_____，缓解陌生感，拉近与客户的距离。				

二、计划与决策

1. 小组成员分工

请根据实训任务要求，确定所需要的工具、表单，并对小组成员进行分工。

姓名	角色	工作内容	所需表单、工具

2. 实施计划（工作流程）

三、写出实施要点

1. 引导客户车辆停车

_____
_____

2. 问候、自我介绍

（1）主动确认预约客户姓名

_____
_____

（2）递送名片

_____
_____

3. 明确客户来意

_____
_____

4. 询问、确定客户来意

_____
_____

5. 为客户的车辆铺设防护用品

（1）建议铺设防护用品的顺序

_____
_____

（2）总结辅设防护用品的好处

_____
_____

工作任务实施

6. 登记车辆基本信息

_____

_____

四、操作检查

活动检查单			
检查项目	已完成		未完成
	优秀	良好	一般	

检查项目	优秀	良好	一般	未完成
1. 引导客户车辆停车				
2. 问候、自我介绍				
3. 明确客户来意				
4. 询问、确认客户来意				
5. 铺设防护用品				
6. 登记车辆基本信息				

五、检查与评估

请你根据任务完成情况，对自己的工作进行评估，并提出改进意见。

1. 优点

1）_____

2）_____

3）_____

2. 不足

1）_____

2）_____

3）_____

3. 改进措施

1）_____

2）_____

3）_____

4. 工作任务总评

综合评定	自评	组评	师评	总分
1. 接待前准备充分				
2. 引导客户车辆及时，符合礼仪规范				
3. 迎接客户保持热情、微笑和礼貌				
4. 问清来意，使用通俗易懂的语言				
5. 铺设防护用品规范				
6. 单据填写规范				

六、任务拓展

服务顾问经常会遇到未预约到店维修保养的客户。结合现在各家4S店推出的预约方式，请你为客户提供更加便捷的预约方式和吸引客户预约的优惠策略。

工作任务实施

任务 3.2 环车检查

学生姓名		实训场地	一体化教室	任务成绩	
实训设备		汽车整车、多媒体实训中心		日期	
工作任务		端午节假期，客户王女士携全家到外地自驾游。返回途中，王女士路过 4S 店，未预约便直接到店进行 20000 公里的保养。现在请服务顾问对王女士的车辆进行环车检查。			
任务目的		1. 根据流程要求，能全面细致地对车辆外观和内部进行检查； 2. 能通过环车检查将客户车辆的实际状况、车辆缺陷等详细记录在环车检查单上； 3. 能根据车辆环检情况向客户简要说明存在的问题及解决方案。			

工作任务实施

一、资讯

1）环车检查前的准备工作。请客户提供_____、_____、_____等相关物品，便于掌握车辆实际情况以及填写、核对环车检查单的相关信息。服务顾问当着客户的面，对车辆铺设_____，以表达对客户车辆的重视，体现对客户的关心和尊重，使客户感觉舒适。向客户说明环车检查的目的和内容，并邀请客户共同参与完成。

2）环车检查流程。要按照环车检查单中的项目逐一进行记录，最后由客户_____。在进行环车检查时，要从车辆的_____内部开始检查，可邀请客户坐到_____一同完成。然后依次按照_____的顺序进行环车检查，并要注意车辆各部位的细节。

如何邀请客户和你一同进行环车检查？请写出具体话术。

话术：_____

_____

_____

二、计划与决策

1. 小组成员分工

请根据实训任务要求，确定所需要的工具、表单，并对小组成员进行分工。

姓名	角色	工作内容	所需表单、工具

2. 实施计划（工作流程）

	三、写出实施要点
工作任务实施	1．车辆内部检查 （1）检查仪表盘有无故障灯、行驶总里程、剩余油量并记录结果 （2）对空调、暖风、音响情况进行记录 （3）检查其他仪表信息、内饰、玻璃、车窗、反光镜、后视镜等主要项目并记录结果 （4）灯光检查 2．车辆外部检查 （1）车辆左前方检查及结果记录 （2）车辆正前方及发动机舱内部检查及结果记录 （3）车辆右前方检查及结果记录 （4）车辆右后方检查及结果记录 （5）车辆正后方检查及结果记录 （6）车辆左后方检查及结果记录

四、操作检查

活动检查单				
检查项目	已完成			未完成
	优秀	良好	一般	
1．检查驾驶室，唱检主要项目结果、记录				
2．检查左前方，唱检主要项目结果、记录				
3．检查正前方及发动机舱内部，唱检主要项目结果、记录				
4．检查右前方，唱检主要项目结果、记录				
5．检查右后方，唱检主要项 结果、记录				
6．检查正后方，唱检主要项目结果、记录				
7．检查左后方，唱检主要项目结果、记录				

工作任务实施	**五、检查与评估** 请你根据任务完成情况，对自己的工作进行评估，并提出改进意见。 1. 优点 1）＿＿＿＿＿＿＿＿＿＿＿＿＿＿＿＿＿＿＿＿＿＿＿＿＿ 2）＿＿＿＿＿＿＿＿＿＿＿＿＿＿＿＿＿＿＿＿＿＿＿＿＿ 3）＿＿＿＿＿＿＿＿＿＿＿＿＿＿＿＿＿＿＿＿＿＿＿＿＿ 2. 不足 1）＿＿＿＿＿＿＿＿＿＿＿＿＿＿＿＿＿＿＿＿＿＿＿＿＿ 2）＿＿＿＿＿＿＿＿＿＿＿＿＿＿＿＿＿＿＿＿＿＿＿＿＿ 3）＿＿＿＿＿＿＿＿＿＿＿＿＿＿＿＿＿＿＿＿＿＿＿＿＿ 3. 改进措施 1）＿＿＿＿＿＿＿＿＿＿＿＿＿＿＿＿＿＿＿＿＿＿＿＿＿ 2）＿＿＿＿＿＿＿＿＿＿＿＿＿＿＿＿＿＿＿＿＿＿＿＿＿ 3）＿＿＿＿＿＿＿＿＿＿＿＿＿＿＿＿＿＿＿＿＿＿＿＿＿ 4. 工作任务总评

综合评定	自评	组评	师评	总分
1. 环车检查前准备充分				
2. 与客户沟通保持热情、微笑和礼貌				
3. 与客户沟通使用通俗易懂的语言				
4. 环车检查项目齐全				
5. 专业解答顾客疑问				
6. 记录				

六、任务拓展

城市道路拥堵，在环车检查过程中发现客户的车辆后方保险杠有一处轻微的漆伤，从为客户提供优质服务的角度及提升 4S 店经济效益的角度出发，你会给客户什么样的建议？

任务 3.3 实施问诊

学生姓名		实训场地	一体化教室	任务成绩	
实训设备	汽车整车、多媒体实训中心			日期	
工作任务	端午节假期，客户王女士携全家到外地自驾游。返回途中，王女士路过 4S 店，未预约便直接到店进行 20000 公里的保养，发现车辆左前轮有嘎嗒嘎嗒的异响声。现在请服务顾问对王女士车辆的使用情况进行问诊。				
任务目的	1. 掌握车辆问诊的具体步骤和 5W2H 问诊技巧； 2. 掌握车辆接车问诊表中车辆问诊内容的填写要求。				

工作任务实施

一、资讯

1）车辆问诊可以帮助服务顾问从一开始就能发现客户车辆问题所在，正确引导车间主管_____的方向和维修技师_____的方向，从而避免浪费时间以及与客户反复沟通，同时，车辆问诊不仅能帮助质检人员掌握质检时所需确认的要项，而且能体现 4S 店对客户车辆的_____，建立客户对 4S 店服务的_____，提升客户对 4S 店服务的_____和 4S 店的_____。

2）对于客户的描述，服务顾问必须在_____对具体_____或_____进行确认。服务顾问应能够清楚地理解客户诉愿，依据_____的项目实施问诊工作。服务顾问将客户所描述的车辆问题_____地进行记录，并尽量记录客户的原话。

3）通过问诊引导客户说出故障所在。运用_____问诊法引导客户对故障进行描述，如_____、_____、故障发生时是什么样子等。如实记录客户在互动式问诊过程中对故障现象的描述。

4）有效倾听是了解_____的基本手段。真实的需求是通过一系列的推测、评论、非语言信号等得知的，如此才能挖掘客户_____的需求。认真倾听是_____客户的一种表现，也可以让客户增加自己对问题的了解，从而提高客户对自己的信任。

5）在询问客户车辆的故障情况时，主要采用两种询问方法：一种是_____问题；一种是_____问题。_____问题是引起客户多讲话，没有固定答案，可通过 5W2H 问诊技巧获得信息的方式。当客户告诉你一些事情，如果只是想对此加以确认的时候，就可以采用_____问题（答案只有一个——"是"或者"不是"）。_____问题也用于总结并向客户印证。

6）核实故障现象、记录需求并提出建议。诊断应按"三现"的基本要求：现场——必须_____到车辆故障的部位旁；现物——必须_____故障的部位或部件；现实——必须确认故障的_____，如断裂、磨损、生锈、氧化、接触不良等。

二、计划与决策

1. 小组成员分工

请根据实训任务要求，确定所需要的工具、表单，并对小组成员进行分工。

姓名	角色	工作内容	所需表单、工具

工作任务实施	2. 实施计划（工作流程） 三、写出实施要点 　　1. 实施问诊 　　（1）依据接车问诊表项目实施问诊工作 ＿＿＿＿＿＿＿＿＿＿＿＿＿＿＿＿＿＿＿＿＿＿＿＿＿ ＿＿＿＿＿＿＿＿＿＿＿＿＿＿＿＿＿＿＿＿＿＿＿＿＿ 　　（2）将客户所描述的车辆问题准确翔实地进行记录 ＿＿＿＿＿＿＿＿＿＿＿＿＿＿＿＿＿＿＿＿＿＿＿＿＿ ＿＿＿＿＿＿＿＿＿＿＿＿＿＿＿＿＿＿＿＿＿＿＿＿＿ 　　2. 运用 5W2H 问诊技巧 　　（1）why（为什么） ＿＿＿＿＿＿＿＿＿＿＿＿＿＿＿＿＿＿＿＿＿＿＿＿＿ ＿＿＿＿＿＿＿＿＿＿＿＿＿＿＿＿＿＿＿＿＿＿＿＿＿ 　　（2）where（在哪里） ＿＿＿＿＿＿＿＿＿＿＿＿＿＿＿＿＿＿＿＿＿＿＿＿＿ ＿＿＿＿＿＿＿＿＿＿＿＿＿＿＿＿＿＿＿＿＿＿＿＿＿ 　　（3）what（什么样的） ＿＿＿＿＿＿＿＿＿＿＿＿＿＿＿＿＿＿＿＿＿＿＿＿＿ ＿＿＿＿＿＿＿＿＿＿＿＿＿＿＿＿＿＿＿＿＿＿＿＿＿ 　　（4）when（是什么时候） ＿＿＿＿＿＿＿＿＿＿＿＿＿＿＿＿＿＿＿＿＿＿＿＿＿ ＿＿＿＿＿＿＿＿＿＿＿＿＿＿＿＿＿＿＿＿＿＿＿＿＿ 　　（5）who（是谁） ＿＿＿＿＿＿＿＿＿＿＿＿＿＿＿＿＿＿＿＿＿＿＿＿＿ ＿＿＿＿＿＿＿＿＿＿＿＿＿＿＿＿＿＿＿＿＿＿＿＿＿ 　　（6）how（是怎样的） ＿＿＿＿＿＿＿＿＿＿＿＿＿＿＿＿＿＿＿＿＿＿＿＿＿ ＿＿＿＿＿＿＿＿＿＿＿＿＿＿＿＿＿＿＿＿＿＿＿＿＿ 　　（7）how much（故障发生的频率） ＿＿＿＿＿＿＿＿＿＿＿＿＿＿＿＿＿＿＿＿＿＿＿＿＿ ＿＿＿＿＿＿＿＿＿＿＿＿＿＿＿＿＿＿＿＿＿＿＿＿＿ 　　3. 问诊总结建议 　　（1）复述问题 ＿＿＿＿＿＿＿＿＿＿＿＿＿＿＿＿＿＿＿＿＿＿＿＿＿ ＿＿＿＿＿＿＿＿＿＿＿＿＿＿＿＿＿＿＿＿＿＿＿＿＿ 　　（2）维修建议 ＿＿＿＿＿＿＿＿＿＿＿＿＿＿＿＿＿＿＿＿＿＿＿＿＿ ＿＿＿＿＿＿＿＿＿＿＿＿＿＿＿＿＿＿＿＿＿＿＿＿＿ 　　（3）推荐维修增项和精品增项 ＿＿＿＿＿＿＿＿＿＿＿＿＿＿＿＿＿＿＿＿＿＿＿＿＿ ＿＿＿＿＿＿＿＿＿＿＿＿＿＿＿＿＿＿＿＿＿＿＿＿＿

四、操作检查

<table>
<tr><td colspan="5" align="center">活动检查单</td></tr>
<tr><td rowspan="2" align="center">检查项目</td><td colspan="3" align="center">已完成</td><td rowspan="2" align="center">未完成</td></tr>
<tr><td align="center">优秀</td><td align="center">良好</td><td align="center">一般</td></tr>
<tr><td>1. 依据接车问诊表项目实施问诊工作</td><td></td><td></td><td></td><td></td></tr>
<tr><td>2. 将客户所描述的车辆问题准确翔实地进行记录</td><td></td><td></td><td></td><td></td></tr>
<tr><td>3. 运用5W2H问诊技巧获取客户车辆存在的问题</td><td></td><td></td><td></td><td></td></tr>
<tr><td>4. 问诊总结建议</td><td></td><td></td><td></td><td></td></tr>
</table>

五、检查与评估

请你根据任务完成情况，对自己的工作进行评估，并提出改进意见。

1. 优点

1）＿＿＿＿＿＿＿＿＿＿＿＿＿＿＿＿＿＿＿＿＿＿＿＿＿＿

2）＿＿＿＿＿＿＿＿＿＿＿＿＿＿＿＿＿＿＿＿＿＿＿＿＿＿

3）＿＿＿＿＿＿＿＿＿＿＿＿＿＿＿＿＿＿＿＿＿＿＿＿＿＿

2. 不足

1）＿＿＿＿＿＿＿＿＿＿＿＿＿＿＿＿＿＿＿＿＿＿＿＿＿＿

2）＿＿＿＿＿＿＿＿＿＿＿＿＿＿＿＿＿＿＿＿＿＿＿＿＿＿

3）＿＿＿＿＿＿＿＿＿＿＿＿＿＿＿＿＿＿＿＿＿＿＿＿＿＿

3. 改进措施

1）＿＿＿＿＿＿＿＿＿＿＿＿＿＿＿＿＿＿＿＿＿＿＿＿＿＿

2）＿＿＿＿＿＿＿＿＿＿＿＿＿＿＿＿＿＿＿＿＿＿＿＿＿＿

3）＿＿＿＿＿＿＿＿＿＿＿＿＿＿＿＿＿＿＿＿＿＿＿＿＿＿

4. 工作任务总评

综合评定	自评	组评	师评	总分
1. 语气语调符合职业要求				
2. 保持热情、微笑和礼貌				
3. 运用5W2H提问技巧得当				
4. 问诊总结建议准确				
5. 接车问诊表填写规范				

六、任务拓展

一客户报修汽油表不准，服务顾问根据经验告知客户一般是油表浮子问题，因车在索赔期，故承诺免费为客户更换浮子。在车间进行检查时发现该车加入的汽油品质极差，只更换浮子不能解决问题，同时此种故障非车辆质量造成，不能索赔，故再向客户收费，从而引起客户极大不满。如果是你遇到该客户的问题，应该如何进行问诊并给出维修建议？

左栏：工作任务实施

项目 4 维修与跟踪

任务 4.1 制作维修委托书

学生姓名		实训场地	一体化教室	任务成绩	
实训设备		汽车整车、多媒体实训中心		日期	
工作任务	王先生的汽车来店做 20000 公里保养，接车检查时发现左前大灯不亮，前保险杠有划痕，另外王先生要求加装底盘装甲。现在需要制作维修委托书。此外，在接车交谈过程中发现王先生喜欢轮滑。				
任务目的	1. 能根据流程要求，正确规范地完成维修委托书的制作； 2. 能给客户估算出保养维修项目的时间和费用； 3. 能针对客户异议给出专业解答。				
工作任务实施	**一、资讯** 1) _____是客户委托汽车维修企业进行车辆维修的文本合同，其主要内容包括维修企业信息、客户信息、_____、维修/保养作业信息、互动信息（和客户确认是否有贵重物品遗留在车内）及_____等。在维修委托书中，需要填写的客户基本信息包括_____、_____、_____；车辆信息包括_____、_____、_____、_____、_____。 2) 要向客户逐项解释将要进行的维修保养项目，并确认最终进行的项目，因为维修与否决定权在_____手中。 例如，前保险杠有划痕需要修复，客户在犹豫到底修不修。你可否给出专业意见并做好和客户的沟通解释工作？请写出具体话术。 话术：_____ _____ _____ 3) 估算时间和费用。估算时间包括_____、_____、_____；估算的费用包括_____、_____和其他费用。 例如，左前大灯不亮，可能的原因是什么？预估时间该怎么和客户解释？请写出具体话术。 话术：_____ _____ _____ 4) 客户签字。服务顾问打印_____，并请客户确认无误后_____。 例如，客户签字后，服务顾问该如何和客户交流，从维修委托书的制作过渡到下一个流程——派工？请写出具体话术。

话术：_____
_____
_____

二、计划与决策

1. 小组成员分工

请根据实训任务要求，确定所需要的工具、表单，并对小组成员进行分工。

姓名	角色	工作内容	所需表单、工具

2. 实施计划（工作流程）

工作任务实施

三、写出实施要点

1. 制作维修委托书前的准备工作

（1）引导客户到服务顾问的工作桌
_____
_____

（2）服务顾问为客户提供茶水
_____
_____

2．制作维修委托书

（1）服务顾问确认维修委托书上的客户基本信息
_____
_____

（2）服务顾问向客户解释并确认维修保养项目
_____
_____

（3）服务顾问预估此次维修保养项目的时间和费用
_____
_____

（4）服务顾问询问客户是否需要洗车

_____

_____

（5）询问客户旧件处理方式

_____

_____

（6）询问结算方式

_____

_____

3．制作维修委托书的后续工作

（1）客户签字

_____

_____

（2）给客户提车单

_____

_____

（3）安排客户休息

_____

_____

四、操作检查

活动检查单				
检查项目	已完成			未完成
	优秀	良好	一般	
1. 引导客户前往工作区洽谈				
2. 为客户提供茶水，至少三种以上				
3. 完善客户基本信息，与客户互动				
4. 解释并确认此次维修保养所做项目，给出专业性建议，让客户放心地把车辆交给我们				
5. 预估保养时间和费用，让客户可以安排自己的时间				
6. 提供免费洗车，介绍只是清洗外观并说明洗车时间				
7. 询问旧件处理方式				
8. 确认维修委托上的内容，并让客户签字				
9. 安排客户休息				

五、检查与评估

请你根据任务完成情况，对自己的工作进行评估，并提出改进意见。

1. 优点

1）_____

2）_____

3）_____

2. 不足

1）_____

2）_____

工作任务实施

3） _____

3. 改进措施

1） _____

2） _____

3） _____

4. 工作任务总评

综合评定	自评	组评	师评	总分
1. 认真填写维修委托书				
2. 逐项解释维修保养项目				
3. 能和客户确认最终进行的维修保养项目				
4. 能正确估算时间和费用				
5. 能合理和客户解释未知故障，并解释时间和费用				
6. 能让客户核对维修委托书上的内容，并让客户签字				

六、任务拓展

如果维修保养预估时间为 4 小时，维修委托书制作完成后，客户不想在店里等候，但也没有什么要忙的，且对周围环境不太熟悉，服务顾问该如何根据客户需求，向客户推荐地方或者介绍周围环境，让客户可以愉快地度过等待车辆维修保养的时间？

工作任务实施

任务4.2 维修派工

学生姓名		实训场地	一体化教室	任务成绩	
实训设备		汽车整车、多媒体实训中心		日期	
工作任务		预约客户王先生的一辆汽车做20000公里保养，前保险杠划痕维修，现已签订维修委托书。服务顾问安排客户休息后，前去车间进行派工。			
任务目的		1. 能准确规范地完成维修派工工作； 2. 能向维修技师详细交代此次维修项目； 3. 能掌握派工的相关要素。			
工作任务实施		一、资讯 1）派工之前，_____和客户签订维修委托书，安排客户在店休息或离店后，将_____、_____、_____等交给车间主任，并向车间主任交代_____、_____、_____及其他注意事项。 　车间主任需要认真和服务顾问确认维修工单上的维修保养项目，做到交接无遗漏、无错误，还需要核对服务顾问给的_____是否合理。此外，车辆信息确认必不可少，以保证车辆和维修工单一致。做到"车单一致、单随车走"。 　① 安排客户在店休息后，如何让客户感受到服务顾问的执行力很高？请写出具体话术。 　话术：_____ 　② 服务顾问如何向车间主任准确无误地交接，对王先生的车辆进行派工？请写出具体话术。 　话术：_____ 2）车间主任派工时判断是否属于优先派工作业，一般按照_____的原则，但是如果客户为_____、_____、召回和_____，则优先派工。此外还需要确定车辆工种，根据_____、_____和_____进行派工，做到维修任务分配均衡，合理利用可用维修时间，进而可以在预估时间内完成交车，提高维修效率和客户满意度。 　① 其他客户对优先安排王先生的车辆有异议。服务顾问应怎样做好和其他客户的沟通解释工作，请写出具体话术。 　话术：_____ 　② 王先生为预约客户，车间主任应该如何告知班组长派工？请写出具体话术。 　话术：_____ 3）向维修技师交代维修项目。班组长或者服务顾问与维修技师沟通，沟通内容包括_____、待检查项目、_____、_____、_____。请结合王先生案例，写出具体话术。

话术：_____

_____

_____

_____

二、计划与决策

1. 小组成员分工

请根据实训任务要求，确定所需要的工具、表单，并对小组成员进行分工。

姓名	角色	工作内容	所需表单、工具

2. 实施计划（工作流程）

三、写出实施要点

1. 安排客户

_____

2. 停放车辆

_____

3. 服务顾问与车间主任交接

（1）材料交接

_____

（2）事项交代

_____

4. 车间主任核对信息

_____

工作任务实施

	5. 车间主任判断派工优先度
	6. 考虑派工因素
	7. 服务顾问与维修技师沟通

四、操作检查

<table>
<tr><td colspan="5" align="center">活动检查单</td></tr>
<tr><td rowspan="2" align="center">检查项目</td><td colspan="3" align="center">已完成</td><td rowspan="2" align="center">未完成</td></tr>
<tr><td align="center">优秀</td><td align="center">良好</td><td align="center">一般</td></tr>
<tr><td>1. 安排客户</td><td></td><td></td><td></td><td></td></tr>
<tr><td>2. 停放车辆</td><td></td><td></td><td></td><td></td></tr>
<tr><td>3. 服务顾问与车间主任交接</td><td></td><td></td><td></td><td></td></tr>
<tr><td>4. 车间主任核对信息</td><td></td><td></td><td></td><td></td></tr>
<tr><td>5. 车间主任判断派工优先度</td><td></td><td></td><td></td><td></td></tr>
<tr><td>6. 考虑派工因素</td><td></td><td></td><td></td><td></td></tr>
<tr><td>7. 服务顾问与维修技师沟通</td><td></td><td></td><td></td><td></td></tr>
</table>

五、检查与评估

请你根据任务完成情况，对自己的工作进行评估，并提出改进意见。

1. 优点

1）_____

2）_____

3）_____

2. 不足

1）_____

2）_____

3）_____

3. 改进措施

1）_____

2）_____

3）_____

4. 工作任务总评

综合评定	自评	组评	师评	总分
1. 车间主任对接服务顾问无遗漏				
2. 向客户展示高执行力				
3. 能根据派工原则正确进行派工				
4. 能正确处理客户异议				
5. 能准确地向维修技师交代维修项目				
6. 语气语调符合职业要求				

（左侧竖排）工作任务实施

工作任务实施	**六、任务拓展** 　　车间高效派工，客户王先生并不参与其中。作为服务顾问，你如何让客户王先生了解这些，从而让王先生切实地感受到预约客户的好处？

任务 4.3　车辆维修流程

学生姓名		实训场地	一体化教室	任务成绩	
实训设备		汽车整车、多媒体实训中心		日期	
工作任务		王先生（预约客户）的一辆汽车做 15000 公里保养，前保险杠有明显划痕，需要修理，车辆内部需要保养，需要清洁消毒，左前大灯不亮。已派工，车间开始作业。			
任务目的		1. 能掌握车间维修流程并且知道每个流程的作业项目； 2. 能向客户及时沟通维修过程中出现的维修增项； 3. 能向客户说明前大灯不亮的原因，并解答客户异议，给出专业性意见。			
工作任务实施		**一、资讯** 1）维修准备。维修准备是维修作业的开始，好的开端是成功的一半。准备充足，可以大大提高维修效率，以免因准备不足而耽误不必要的时间。维修准备包括_____、_____、_____、_____。 常用的防护装备为_____、_____、_____、_____、_____ 及_____等。 ① 作为班组长，你该如何交代维修技师安排王先生的车辆？请写出具体话术。 话术：_____ ② 作为维修技师，从仓库领取所需配件时，你该如何与库管员沟通？请写出具体话术。 话术：_____ 2）维修作业。_____决定整个售后服务，也是影响客户满意度最大的因素。依据车况和客户需求，车间维修作业从_____、_____、_____、_____ 汽车美容这几项中选择部分或者全部。 维修作业中如果发现需要新增维修项目，维修技师需要告知服务顾问，服务顾问和客户沟通，_____之后方可进行。 例如，维修作业过程中发现大灯不亮的原因是灯泡损坏，但是维修工单上并没有下单。作为维修技师，你该怎样和服务顾问沟通？请写出具体话术。 话术：_____ 3）维修增项。_____是指车辆在维修保养过程中因发现新故障而需要增加的_____，或是服务顾问_____后，针对客户的需求追加的服务作业。 维修增项处理办法：服务顾问需要了解_____、_____，涉及配件的库存，_____以及不处理_____等，与客户沟通，签订新的_____。 例如，维修技师告诉你在维修过程中发现大灯不亮的原因是灯泡损坏，你应该怎样和客户沟通？请写出具体话术。 话术：_____			

4）维修结束。维修结束后，要及时_____，整理工具，所借_____及时归还。更改维修进度并告知车间主任维修已结束。

此外，维修技师在修理完工后要及时将车内清理干净，_____包好后暂存后备厢，以备客户将来户查验；将车辆清洗干净并放在检验区内待检。

二、计划与决策

1. 小组成员分工

请根据实训任务要求，确定所需要的工具、表单，并对小组成员进行分工。

姓名	角色	工作内容	所需表单、工具

2. 实施计划（工作流程）

三、写出实施要点

1. 维修准备

（1）工位准备

_____

（2）工具准备

_____

（3）配件准备

_____

（4）防护准备

_____

2. 维修作业

（1）记录开始维修

_____

_____

（2）常规保养

_____

_____

工作任务实施

工作任务实施	（3）机电维修
	_____
	_____
	_____
	（4）钣金喷涂
	_____
	_____
	_____
	（5）汽车美容
	_____
	_____
	_____
	（6）维修增项
	_____
	_____
	_____
	（7）制作维修工单
	_____
	_____
	3. 维修结束
	_____
	_____

四、操作检查

活动检查单				
检查项目	已完成			未完成
	优秀	良好	一般	
1. 知道维修准备包括的项目				
2. 工位准备				
3. 配件准备				
4. 工具准备				
5. 防护准备				
6. 常规保养工位作业流程				
7. 钣金喷漆工位作业流程				
8. 机电维修工位作业流程				
9. 汽车美容工位作业流程				
10. 维修增项				
11. 制作维修委托书				

工作任务实施

五、检查与评估

请你根据任务完成情况，对自己的工作进行评估，并提出改进意见。

1. 优点

1）_____

2）_____

3）_____

2. 不足

1）_____

2）_____

3）_____

3. 改进措施

1）_____

2）_____

3）_____

4. 工作任务总评

综合评定	自评	组评	师评	总分
1. 能够较好地做好维修准备				
2. 能够准确地向同事传递信息				
3. 能够在发现故障后，及时告知服务顾问				
4. 维修结束后，能够做到"7S"				
5. 车辆修理完成后，放入待检区				
6. 语气语调符合职业要求				

六、任务拓展

1）夜间行车，安全性十分重要，在这一点上灯光的作用就十分明显。服务顾问非常有必要提醒客户灯光的正确使用事项。你有什么车灯使用小窍门，请告诉客户，为客户的道路安全增加一份保障。

2）在维修过程中，客户王先生提出要到车间观看维修流程，作为服务顾问，你应该如何与王先生进行交流？

任务 4.4　维修进度沟通技巧

学生姓名		实训场地	一体化教室	任务成绩	
实训设备		汽车整车、多媒体实训中心		日期	
工作任务		客户王先生的一辆汽车在店内进行 15000 公里保养，他反映汽车的排气管冒蓝烟，机油量偏低。王先生的汽车现正在维修车间进行维修，服务顾问张华需要根据维修进度向王先生进行汇报。			
任务目的		1. 能掌握汇报维修进度的各个时间点； 2. 能运用沟通技巧向客户汇报维修进度； 3. 能向客户说明排气管冒蓝烟的原因，并解答客户异议。			
工作任务实施		**一、资讯** 1）维修车辆派工前，服务顾问需要将客户安排好。如果客户在店等候，则需要将客户引导到 4S 店的_____，并详细介绍休息区的功能分区（_____、_____、_____、_____、_____、_____ 等）。此外，向客户介绍休息区的服务人员，告知客户有需求可以找服务人员。将客户安排好之后，客户在等待的过程中就不会感觉无聊，从而愉快度过等待时间，这样可以提高客户对服务顾问的_____，以及对 4S 店整体的满意度。 例如，如果王先生是第一次来 4S 店，选择在店等候车辆维修，作为服务顾问你如何为王先生做休息区介绍？请写出具体话术。 话术：_____ _____ _____ _____ 2）如果客户外出办事，服务顾问需要向客户询问是否需要_____，并将代步车使用的_____和_____等相关事项告知客户。如果客户不需要代步车，只是在周围进行休闲活动，服务顾问可以根据客户需求，推荐周边合适的商圈和_____，让客户感觉到服务顾问的热情，并愉快地度过车辆维修保养等待时间。 ① 如果王先生要到离 4S 店比较远的地方办公，需要使用代步车。作为服务顾问，张华应怎样做好和客户的沟通工作？请写出具体话术。 话术：_____ _____ _____ _____ ② 如果王先生不想在店等候（喜欢喝咖啡、看书等），想到周边看看，却又不熟悉。作为服务顾问，张华应如何根据王先生的需求向他介绍周边环境？请写出具体话术。 话术：_____ _____ _____ _____ 3）维修增项。车辆在维修过程中发现_____，在维修技师告知服务顾问后，服务顾问需要及时和客户沟通。服务顾问在和客户沟通的过程中，尽可能使用_____向客户解释维修增项产生的原因以及给出的解决方案。如果客户同意_____，服务顾问需要制作维修工单，进行派工；如果客户_____或不同意维修，服务顾问则需要告诉客户可能存在的隐患；如果客户仍不同意，不涉及重大安全方面的，服务顾问需要提醒客户在以后的行车中注意，涉及_____的，则需要和客户签订免责条款。			

例如，王先生的汽车排气管冒蓝烟，检查出是汽缸垫泄漏。作为服务顾问，张华需要和王先生沟通是否维修。请写出具体话术。

话术：_____

_____

_____

4）维修过半。车辆在维修车间进行维修，距预计交车时间还有一半时间时，服务顾问一方面需要根据_____、_____、_____督促维修技师，另一方面则需要和客户沟通。因为维修过半在时间上是一个很重要的时间节点，服务顾问在此时和客户交流，可以从侧面告知客户自己一直在关注车辆维修进度，而且客户受到关怀，不被冷落，可以提高其服务满意度。

如果客户很忙，或是外出办事，服务顾问可以_____通知客户，不要当面打扰客户，以免因为打扰而降低客户满意度。

例如，王先生外出开会，作为服务顾问，张华打算编辑短信通知王先生。请写出具体语术。

话术：_____

_____

_____

5）交车前 10 分钟。服务顾问在预计交车前_____再次进入车间跟踪维修进度，并和维修技师进行沟通，而且保证在交车前 10 分钟和客户取得联系，告知客户距离交车时间还有 10 分钟，让客户有所准备。如果车辆有_____，服务顾问需要告诉客户其车辆正在进行外观清洗。这样可以让客户感觉到服务顾问一直在密切关注自己车辆的维修进度，并且对自己也很热情、关心，以进一步提高客户满意度。

例如，王先生的车辆有洗车需求，张华该如何与王先生沟通？请写出具体话术。

话术：_____

_____

_____

6）维修结束。服务顾问在确认_____已完成时，需要对车辆进行检查，及时和客户进行沟通，并告知客户已经维修结束且车辆在_____内完成维修作业，以进一步提高客户对 4S 店专业性的认识，加深对此次服务的好感。

作为服务顾问，张华该如何与王先生沟通，提升此次维修满意度，使其愿意再次光临？请写出具体话术。

话术：_____

_____

_____

二、计划与决策

1. 小组成员分工

请根据实训任务要求，确定所需要的工具、表单，并对小组成员进行分工。

姓名	角色	工作内容	所需表单、工具

2. 实施计划（工作流程）

工作任务实施	三、写出实施要点
	1. 维修前
	（1）客户外出
	（2）客户在店等候
	2. 维修增项
	（1）服务顾问了解增项相关
	（2）服务顾问和客户沟通
	（3）服务顾问针对异议给出建议
	（4）服务顾问制作维修委托书
	3. 维修过半
	（1）服务顾问到车间跟踪维修进度
	（2）向客户汇报维修进度
	4. 交车前 10 分钟
	（1）服务顾问到车间跟踪维修进度
	（2）向客户汇报维修进度
	5. 维修结束
	服务顾问与客户沟通

<table>
<tr><td rowspan="30">工作任务实施</td><td colspan="2">

四、操作检查
</td></tr>
</table>

| 工作任务实施 | 四、操作检查 |

四、操作检查

	活动检查单			
检查项目	已完成			未完成
	优秀	良好	一般	
1. 热情周到地安排客户等待内容				
2. 专业介绍维修增项相关				
3. 针对客户异议作回复，让客户满意				
4. 涉及安全项目，签免责条款				
5. 介绍准时完成				
6. 提醒下次保养联系				

五、检查与评估

请你根据任务完成情况，对自己的工作进行评估，并提出改进意见。

1. 优点

1) _____

2) _____

3) _____

2. 不足

1) _____

2) _____

3) _____

3. 改进措施

1) _____

2) _____

3) _____

4. 工作任务总评

综合评定	自评	组评	师评	总分
1. 语气语调符合职业要求				
2. 保持热情、微笑和礼貌				
3. 合理提问和使用通俗易懂的语言				
4. 能向客户介绍休息区的功能				
5. 能根据客户需求介绍周边环境				
6. 能专业地解释故障并给出合理建议				
7. 能适时地向客户汇报维修进度				

六、任务拓展

在车辆维修期间，客户王先生有事离开了 4S 店，服务顾问打电话与王先生沟通是否更换汽缸盖垫，王先生同意。但是在结算时王先生看到有汽缸盖垫的费用，非常生气，要和服务顾问理论。作为服务顾问，你该如何化解？

项目 5 维修质检与内部交车

任务 5.1　质检与交车准备

学生姓名		实训场地	一体化教室	任务成绩	
实训设备		汽车整车、多媒体实训中心		日期	
工作任务		孙先生的车配置为 2.4 升、4 缸发动机，5 挡自动变速器，行驶里程 48678 公里，车辆行驶过程中熄火再也无法启动。现已查明是点火系统工作不稳定所致，已维修完毕，4S 店将详细进行质检，以保证维修质量。			
任务目的		1. 能叙述车辆维修检验的各个标准； 2. 能妥善协调维修技师、班组长、服务顾问之间的关系； 3. 能向客户解释车辆返修原因。			
工作任务实施		一、资讯 　1）车辆维修完成后，须根据_____进行各项检查工作。 　2）按照规定必须对所完成的_____进行复检确认、_____的确认等，确保做到无漏项、无错项。 　3）对接车问诊表上客户反馈的问题确认，做到检查有_____、调整有_____。 　4）对于_____、_____方面的修理、_____等应优先检验，认真细致，确保维修质量。 　5）自检合格之后在_____上签字确认，把检查完成事项填入_____看板，并与下一步质检的班组长进行_____，竣工单、更换的配件、钥匙等交予该班组长。 　6）对车辆进行运转试车，确认维修项目无"四漏"（_____、_____、_____、_____）现象发生，确保维修项目符合技术标准。 　7）质检结果须反馈给维修技师，总结_____，为以后的维修作业提供借鉴，以提高维修技师的技术水平，避免再次出现同样的问题。 　8）维修工检验合格后，在维修委托书上签字，并与_____、_____进行质检工作交接。 二、计划与决策 　1. 小组成员分工 　请根据实训任务要求，确定所需要的工具、表单，并对小组成员进行分工。			

姓名	角色	工作内容	所需表单、工具

	2. 实施计划（工作流程）

工作项目	执行人员	检查记录	检查步骤
一级检查			
二级检查			
三级检查			
通知取车			

工作流程绘制：

工作任务实施

三、操作检查

活动检查单			
检查项目	已完成		未完成
	优秀	良好	一般	
1. 表格单据设计合理				
2. 按规范填写检查单据				
3. 按要求确认竣工状况				
4. 和小组成员合作沟通				

四、检查与评估

请你根据任务完成情况，对自己的工作进行评估，并提出改进意见。

1. 优点

1）＿＿＿＿＿＿＿＿＿＿＿＿＿＿＿＿＿＿＿＿＿＿＿＿＿＿＿＿＿＿＿

2）＿＿＿＿＿＿＿＿＿＿＿＿＿＿＿＿＿＿＿＿＿＿＿＿＿＿＿＿＿＿＿

3）＿＿＿＿＿＿＿＿＿＿＿＿＿＿＿＿＿＿＿＿＿＿＿＿＿＿＿＿＿＿＿

2. 不足

1）＿＿＿＿＿＿＿＿＿＿＿＿＿＿＿＿＿＿＿＿＿＿＿＿＿＿＿＿＿＿＿

2）＿＿＿＿＿＿＿＿＿＿＿＿＿＿＿＿＿＿＿＿＿＿＿＿＿＿＿＿＿＿＿

3）＿＿＿＿＿＿＿＿＿＿＿＿＿＿＿＿＿＿＿＿＿＿＿＿＿＿＿＿＿＿＿

3. 改进措施

1）＿＿＿＿＿＿＿＿＿＿＿＿＿＿＿＿＿＿＿＿＿＿＿＿＿＿＿＿＿＿＿

2）＿＿＿＿＿＿＿＿＿＿＿＿＿＿＿＿＿＿＿＿＿＿＿＿＿＿＿＿＿＿＿

3）＿＿＿＿＿＿＿＿＿＿＿＿＿＿＿＿＿＿＿＿＿＿＿＿＿＿＿＿＿＿＿

4. 工作任务总评

综合评定	自评	组评	师评	总分
1. 检车工作细致认真				
2. 与小组成员合作良好				
3. 单据填写规范				
4. 对汽车专业技术知识了解				
5. 与客户沟通顺畅				
6. 自我评价良好				

五、任务拓展

　　孙先生担心维修后会再次出现同样的问题，你该如何向孙先生解释车辆点火系统维修后的保修期问题？试着写一个话术。

工作任务实施

任务 5.2　执行维修车辆验收标准

学生姓名		实训场地	一体化教室	任务成绩	
实训设备		汽车整车、多媒体实训中心		日期	
工作任务		杭州申先生 2018 年 1 月在杭州某 4S 店购买了一辆汽车，买来至今不断地出现问题，已反复维修 10 次，现在仍有许多毛病。这次申先生再次把汽车送到 4S 店维修，请你和质检部一起做好申先生的汽车出厂检验工作，确保问题得到解决或者将有问题的情况记录在案。			
任务目的		1. 能熟悉各个部位维修项目的技术标准； 2. 将检查结果准确地记录在案； 3. 做好向客户沟通车辆的检验情况的准备。			

工作任务实施

一、资讯

1）4S 店在车辆维修完毕后须进行_____，这项操作一般在_____前进行。_____其实是对汽车的最后把关，须由有_____资格的人员进行操作。

2）服务顾问如果有汽车_____，并有足够的_____承担此项任务，则可以进行维修质量把关。

3）在这项操作中，维修质检人员需要根据_____标准逐项、全面地检查汽车，测试有关_____，_____后签发_____，并交付给_____的服务顾问。

4）假如维修出厂后汽车仍然发生_____或_____，则应由 4S 店_____或_____承担相应责任。

二、计划与决策

申先生罗列的汽车故障如下，请你针对维修项目找到具体的技术标准。

① 驾驶位车门异响。

② 车辆行驶抖动（四轮定位的问题）。

③ 大灯有裂缝（索赔全新进口大灯）。

④ 玻璃升降异常（按上升反而下降，车钥匙遥控车窗升降失效）。

⑤ 天窗漏水（到店修理两次，维修天窗，更换顶棚，更换真皮，更换安全带）。

⑥ 左前轮嗡嗡嗡嗡异响。

⑦ 变速箱降挡顿挫（3、2、1 挡直到刹停时，车辆伴随异响和抖动）。

⑧ 防冻液节温器损坏维修（索赔更换，更换后车辆出现异常，怠速时风扇异常）。

⑨ 挡位锁损坏修理。

⑩ 变速箱损坏，更换滑阀箱（索赔更换）。

二、计划与决策

1. 小组成员分工

请根据实训任务要求，确定所需要的工具、表单，并对小组成员进行分工。

姓名	角色	检验维修项目	所需表单、工具

2. 实施计划（工作流程）

检验项目	执行人员	检查记录	检查标准

三、操作检查

活动检查单				
检查项目	已完成			未完成
	优秀	良好	一般	
1. 正确选取对应维修项目				
2. 按规范填写检查单据				
3. 按要求确认维修竣工状况				
4. 和小组成员合作沟通				

四、检查与评估

请你根据任务完成情况，对自己的工作进行评估，并提出改进意见。

1. 优点

1）_____

2）_____

3）_____

2. 不足

1）_____

2）_____

3）_____

3. 改进措施

1）_____

2）_____

3）_____

4. 工作任务总评

综合评定	自评	组评	师评	总分
1. 检车工作细致认真				
2. 与小组成员合作良好				
3. 单据填写规范				
4. 对汽车专业技术知识了解				
5. 与客户沟通顺畅				
6. 自我评价良好				

工作任务实施

工作任务实施	**五、任务拓展** 　　申先生的问题有些是属于厂家生产上的缺陷导致的。请问 4S 店如果想尽办法也解决不了，该如何处置？假如处置不当就会迫使申先生向媒体曝光，导致 4S 店名声损毁。请你设计一个解决方案帮助 4S 店度过危机。

任务 5.3 内部交车检查

学生姓名		实训场地	一体化教室	任务成绩	
实训设备		汽车整车、多媒体实训中心		日期	
工作任务		沈先生的车因为无法启动前来 4S 店维修。现已修复完毕，更换了汽车蓄电池，做了一次汽车保养。为了让客户更加满意，4S 店在内部交车时尤其要注意检查各部位是否正常如初，保证沈先生来取车时对 4S 店有个良好的印象。			
任务目的		1. 能根据流程和要求，全面细致地检查汽车清洁情况； 2. 能清楚地了解维修情况和故障原因； 3. 能准备好各种单据，熟悉交车前的注意事项； 4. 能和客户顺利沟通好交车时间。			

工作任务实施

一、资讯

1）洗车情况检查。在取得完工车辆后，服务顾问要先对_____做一个全方位的检查。4S 店的洗车人员一般是将_____打理一下，_____还需要服务顾问排查，对一些_____做进一步清洁。

2）整理旧件。若_____上注明客户需要将旧件带走，服务顾问就应该指明让维修技师将旧件_____并_____，放在车上或放在_____，方便交车时让客户带走。

3）环车检视。对车辆进行_____后，服务顾问应该环绕汽车对车辆_____。服务顾问对照_____，对车辆的_____是否完全完工、_____是否正常、旧件的_____再次进行检查，确保任务已经全面完成。

4）多维度了解车辆维修细节。服务顾问检查完毕车辆后，应向有关人员了解车辆_____或_____。包括去维修技师处了解一些维修细节，特别是一些额外的_____项目，这样更有利于和客户进行沟通；服务顾问也应向技术专家了解有关故障的_____和_____，并向质检员了解车辆_____、_____和存在的问题。

5）交车准备注意事项。服务顾问打印好相关_____以及今后客户车辆_____方面的建议等资料，准备_____。服务顾问列出_____和_____，包括_____、环车检查时_____，维修过程中维修技师_____及未尽事宜。

6）通知客户取车。维修检验合格后，服务顾问再次检查_____，以确保客户委托的所有_____已经完成、应该_____已经更换，并且_____已经消除。对车辆再次进行_____等检查后，就可以通知客户取车了。

二、计划与决策

1. 小组成员分工

请根据实训任务要求，确定所需的工具、表单，并对小组成员进行分工。

姓名	角色	工作内容	所需表单、工具

工作任务实施

2. 实施计划（工作流程）

工作项目	工作要求	所需表单、工具
清洗车辆情况检查		
完工情况确认		
结算单据准备		
其他准备情况		
通知客户		

三、操作检查

活动检查单				
检查项目	已完成			未完成
	优秀	良好	一般	
1. 清洗车辆细致认真				
2. 准备注意事项				
3. 准备单据				
4. 准备旧件				
5. 和客户沟通融洽				

四、检查与评估

请你根据任务完成情况，对自己的工作进行评估，并提出改进意见。

1. 优点

1）____________________

2）____________________

3）____________________

2. 不足

1）____________________

2）____________________

3）____________________

3. 改进措施

1）____________________

2）____________________

3）____________________

4. 工作任务总评

综合评定	自评	组评	师评	总分
1. 检车工作细致认真				
2. 车辆清洁工作完善				
3. 单据准备详细				
4. 对旧件进行合理处置				
5. 与客户沟通融洽				
6. 自我评价良好				

工作任务实施	**五、任务拓展** 　　服务顾问在交车前的检查过程中发现制动液出现氧化变质的现象。请你写一份用车建议给客户，让他对这个问题有所防范，并建议他下次进厂维修时特别关注这个问题。

项目 6 交车与送别

任务 6.1 交车与送别流程概述

学生姓名		实训场地	一体化教室	任务成绩	
实训设备	汽车整车、多媒体实训中心			日期	
工作任务	张先生今天开着他的车来店做 10000 公里保养，要求对车辆外观进行清洗，但在交车前的检查中，服务顾问发现车辆外观没有清洗，车辆须返洗车间清洗，延迟半小时交车。				
任务目的	1. 能独立完成交车前的准备工作； 2. 能及时处理好与洗车人员之间的关系； 3. 能向客户解释不能按时交车的原因。				
工作任务实施	一、资讯 1）服务顾问接到交车通知后，检查所有单据是否齐全，检查_____以确保客户委托的所有维修保养项目的书面记录都已完成，并有_____签字。 2）服务顾问实车核对_____，以确保客户委托的所有维修保养项目在车辆上都已完成。 针对该任务，请叙述需要做哪些交车前的准备工作。 _____ _____ _____ 3）当发现车辆外观没有清洗时，第一时间与_____沟通，并按要求完成车辆外观的清洗。 这样做的目的是确保客户的每一项要求都能被高质量地完成，增强客户对本店的信任，提升客户满意度。 例如，当发现车辆外观没有清洗时，你该如何与洗车人员进行沟通？请写出具体话术。 话术：_____ _____ _____ 4）向客户解释不能按时交车的原因。 话术：_____ _____ _____				

二、计划与决策

1. 小组成员分工

请根据实训任务要求，确定所需要的工具、表单，并对小组成员进行分工。

姓名	角色	工作内容	所需表单、工具

2. 实施计划（工作流程）

三、写出实施要点

1. 接到交车通知

2. 确认车辆竣工状况

3. 通知客户取车

4. 迎接客户

5. 陪同客户验车

6. 向客户解释所有完工项目和收费内容

7. 客户签字

8. 陪同客户至收银台

9. 告知客户下次保养里程时间、车辆使用注意事项

10. 将车钥匙、行驶证、单据等交给客户

11. 当面取下防护用品，询问客户对本次服务的评价

12. 感谢客户并送别

工作任务实施

四、操作检查

	活动检查单			
检查项目	已完成			未完成
	优秀	良好	一般	
1. 按规范检查单据				
2. 按要求确认竣工状况				
3. 和洗车人员沟通时有礼貌				
4. 向客户合理解释原因				

五、检查与评估

请你根据任务完成情况，对自己的工作进行评估，并提出改进意见。

1. 优点

1) _____

2) _____

3) _____

2. 不足

1) _____

2) _____

3) _____

3. 改进措施

1) _____

2) _____

3) _____

4. 工作任务总评

综合评定	自评	组评	师评	总分
1. 语气语调符合职业要求				
2. 保持热情、微笑和礼貌				
3. 能进行有效沟通				
4. 认真倾听				
5. 专业解答客户疑问				
6. 记录				

八、任务拓展

在交车前的检查中，你发现客户张先生之前反映的雨刮刮拭不干净的问题并没有解决。你该如何向维修技师和张先生解释？

左栏：工作任务实施

任务 6.2　陪同客户验车

学生姓名		实训场地	一体化教室	任务成绩	
实训设备		汽车整车、多媒体实训中心		日期	
工作任务		朱女士的一辆汽车空调发生故障,不能制冷,现维修完毕,朱女士前来取车。			
任务目的		1. 能热情规范地陪同客户完成车辆检查工作; 2. 能向客户详细解释此次保养内容及维修结果; 3. 能向客户说明空调的使用注意事项,并解答客户异议。			
工作任务实施		**一、资讯** 1)陪同客户到竣工车辆旁,对照_____像入厂检查一样和客户一起对_____、_____、_____、_____、_____、_____以及_____予以确认。 　这样可以向客户证明他的财产在 4S 店得到了良好的保护,能增强客户对 4S 店服务的信任,同时避免将来可能发生的争议。 2)根据接车时客户提出的故障描述,向客户解释_____、解决_____、进行_____、路试和_____,并向_____。 　例如,汽车空调经检查是由于散热片被堵塞,导致水温过高,从而造成制冷效果不佳。维修时技师没有选用高压水,而是用高压空气清洗散热器和冷凝器外部,这样有效地保护了冷凝器免受损伤。 　请你做好和客户的沟通解释工作。 　话术:_____ _____ _____ 3)和客户共同试驾竣工车辆。对于_____或者只有_____才能出现的故障,修复后如果客户要求,你可以和客户一同试车来检验_____的效果。如果你不能陪同客户,你可以委托质检员或技术专家陪同客户一同试车。 　例如,空调维修完毕后,邀请客户检验维修成果,写出具体话术。 　话术:_____ _____ _____ 4)向客户展示更换下来的旧件。向客户展示旧件(只限于_____的修理)时,应将_____当面给客户查看并返还给客户。如果客户要带走旧件,则为客户_____好,并放在_____;如果客户不要旧件,服务顾问应将其放在_____,由_____负责对其进行处理。 　例如,空调不制冷的原因是压缩机轴承烧坏,因此维修技师更换了一个压缩机。你该如何向客户询问空调压缩机旧零件的处理方式? 　话术:_____ _____ _____

二、计划与决策

1. 小组成员分工

请根据实训任务要求，确定所需要的工具、表单，并对小组成员进行分工。

姓名	角色	工作内容	所需表单、工具

2. 实施计划（工作流程）

工作任务实施

三、写出实施要点

1. 迎接客户

（1）门卫在大门口欢迎客户的到来

_____

（2）门卫通过耳麦通知服务顾问客户的到来

_____

（3）服务顾问在等待区等候客户

_____

（4）服务顾问引导客户前往交车区

_____

2. 陪同客户验车

（1）服务顾问说明预约的好处，引导客户下次提前预约

_____

（2）服务顾问确认此次维修保养所做的项目，展示维修结果

_____
_____

工作任务实施

（3）服务顾问告知客户免费维修项目

_____

_____

（4）服务顾问请客户进车体验维修结果

_____

_____

（5）向客户展示旧件

_____

_____

3. 验车工作收尾

（1）对汽车提供后续保养建议

_____

_____

（2）贴上保养提示贴

_____

_____

（3）取下防护三件套

_____

_____

四、操作检查

活动检查单			
检查项目	已完成		未完成
	优秀	良好	一般	
1. 在接待区等待客户并热情迎接				
2. 引导客户前往交车区验车				
3. 告知客户已为其洗车，让客户满意				
4. 确认此次维修保养所做的项目，展示维修保养结果				
5. 告知客户免费检测项目和增值服务				
6. 宣传预约的好处				
7. 车辆保养、性能、使用技巧、注意事项等服务说明				
8. 展示旧件并询问处理方式				
9. 当面拆下防护三件套				

五、检查与评估

请你根据任务完成情况，对自己的工作进行评估，并提出改进意见。

1. 优点

1）_____

2）_____

3）_____

2. 不足

1）_____

2）_____

3）_____

3. 改进措施

1）_____

2）_____

3）_____

4. 工作任务总评

综合评定	自评	组评	师评	总分
1. 语气语调符合职业要求				
2. 保持热情、微笑和礼貌				
3. 合理提问和使用通俗易懂的语言				
4. 不打断客户				
5. 专业解答客户疑问				
6. 记录				

六、任务拓展

炎炎夏日到来,司机们都感受到了空调的重要性。服务顾问非常有必要提醒客户空调的正确使用事项,如若使用不当,不仅会损害车辆,还会让客户在高温的车中"蒸桑拿"。你有什么空调使用小妙招,能让车主更好地对车辆空调进行保养?

工作任务实施

任务 6.3　结算维修费用

学生姓名		实训场地	一体化教室	任务成绩	
实训设备		汽车整车、多媒体实训中心		日期	
工作任务		朱女士的汽车空调发生故障，不能制冷，现维修完毕，朱女士前来取车。			
任务目的		1. 能热情规范地陪同客户完成车辆结算工作； 2. 能向客户详细解释空调维修项目及维修费用明细； 3. 能向客户说明空调养护注意事项，并回答客户异议。			
工作任务实施		**一、资讯** 　　1）向客户详细介绍 4S 店本次完成的工作，结合_____的内容解释收费情况。通过单据让客户见证 4S 店已经完成客户要求的工作。 　　2）确保结算单的费用与制定维修委托书时的_____和_____相同，避免争议。 　　请你做好费用的解释工作。 　　话术：_____ 　　_____ 　　_____ 　　3）根据接车时客户提出的故障描述，向客户解释_____、_____、_____和执行的维修工作，解释维修过程中发现的问题和进行维修的必要性以及由此_____的维修项目。如果客户是通过电话同意修理的，那么应该邀请客户_____确认。 　　向客户说明，在工作过程中，维修技师发现并主动处理的一些小问题（如门轴噪声等）。这样可以让客户清楚地知道，不仅他所要求的工作都已经全面、高质量地完成了，而且他还享受了超值的服务，从而使客户对 4S 店的维修工作产生信任，以提升客户满意度。 　　如果客户使用了 4S 店提供的代步车，那么在结算时需要增加哪些工作？ 　　_____ 　　_____ 　　_____ 　　4）结算后，服务顾问应将哪些物品清点后交给客户？ 　　_____ 　　_____ 　　_____ 　　5）维修委托书或维修合同、结算单、发票最好装入_____交给客户，以方便客户保管。应在信封正面填写本次_____或_____信息以及_____信息。同时还可以将服务顾问或 4S 店的联系方式写在信封上，以便客户与服务顾问联系。 　　6）服务顾问、门卫或者专门开车的人要把车从停车场开出来交给客户，这样做会给客户提供最大的便利，特别是在天气恶劣的情况下更应如此。服务顾问把车交给客户，最好替客户打开车门，开门时_____拉开门把手，_____为客人护顶，并且右手要打直。这项额外的服务会使客户感觉自己备受重视，同时也会减少 4S 店对意外事件的责任。

工作任务实施

二、计划与决策

　1. 小组成员分工

请根据实训任务要求，确定所需要的工具、表单，并对小组成员进行分工。

姓名	角色	工作内容	所需表单、工具

　2. 实施计划（工作流程）

三、写出实施要点

　1. 引导客户至前台

_____

_____

　2. 解释维修费用

（1）向客户解释收费情况

_____

_____

（2）询问客户有否其他要求和疑问

_____

_____

　3. 陪同客户到收银台

（1）服务顾问向收银员介绍客户

_____

_____

（2）收银员向客户打招呼

_____

_____

工作任务实施	（3）开具发票后将单据交给客户 4. 陪同客户取车 （1）给客户一些温馨提示，告知客户将进行回访并询问回访要求 （2）提醒下次保养时间 5. 送别客户 **四、角色扮演检查**

四、角色扮演检查

活动检查单				
检查项目	已完成			未完成
	优秀	良好	一般	
1. 引导客户至前台				
2. 向客户解释维修费用				
3. 确认客户理解维修费用并签字				
4. 陪同客户至收银台				
5. 礼貌地向客户介绍收银员				
6. 把发票等资料递交给客户				
7. 陪同客户取车				
8. 给予客户用车等温馨建议				
9. 询问回访时间及要求				
10. 提醒下次保养时间				
11. 送别客户				

五、检查与评估

请你根据任务完成情况，对自己的工作进行评估，并提出改进意见。

1. 优点

1）＿＿＿＿＿＿＿＿＿＿＿＿＿＿＿＿＿＿＿＿＿＿＿＿＿＿＿＿＿＿＿＿＿＿＿＿＿

2）＿＿＿＿＿＿＿＿＿＿＿＿＿＿＿＿＿＿＿＿＿＿＿＿＿＿＿＿＿＿＿＿＿＿＿＿＿

3）＿＿＿＿＿＿＿＿＿＿＿＿＿＿＿＿＿＿＿＿＿＿＿＿＿＿＿＿＿＿＿＿＿＿＿＿＿

2. 不足

1）＿＿＿＿＿＿＿＿＿＿＿＿＿＿＿＿＿＿＿＿＿＿＿＿＿＿＿＿＿＿＿＿＿＿＿＿＿

2）＿＿＿＿＿＿＿＿＿＿＿＿＿＿＿＿＿＿＿＿＿＿＿＿＿＿＿＿＿＿＿＿＿＿＿＿＿

3）＿＿＿＿＿＿＿＿＿＿＿＿＿＿＿＿＿＿＿＿＿＿＿＿＿＿＿＿＿＿＿＿＿＿＿＿＿

3. 改进措施

1）＿＿＿＿＿＿＿＿＿＿＿＿＿＿＿＿＿＿＿＿＿＿＿＿＿＿＿＿＿＿＿＿＿＿＿＿＿

2）＿＿＿＿＿＿＿＿＿＿＿＿＿＿＿＿＿＿＿＿＿＿＿＿＿＿＿＿＿＿＿＿＿＿＿＿＿

3）＿＿＿＿＿＿＿＿＿＿＿＿＿＿＿＿＿＿＿＿＿＿＿＿＿＿＿＿＿＿＿＿＿＿＿＿＿

综合评定	自评	组评	师评	总分
1. 语气语调符合职业要求				
2. 保持热情、微笑和礼貌				
3. 动作规范				
4. 专业地解释费用				
5. 倾听客户提问				
6. 专业地解答客户疑问				
7. 记录				

六、任务拓展

如果客户的维修项目是免费保养或者在三包范围内，无须结算费用，那么服务顾问还需要进行维修结算这一流程吗？请你简要分析一下。

工作任务实施

4. 工作任务总评

项目7 售 后 跟 踪

任务 7.1　回访工作流程

学生姓名		实训场地	一体化教室	任务成绩	
实训设备	多媒体实训中心			日期	
工作任务	王女士的车在 4S 店做完 30000 公里常规保养，客户专员小李对王女士进行电话回访。				
任务目的	1. 掌握回访工作流程； 2. 掌握回访与关怀工作的基本话术。				
工作任务实施	**一、资讯** 　　1）通过回访让客户感受到 4S 店的持续_____与_____。客户反馈的意见和建议是促进 4S 店_____的宝贵财富。来自客户的反馈能帮助 4S 店更全面地了解服务中的_____，有助于 4S 店持续改善现有的服务流程和相关细节，满足客户可能不断变化的_____。 　　2）开始回访前，需要提前准备好_____，从而确保在回访前对该客户在店接受的_____已有足够的了解。 　　3）根据客户预留的_____致电，若遇到没有具体时间的安排，可选择合适的时间段，一般选择上午_____和下午_____进行回访。一定要确认接受调查的是_____、是否方便进行回访。若不是本人，可询问确认的时间和新的联系方式，并做好_____。 **二、计划与决策** 　　1. 小组成员分工 　　请根据实训任务要求，确定所需要的工具、表单，并对小组成员进行分工。 表格见下方				

姓名	角色	工作内容	所需表单、工具

工作任务实施	2．实施计划（工作流程） 三、写出实施要点 1．回访前准备 2．致电表示感谢、确认身份 3．询问客户对维修经历的总体满意度 （1）询问结果是否称心如意 （2）确认费用、完工日期是否满意 （3）听取客户的感想，询问有无其他意见 （4）推荐下次保养日期及维修建议 4．回访结束前表示感谢

四、操作检查

活动检查单				
检查项目	已完成			未完成
	优秀	良好	一般	
1．确认客户、自我介绍，向客户的来店表示谢意，说明致电目的				
2．询问结果是否称心如意				
3．确认费用、完工日期是否满意				
4．听取客户的感想，询问有无其他意见				
5．参考施工单所记内容，向客户推荐下次保养日期及维修建议				
6．对于深感不满的客户，耐心听取具体原因，表示回访后及时向维修经理反映真实情况				

工作任务实施

五、检查与评估

请你根据任务完成情况，对自己的工作进行评估，并提出改进意见。

1. 优点

1）_____

2）_____

3）_____

2. 不足

1）_____

2）_____

3）_____

3. 改进措施

1）_____

2）_____

3）_____

4. 工作任务总评

综合评定	自评	组评	师评	总分
1. 回访前准备工作充分				
2. 回访致电保持热情、微笑和礼貌				
3 回访使用通俗易懂的语言				
4. 回访客户的问题规范				
5. 回访记录全面				

六. 任务拓展

王女士是某 4S 店的忠实客户，在一次回访中，她提出："我很忙，不要每一次做完保养，你们都打电话回访。有问题我会和你们联系的。"如果你遇到这样的问题，你会如何向王女士做解释工作？

任务 7.2　回访问题处理

学生姓名		实训场地	一体化教室	任务成绩	
实训设备		多媒体实训中心		日期	
工作任务		王女士的车在 4S 店做完 30000 公里常规保养，客户专员小李对王女士进行电话回访。王女士抱怨左前车轮的异响没有处理好。			
任务目的		能按流程和执行标准处理客户回访问题			

工作任务实施	**一、资讯** 　　1）任何员工在接到客户意见后，第一时间向客户_____并记录投诉内容，如_____、地点、人员、_____、结果等。了解投诉事件的基本信息，并初步判断客户的_____。 　　2）在_____小时内上报客服经理或高层经理，由客服经理立即填写_____，简单记录基本信息：车牌号、填单人姓名、内容概要。 　　3）客服经理在_____小时内协同_____部门完成责任认定并对责任人完成处理意见后，完成与客户的沟通（若有必要）并将客户信息反馈处理单转给管理部。若 24 小时内没有联系上客户，则客服经理应在_____小时完成上述工作。 　　4）客户服务专员接到客户投诉以后，需要立即完整填写_____，交由相关部门经理处理，明确_____和_____。 **二、计划与决策** 　　1．小组成员分工 　　请根据实训任务要求，确定所需要的工具、表单，并对小组成员进行分工。 <table><tr><th>姓名</th><th>角色</th><th>工作内容</th><th>所需表单、工具</th></tr><tr><td></td><td></td><td></td><td></td></tr><tr><td></td><td></td><td></td><td></td></tr><tr><td></td><td></td><td></td><td></td></tr></table> 　　2．实施计划（工作流程） **三、写出实施要点** 　　1）耐心倾听客户的投诉，不要中途打断客户的倾述。首先向客户道歉，安抚客户的情绪，表示理解客户的心情，但不要轻易认同。 _____ _____

工作任务实施	2）积极倾听和提问，必要时准备电话录音充分收集客户信息，确认问题关键点。

2）积极倾听和提问，必要时准备电话录音充分收集客户信息，确认问题关键点。
_____
_____

3）在解决客户投诉时，要加以记录，形成书面文件。
_____
_____

4）告知客户处理的时间，并及时为客户解决问题。
_____
_____

5）处理后要告知客户，确定客户对处理问题的满意度，并表示感谢。
_____
_____

四、操作检查

活动检查单				
检查项目	已完成			未完成
	优秀	良好	一般	
1. 倾听客户的投诉				
2. 向客户道歉，安抚客户				
3. 倾听和提问，收集客户信息，确认问题关键点				
4. 解决客户投诉时加以记录				
5. 告知客户处理的时间，并及时为客户解决问题				
6. 处理后告知客户，确定客户对处理问题的满意度，并表示感谢				

五、检查与评估

请你根据任务完成情况，对自己的工作进行评估，并提出改进意见。

1. 优点
1）_____
2）_____
3）_____

2. 不足
1）_____
2）_____
3）_____

3. 改进措施
1）_____
2）_____
3）_____

4. 工作任务总评

综合评定	自评	组评	师评	总分
1. 耐心倾听客户投诉				
2. 接听电话时保持热情、微笑和礼貌				
3. 客户投诉问题记录全面规范				
4. 回复反馈时间准确				
5. 礼貌地询问客户对问题处理的满意度				
6. 准确记录信息反馈记录表				

六、任务拓展

王女士是某 4S 店的客户，在一次回访中，王女士投诉说放在中央扶手箱内的高档香水不见了，要求索赔并指责该 4S 店工作不认真、不负责。作为客户服务专员，你该如何处理？

工作任务实施

任务 7.3　回访后续工作

学生姓名		实训场地	一体化教室	任务成绩	
实训设备		多媒体实训中心		日期	
工作任务	何女士的车在 4S 店做完 30000 公里常规保养，客户专员小李对何女士进行电话回访。何女士投诉服务顾问让她等候的时间过长、态度不好。经过跟踪回访，此问题得到了圆满的解决。				
任务目的	能按流程整理回访后续工作。				

<table>
<tr><td rowspan="1">工作任务实施</td><td colspan="5">

一、资讯

　　1）回访处理完毕后，回访专员对客户所反映的问题，以及在处理过程中所有的相关记录都要进行_____，以便于后续提供给各部门和_____作为对工作进行有针对性改进的重要依据。

　　2）客服经理应每月/每季度/每年度对客户回访进行_____，提交管理层商讨并制订相应的_____，_____。

二、计划与决策

　　1. 小组成员分工

请根据实训任务要求，确定所需的工具、表单，并对小组成员进行分工。

姓名	角色	工作内容	所需表单、工具

　　2. 实施计划（工作流程）

三、写出实施要点

　　1. 将回访问题进行整理归档

_____

_____

　　2. 将整理好的资料提供给相关部门

_____

_____

　　3. 建立相应的机制

_____

_____
</td></tr>
</table>

4. 回访质量检查

_____

_____

5. 对客户回访数据进行分析

_____

_____

四、操作检查

活动检查单			
检查项目	已完成		未完成
	优秀	良好	一般
1. 回访问题整理归档			
2. 将整理好的资料提供给相关部门			
3. 建立相应的机制			
4. 检查回访质量			
5. 分析客户回访数据，得出分析结果			

五、检查与评估

请你根据任务完成情况，对自己的工作进行评估，并提出改进意见。

1. 优点

1) _____

2) _____

3) _____

2. 不足

1) _____

2) _____

3) _____

3. 改进措施

1) _____

2) _____

3) _____

4. 工作任务总评

综合评定	自评	组评	师评	总分
1. 按流程要求执行				
2. 资料准备充分				
3. 记录完整				

六、任务拓展

何女士是某 4S 店的客户，曾经因为工时费不合理进行投诉，经过客服人员耐心细致的解答，何女士对结果非常满意。作为客服专员，你还需要做哪些回访后续工作？

工作任务实施